本书为国家社会科学基金项目"近代国学思潮与中国传统学术文化创新研究"（项目编号：18BZS101）的最终成果

本书出版获"广东省高水平建设经费"资助

近代国学思潮与中国传统学术文化创新研究

曾光光 著

暨南大学出版社

JINAN UNIVERSITY PRESS

中国·广州

图书在版编目（CIP）数据

近代国学思潮与中国传统学术文化创新研究 / 曾光
光著. -- 广州：暨南大学出版社，2025. 6. -- ISBN
978-7-5668-4118-6

Ⅰ. Z126

中国国家版本馆 CIP 数据核字第 2025ZB1201 号

近代国学思潮与中国传统学术文化创新研究
JINDAI GUOXUE SICHAO YU ZHONGGUO CHUANTONG XUESHU WENHUA
CHUANGXIN YANJIU
著　者：曾光光

···

出 版 人：阳　翼
责任编辑：曾小利　张　钊
责任校对：刘舜怡　何江琳
责任印制：周一丹　郑玉婷

出版发行：暨南大学出版社（511434）
电　　话：总编室（8620）31105261
　　　　　营销部（8620）37331682　37331689
传　　真：（8620）31105289（办公室）　37331684（营销部）
网　　址：http：//www. jnupress. com
排　　版：广州尚文数码科技有限公司
印　　刷：广州市友盛彩印有限公司
开　　本：787mm×960mm　1/16
印　　张：14
字　　数：240 千
版　　次：2025 年 6 月第 1 版
印　　次：2025 年 6 月第 1 次
定　　价：69. 80 元

（暨大版图书如有印装质量问题，请与出版社总编室联系调换）

目 录

绪　言

近代以来，国学思潮不绝如缕。其间虽有"复兴国学"①"保存国粹"②"整理国故"③等不同说法，但究其倡导与研究的对象来看，大体是指向中国传统学术与文化。邓实在《古学复兴论》中称其为"本国旧有之古学"④；胡适在《国学季刊》发刊宣言中称其为"中国的一切过去的文化历史"⑤。既然国学是"古学"，是"过去的文化历史"，对其"保存""整理"乃至"复兴"的种种努力似乎难以与学术文化的创新、发展联系起来。其实，近代中国学人对国学的倡导并非简单的"再现"式传承，他们在倡导国学的同时对中国传统学术文化创新发展的问题也多有思考与探索。对这一问题的系统梳理既有助于加深我们对近代国学思潮兴起及流变的理解，也可为今天推进中华传统文化的创新发展提供参考与借鉴。

一、学术史梳理及研究现状述评

近代国学倡导者对中国传统学术文化创新的相关论述颇多，如张东荪论及这个问题时就强调要使中国"固有的旧有文化"在新的时期能"再发生新芽"；⑥孙德谦也曾以"旧中开新"一语来概括国学的创新、发展问题。⑦

---

① 张树璜：《国学今后之趋势》，《国光杂志》第 12 期，1935 年 12 月 16 日，第 1 页。

② 高凤谦：《论保存国粹》，《教育杂志》第 1 年第 7 期，1909 年 8 月 10 日，第 79 页。

③ 胡适：《"新思潮"的意义——研究问题、输入学理、整理国故、再造文明》，季羡林主编：《胡适全集》第 1 卷，合肥：安徽教育出版社 2003 年版，第 691 页。（胡适此文原载于《新青年》第 7 卷第 1 号，1919 年 12 月 1 日。）

④ 邓实：《古学复兴论》，《国粹学报》第 9 期，1905 年 10 月 18 日，第 3 页。

⑤ 胡适：《〈国学季刊〉发刊宣言》，季羡林主编：《胡适全集》第 2 卷，合肥：安徽教育出版社 2003 年版，第 7 页。（胡适此文原载于《国学季刊》第 1 卷第 1 号，1923 年 1 月。）

⑥ 张东荪：《现代的中国怎样要孔子》，《正风》（半月刊）第 1 卷第 2 期，1935 年 1 月，第 21 页。

⑦ 孙德谦：《国学研究法（续）》，《大夏周报》第 10 卷第 30 期，1934 年 6 月 24 日，第 148 页。

关于近代国学思潮与中国传统学术文化创新的问题，近年来也引起了不少学者的关注，其观点主要有：

一是认为近代国学在兴起、宗旨、研究方法等诸多方面都包含学术创新、学术解放的因素。如谢桃坊认为近代国学思潮在一定程度上是"为中国学术谋解放"，是中国近代新文化建设的一个组成部分。[①] 王存奎认为近代整理国故运动是"新文化运动的重要组成部分"，是"五四时期新文化阵营针对传统文化的改造而倡导的一场学术运动"。[②] 俞兆平还从研究方法与研究成果的角度来总结国学思潮的创新途径与成就。在研究方法上，"国学思潮是在'融化新知'的基础上来'昌明国粹'"；在研究成果上，国学思潮"获得前人未有的新的学术成就"。[③] 夏海对国学研究在研究方法上的创新进行了分类归结：第一类为清末民初的国学研究，其代表人物为章太炎等人。这种研究在方法上虽主要沿袭了清代的考据学、训诂学，但在观念上则多引入了近代思想文化意识。第二类为"新文化国学研究"，其代表人物为胡适等人。这种研究以"整理国故"为目标，在方法上注重实证与疑古。第三类国学研究"强调古今中外结合的'古史新证'"，其代表人物为梁启超、王国维等人，他们在研究中多"采取对史料进行对比甄别的释证、补证和参证方法"。[④]

二是认为近代国学的创新主要体现在对西学的借鉴上。在论及包括国学在内的中国传统文化自近代以来的创新性发展时，研究者多将取法、融合西学视为近代国学思潮的一个重要特征，如桑兵就认为近代中国学人在倡导国学时并非一味固守旧轨，他们在具体研究中对西学多有取法借鉴。[⑤] 俞兆平还从价值判断的高度来评价并肯定国学倡导者对中西文化的融合兼采："在价值判断上，它（指中国近代国学思潮——笔者注）对东、西方文化采取的是互补合一的态度。"[⑥] 林毓生强调包括国学在内的中国传统文

① 谢桃坊：《为中国学术谋解放——胡适开启国学研究的新方向》，《天府新论》2008 年第 6 期，第 138 页。

② 王存奎：《再造与复古的辩难——二十世纪二十年代"整理国故"论争的历史考察》，合肥：黄山书社 2010 年版，第 1、21 页。

③ 俞兆平：《国学思潮是现代性推进的合力之一》，《东南学术》2010 年第 2 期，第 102 页。

④ 夏海：《国学要义》，北京：中华书局 2018 年版，第 7 页。

⑤ 桑兵认为："'西学'这一东亚人特有的模糊概念，作为对外来新的思想和学术的笼统观照，不仅刺激了国学研究的兴起，更制约着其发展趋向。"桑兵：《晚清民国的国学研究》，北京：北京师范大学出版社 2014 年版，第 1 页。

⑥ 俞兆平：《国学思潮是现代性推进的合力之一》，《东南学术》2010 年第 2 期，第 102 页。

化在进入近代以后应"创造性转化",对西学的学习正是实现这一"创造性转化"的重要途径,学习西学以改造中国传统文化的最终目的就是要使中国传统文化在融入新的质素后得以复苏。① 夏海也认为,在坚守国学传统的同时,要充分汲取西方文化的精华,如此,必将"促进中华文化浴火重生,再放异彩"②。

三是认为国学思潮的萌生及发展推动了"中国的现代化进程"。俞兆平就认为国学思潮的倡导者虽多为文化保守主义者,但他们对"中国的现代化进程中的负面成分的批判,属于现代性的反思范围",这种反思与新文化思潮一道是"中国现代性推进的合力之一"。③ 胡逢祥也认为国学思潮是"现代化潮流在中国兴起后的产物"④。金春峰则直接提出"国学现代化"的命题,他认为中国传统文化的经典文本和诸子文献是国学的基础与前提,但国学要随时代而不断发展。要实现"国学现代化"的目标,就要"不断用新的时代精神和学术眼光,吸收综合新的学术思想资源,对'文本'进行新诠释,这是'国学'能具有生命力的必备条件"⑤。李宗桂也认为:"百年来的国学论争,和振兴中华、实现现代化的时代主题密切相关。"⑥ 也有学者不同意以上观点,如杨春时就将国学思潮定位为"文化保守主义和民族主义的学术反应",是一场"在学术领域反对现代性、回归传统文化的运动",它"不具有现代性品格的学术,而是前现代性的学术、反现代性的学术"⑦。

---

① 林毓生:《中国传统的创造性转化》,北京:生活·读书·新知三联书店1988年版,第388页。

② 夏海:《国学要义》,北京:中华书局2018年版,第423页。

③ 俞兆平:《国学思潮是现代性推进的合力之一》,《东南学术》2010年第2期,第102页。在此文中,俞兆平引用了汤一介有关"文化合力"的说法:"在文化转型时期,对文化问题总会有三种不同的态度,即激进主义、保守主义、自由主义。在20世纪这一文化转型时期,对中国文化所形成的不同三派都是面对中国社会的急剧变化和世界文化的大动荡这一问题,而显示出不同的反应和不同的思考层面,正是这三种不同趋向的文化合力推动着文化的发展。"汤一介此文载于孙尚扬、郭兰芳编:《国故新知论——学衡派文化论著辑要》,汤一介主编:《二十世纪中国文化论著辑要丛书》,北京:中国广播电视出版社1995年版,第3页。

④ 胡逢祥:《现代化潮流中的国学思潮及其走向再省思》,《天津社会科学》2012年第5期,第121页。

⑤ 金春峰:《国学现代化与中国哲学史——几个方法论问题》,《孔子研究》2007年第2期,第4页。

⑥ 李宗桂:《国学与时代精神》,《学术研究》2008年第3期,第21页。

⑦ 杨春时:《国学思潮批判》,《东南学术》2010年第2期,第97页。

　　四是从构建"一代之学"的角度去看待近代国学体系的创建与发展。郭绍虞在《国学论文索引四编序》中论及经学变迁时曾说：自汉代至清代的学术演化历程说明"一代有一代之学"。中国近代社会与文化在西学冲击下面临深刻危机，为应对危机，传统学术文化不仅需要传承，更要作出创新性发展，体现出"一代之学"的新特征。① 近代国学思潮的兴起在相当程度上体现出近代国学倡导者对中国传统学术文化创新性发展的探索及对构建"一代之学"的努力。这个"一代之学"究竟是什么呢？有学者从时代精神变迁的角度去总结近代国学的时代特征，如李宗桂就提出"一个时代有一个时代的精神，一个时代有一个时代的学术"，时代精神推动着国学发展，国学自然反映着时代精神。从此角度出发，李宗桂认为："在20 世纪前半个世纪的国学论争，本质上是时代进步使然，反映了御侮图强、振兴中华的时代精神。"② 也有学者从学术研究方法创新的角度去总结近代国学特别是整理国故运动对于中国传统学术的超越，如谢桃坊就认为整理国故一派提倡用科学方法整理国故，这种"新的科学考证方法是继承了中国传统的考据学并吸收了西方近代实证主义方法"，成为中国传统学术转向现代学术的起点。③ 这种观点从方法论的角度一定程度上回答了近代国学思潮作为"一代之学"所具有的特征。

　　总体来看，以往的相关研究多关注近代国学思潮对中国"旧学"复兴与继承的一面，对国学思潮中有关国学及中国传统学术文化创新性发展相关主张的系统性、专题性研究则稍显不足，已有的一些成果也多散见于相关文章或论著中，这也为本书的研究留下了一定的空间。对这一问题展开系统研究，既有助于加深我们对中国近代国学思潮发展流变的认识，也有助于深化对国学及中国传统学术文化"旧中开新"的可能性、具体路径与方法的认识，以期为当代中国国学及中华传统文化的创新性发展、创造性转化提供借鉴与思路。

---

　　① 郭绍虞：《国学论文索引四编序》，刘修业等编：《国学论文索引全编（3）》，北京：国家图书馆出版社 2011 年版，第 7 页。《国学论文索引四编》最早有中华图书馆协会 1936 年铅印本。
　　② 李宗桂：《国学与时代精神》，《学术研究》2008 年第 3 期，第 30 - 31 页。
　　③ 谢桃坊：《国学运动新倾向述评》，《学术界》2012 年第 2 期，第 116 页。

二、主要研究内容

本书以近代中国国学思潮中国学倡导者对国学及传统学术文化创新性发展的思考与探索为主要研究对象，力求厘清在近代中国这一特定历史时段国学倡导者有关国学及传统学术文化创新性发展的种种思考与探索。全书的总体框架及研究的主要问题如下：

其一，"国学"首倡在中国近代学术文化发展史上的开创意义。中国近代国学思潮取法于日本。源自明治维新时期的近代日本国学思潮之所以要倡导"国粹之说"，究其主因来看是对欧风美雨冲击的回应。与近代日本国学思潮一样，如何调适本国之学与西学，如何兼容新旧学以及"旧中开新"也是中国近代倡导国学的知识分子思考的一个中心问题。梁启超、黄节等早期国学倡导者在思考中国近代文化发展新路径与新方向这一宏大文化问题时，试图在西化派或守旧派之外另开一条道路。这条道路就是旧有文化的创新性发展之路，即通过学习、借鉴外来文化以更新、改造乃至光大"旧学""国学"以养成"伟大国民"。"淬厉其所本有而新之""采补其所本无而新之"①，梁启超的这两句话是对近代国学创新路径与目标的准确表达，这就使中国近代国学思潮从一开始就对中国传统学术文化和以西学为主体的外来文化都持一种开放而非排斥的态度，故近代国学思潮在萌生之初就具有开拓与创新的特征。

其二，"旧中开新"："旧有文化"如何"再发生新芽"。对"新""旧"学术文化的关系及其时段划分的认识是中国近代学人关注与论争的一个重大文化问题。中国近代国学倡导者在思考与探索国学的发展创新问题时，也对何为"新"、何为"旧"及"新"与"旧"的时段划分等关键问题作出了回答。孙德谦提出的"中国之学问"与"外国之学问"之分②；曹聚仁提出的"国故"与"中国学术"、"国故学"与"中国学术

---

① 在《新民说》中，梁启超还将"淬厉其所本有而新之""采补其所本无而新之"这两句话浓缩上升为"吾淬厉所固有采补所本无之说"。梁启超：《新民说》，《饮冰室合集》专集之四，北京：中华书局 1989 年影印本，第 5 页。梁启超《新民说》一文最早载于《新民丛报》第 1 号，1902 年 2 月 8 日。

② 孙德谦：《国学研究法》，《大夏周报》第 10 卷第 29 期，1934 年 6 月 6 日，第 131 页。

史"之别①；毛子水关于"国故"与"国新"之辨②；马瀛提出的"破除新旧界限"③ 等见解对"新""旧"学术文化时段的划分、范围的界定及中西学的关系等问题，从不同角度进行了详细探析。与新文化运动对"旧有之学"的排斥不同，近代国学思潮不仅号召复兴"旧有之学"，还将"旧有之学"视为中国传统学术文化创新的基础，孙德谦有关"旧中开新"的观点就颇具代表性。总体来看，国学倡导者关于"旧有之学"在中国传统学术创新性发展中的地位与作用的看法包含两个层面：第一层面，"旧有之学"是创新的基础。国学复兴的主体是中国传统学术文化，对中国"旧有之学"的学习与继承自然是国学复兴及中国传统学术文化创新性发展的基础。范皕海④曾用"已开之道"与"前头未辟的天荒"来类比新、旧学，前者是后者的基础，"已走的路，总须得耐心的重走一遍"。⑤ 许守微在《论国粹无阻于欧化》中引用古语"温故而知新"所想表达的也是类似意思。⑥ 第二层面，"旧有之学"之中潜藏着"新事理"，具有开新的可能。正是基于这样的认识，邓实提出要在旧学中去努力"发现种种之新事理"⑦；曹朴甚至认为："各种自然科学都有从经学里面逐渐生长出来的可能。"⑧ 既然"旧"是"新"的基础，"旧"中就具有开新的潜能，国学倡导者昌明国学就不是对"旧有之学"的固守，而是在继承"旧有之学"基础上有创新性发展。这一点在许之衡的国学"改良"说及叶恭绰的国学

---

① 曹聚仁：《国故学之意义与价值》，《东方杂志》第 22 卷第 4 号，1925 年 2 月 25 日，第 69、74 页。

② 毛子水：《国故和科学的精神》，《新潮》第 1 卷第 5 号，1919 年 5 月，第 737－738 页。

③ 马瀛：《国学概论》，中央编译出版社 2009 年版，第 21 页。马瀛此书"创稿于（民国）十五年夏，以授效实中学励志级暨戊辰级诸生"。参见马瀛：《国学概论》，北京：中央编译出版社 2009 年版，第 359 页。

④ 范皕海（1865—1939 年），江苏苏州人，字子美，英文名 T. Mi Van，先后任《苏报》《实学报》《中外日报》记者，曾协助美国传教士林乐知办理《万国公报》。1911 年加入青年会，并任《进步》月刊主编。1917 年 3 月，青年会将《青年》与《进步》合并为《青年进步》作为青年会全国协会机构刊物，由范皕海任主编。1932 年"一·二八"事变后，《青年进步》停办。参见赵晓阳：《基督教青年会在中国：本土和现代的探索》，北京：社会科学文献出版社 2008 年版，第 106－107 页。

⑤ 范皕海：《青年国学的需要》，《青年进步》第 63 册，1923 年 5 月，第 22 页。作者发表此文时所用笔名为"皕海"。此文后收入范皕海：《青年国学的需要》（尘笔双挥甲编），上海：青年协会书局 1933 年售发。

⑥ 许守微：《论国粹无阻于欧化》，《国粹学报》第 7 期，1905 年 8 月 20 日，第 4 页。

⑦ 邓实：《古学复兴论》，《国粹学报》第 9 期，1905 年 10 月 18 日，第 4 页。

⑧ 曹朴：《国学常识·概论》，上海：文光书店 1948 年第 2 版，第 15 页。

"继长增高"说等论述上都有充分体现。①

其三，近代国学思潮与中国学术文化史的重新梳理。近代国学论者在倡言国学时或多或少都会论及中国学术文化的发展流变。作为古学复兴的倡导者，他们在梳理中国传统历史文化发展历程时又同时强调对西学的学习，他们多将中国学术文化史的发展视为一个与外来文化不断冲突交融的过程。他们在述及中国古代文化学术或国学流变时，常将复兴国学与"欧洲之'文艺复兴'"联系起来，并试图通过对中国传统历史文化流变过程的梳理去发掘其中"文艺复兴"的因素。② 值得注意的是，近代国学倡导者多推崇儒学，他们在梳理中国学术文化史或国学流变史时也多将儒学视为中国学术文化史发展的主线。总体来看，近代国学倡导者对中国学术文化史发展历程的种种梳理，其根本目标都是以"国学"激起国人对于中国学术文化的自豪感，以保学促进保国。

其四，近代国学倡导者对中国传统学术文化魅力的认识与探索。自近代以来，欧风美雨日炽，学习西方文化是近代中国文化发展的一条主线，在这样一种历史文化大背景下，国学思潮兴起之初在当时社会并未产生广泛的影响。第一次世界大战（简称"一战"，又称"欧战"）爆发后，中国近代文化的发展出现重要转向，中国近代知识分子对西方文化的态度由尊崇逐渐转向怀疑，国学受到前所未有的重视。与国学思潮初兴时相较，这一时期的国学倡导者在鼓吹复兴国学的同时更加注重对中国传统文化特别是国学独有魅力的梳理与总结。这一状况的出现说明中国近代知识分子特别是国学倡导者在面对"一战"的爆发及其惨状时，不仅开始重新审视西方文化的弊端，也开始重新挖掘中国传统文化及国学的长处与"独有之伟观"③，以期激发国人的文化自信。

其五，国学创新须从"向内""向外"两方面展开。近代中国，由于西学的大量传入，学习西学即文化的"向内"输入成为当时中国学人思考传统学术文化创新的一个主要思路，少有学人虑及中华文化"向外"输出

---

① 许之衡：《读〈国粹学报〉感言》，《国粹学报》第6期，1905年7月22日，第4页。叶恭绰：《北京大学国学研究馆开学演词》，《遐庵汇稿（下编）》，上海：上海书店1990年影印版，第66页。

② 梁启超：《清代学术概论》，《饮冰室合集》专集之三十四，北京：中华书局1989年影印本，第3页。

③ 闻宥：《国学概论》，《国学》第1卷第3期，1926年，第1页。

的问题。其实，中国传统学术文化之所以具有长久的活力，不只在于文化的"向内"输入，还在于文化的"向外"输出。在这种文化双向交流的过程中，中华文化的活力被不断激发出来，并得以不断实现自我文化的创新发展而历久弥新。近代国学倡导者在文化"向内"输入上有所论及，对文化的"向外"输出问题也多有思考。王光祈就提出，要将"将中国古代学术，尽量输入欧洲"①。他这里所言的"输入"，实是指中华文化对欧洲的文化输出。② 王皎我在论及国学创新时也提出要特别注意"向外"的因素，即国学的发展与创新需要外国学者的参与，要吸引更多的外国学子学习研究中国传统文化。他们认为国学"开新"不仅要立足国内，而且要"向外"输出扩展并在国际上占有"超越的""稳固的"地位。③ 对于国学与中国传统学术文化的未来，近代国学倡导者们抱有无限期望。他们认为，中国国学终有一天能走出国门，"布之东西各国"④。近代国学倡导者在文化"输出"问题上的思考，对于中国传统文化在新时代如何向外"输出"及实现创新性发展，具有重要的参考价值与借鉴意义。

其六，近代国学倡导者关于中西学调和兼容的思考。从中国近代学术文化的发展规律来看，传统学术文化的创新性发展不可能离开对以西学为主体的外来文化的兼容学习。孙德谦所言的"旧中开新"就特别强调国学创新须以旧学为本，同时兼收西学。总体上看，近代国学倡导者以国学相号召并非一味固守"旧有之学"，他们不仅将学习西学视为更新、光大"国学"的重要手段，还试图以国学为载体输入西学，让国学承担起传播以西学为主体的外来文化的重任。在他们看来，若不精通本国国学，何谈发现及输入外学之真精神。既精通国学，又悉知外学，这就是梁启超对

---

① 王光祈：《旅欧杂感（续）》，《少年中国》第 2 卷第 8 期，1921 年 2 月 15 日，第 63 页。吴文祺在《重新估定国故学之价值》一文中引用了王光祈的这一段文字。详见吴文祺：《重新估定国故学之价值》，《鉴赏周刊》第 1 期，1925 年 5 月 11 日，第 1 页。

② 此处"输入"实指中国文明"输出"到欧洲，但在一般情况下，王光祈对"输入""输出"还是有清晰的区分的。他说："我希望中国青年不要专从事输入，还须注意输出。"王光祈：《旅欧杂感（续）》，《少年中国》第 2 卷第 8 期，1921 年 2 月 15 日，第 63 页。此处的"输入""输出"就分别指将西方文化输入我国及"中国文明"的对外输出。

③ 王皎我：《中国国学在国际上的新地位及其最近之趋势》，《青年进步》第 114 期，1928 年 6 月，第 80 页。

④ 叶恭绰：《北京大学国学研究馆开学演词》，《遐庵汇稿（下编）》，上海：上海书店 1990 年影印版，第 68 页。

"我青年"的期待。① 兴起国学既然涉及中西方学术文化，如何整合二者就成为国学倡导者必须思考的问题。如何整合中西方学术文化，近代国学倡导者们从各自角度提出了不同方案。其中较有代表性的说法有梁启超的中西文化相互"磨洗"说②，黄节的"以世界之新知识，合并于祖国之旧知识"的"合并"说③，高旭的"吸收与保存两主义并行"说④，张东荪的中西文化"相辅佐"说⑤，张树瑄从体用角度提出的中西文化"镕铸"说⑥，蔡元培在中西方学术文化之间寻求相通之处的"比附"说⑦，王易⑧从真伪、本末、有用无用角度提出的"剔粗取精"说⑨等。

其七，近代中国学人关于复兴国学与民族兴亡关系的思考与探索。兴起于 20 世纪初的国学思潮从一开始就将国学的倡导与养成"国民"及振兴"中华民族"联系起来。近代中国学人关于"国学"的倡导，其中既包含对"学"与"国"关系的思考，还包含对"学""国""族"三者关系的思考。在近代国学倡导者们看来，国学、国粹屹然挺立，是中国及中华民族薪火相传数千年的重要支撑。在近代中国面临亡国的危难之际，自应大力弘扬国学，凝聚人心以共赴国难。从近代以来中国社会的发展轨迹来看，正是无数中国学人于西化浪潮中仍挺身倡导国学，以国学的提倡维系

① 梁启超：《论中国学术思想变迁之大势》，《饮冰室合集》文集之七，北京：中华书局1989 年影印本，第 104 页。

② 引自黄遵宪：《致梁启超书》，吴振清等编校整理：《黄遵宪集（下卷）》，天津：天津人民出版社 2003 年版，第 495 页。

③ 黄节：《游学生与国学——东京国学图书馆之设置所望于留学生及留学生会馆监督》，《新民丛报》第 26 号，1903 年 2 月。录自《癸卯新民丛报汇编（上编）》，第 426 页。

④ 高旭：《学术沿革之概论》，《醒狮》第 1 期，1905 年 9 月，第 44 页。作者在发表此文时使用的笔名为"师姜"。

⑤ 张东荪：《现代的中国怎样要孔子》，《正风》（半月刊）第 1 卷第 2 期，1935 年 1 月，第19 页。

⑥ 张树瑄：《国学今后之趋势》，《国光杂志》第 12 期，1935 年 12 月 16 日，第 8 页。

⑦ 蔡元培在《对于新教育之意见》一文中将儒家思想与西方民主思想相比附。详见蔡元培：《对于新教育之意见》，蔡元培著，高平叔编：《蔡元培全集（第 2 卷）》，北京：中华书局 1984 年版，第 131 - 132 页。

⑧ 王易（1889—1956 年），江西南昌人。民国时期曾任教心远大学、北京师范大学、东南大学（后改名中央大学）、中央政治大学、赣南中正大学等校。王易与汪辟疆、余謇并称为民国时期的"江西三杰"。抗战时期，王易创办《文史季刊》。新中国成立后，在湖南文史馆任职。著有《修辞学通诠》《国学概论》等。

⑨ 王易：《国学概论·导言》，王四同编：《大家国学·王易卷》，天津：天津人民出版社2008 年版，第 4 页。

起"一国之人心"①，才使"中国数千年立国的根基"未在西学的冲击下分崩离析，使中华民族在历经坎坷后仍能"自立于天地之间"。②

其八，近代中国学人关于国学书目的开列及国学教育的探索与思考。近代学人为后学者开设国学书目者甚众，其中较有名者有吴汝纶、梁启超、胡适等人。他们为各个阶段的学生所拟的国学书目虽各异其趣，却有诸多相通之处。一是他们所拟国学书目均以传承国学为宗旨。二是他们所拟国学书目均有学习程度上的层级划分，以适应不同阶段与层次学生的学习需求。三是他们所拟国学书目基本上是按传统图书四部分类法分类筛选，这种书目分类筛选法在相当程度上保证了所拟国学书目能达到系统并相对完整地传承国学的目的。他们关于国学范围的界定，关于国学书目的筛选，关于国学书目的分级、分类等问题的思考，对于当今中国各级学校的国学教育仍然有一定借鉴意义。

笔者在对近代国学倡导者关于国学创新理念、方法及实践相关史料进行系统梳理与分析的基础上，力图展现以下观点：

（1）近代中国的国学倡导者对"复兴国学"的倡导不是对传统文化及学术的简单复原或再现。近代国学思潮在萌生之初就已经具有开拓与创新的特征。在以中国固有文化为本的基础上如何处理中西学的关系，如何兼容新、旧学，这是近代国学倡导者反复思考的中心问题。正是他们从不同的角度对这些问题的执着探索，使近代国学能在中国"旧学"或"固有之学"的基础上继续推进与发展，有力地推动了中国传统学术文化在近代的创新与发展。

（2）近代中国国学倡导者虽主张学习西学，但他们强调这种学习是以继承中国固有学术文化为前提，这就使近代国学思潮与主张全面学习西学的西化派和主张固守传统的文化保守派都划清了界限。

（3）从近代中国学人倡导国学的目标来看，他们不只致力于中华传统学术文化的研究与传承，致力在中外文化之间寻求兼容并收之道，还希望通过倡导国学以振奋国人的民族精神，实现救亡图存、振兴中华的梦想；他们更希望中国国学有一天能光大昌明，乃至在世界范围内产生广泛

---

① 钱基博：《〈国学文选类纂〉总序》，钱基博：《国学文选类纂》，上海：上海古籍出版社2012年版，第3页。

② 范啬海：《青年国学的需要》，范啬海：《青年国学的需要》（尘笔双挥甲编），上海：青年协会书局1933年售发，第2-7页。

影响。

（4）近代国学倡导者有关国学创新的探索并不局限于理论层面，他们在实践层面对国学创新也多有探索。他们所展开的相关实践活动不仅有力地推动了近代中国国学的教育与普及，而且为国学及中国传统学术文化在新时代的创新发展提供了实践层面上的经验。

第一章　国学首倡在中国近代学术文化发展史上的开创意义

　　在近代中国，各种学术思潮、社会思潮纷呈出现。大致在 19 世纪末 20 世纪初，在梁启超、黄节、邓实等人的倡导下，国学思潮蔚然兴起。虽然目前学界关于"国学"概念的出现及近代中国国学思潮初兴的时间尚有争议，但研究者多将 1902 年东渡日本的梁启超致信黄遵宪谋创《国学报》视为近代中国国学思潮的起点。近代国学倡导者试图通过兴起国学以"养成国民"，激发民众的文化自信，以图实现救亡图存的时代任务。他们一方面以国学相号召，另一方面在强调复兴国学的同时又注重对外学习特别是对西学的学习。不管是从学术宗旨还是从学术方法上看，近代国学思潮既有别于文化复古思潮，也与欧化思潮有着根本的区别。可以说，近代国学倡导者是试图在复古思潮及欧化思潮之外寻求一条新的解决近代中国社会困境的文化之路，为近代中国文化的发展提供了新的文化思路，故国学首倡在近代中国学术文化发展历程中就具有了开创性的意义。

第一节　"国学"的提出及近代中国国学思潮的发展流变

　　要对近代中国国学思潮展开研究，首先要梳理清楚"国学"的出处。"国学"一词在中国古已有之，最初是指国家一级的贵族学校，《周礼·春官·乐师》就有"乐师掌国学之政，以教国子小舞"的记载。由此看来，古代中国的"国学"主要指教育机构，与近代中国兴起的国学思潮并无多大联系。

　　关于近代中国"国学"概念的最早出处，目前学界代表性的看法主要有以下四种：一是黄遵宪于 1887 年在《日本国志》中提出。在《日本国志》中，黄遵宪曾多次提及"国学"①。二是屠仁守于 1897 年 5 月在《孝感屠梅君侍御辨辟韩书》一文中提及。② 三是 1902 年 8 月，当时正在日本考察学制的吴汝纶与日本朝野人士交流后所提出。③ 四是梁启超于 1902 年秋在致黄遵宪的信中提出要谋创《国学报》。④

以上四种说法均与近代中国国学的兴起有着或紧或疏的关系：

（1）如果仅从"国学"一词在近代中国首次提出的角度来看，黄遵宪 1887 年所著《日本国志》中有关日本"国学"的介绍当为近代中国学人首次提及"国学"一词。⑤ 有研究者认为：黄遵宪在《日本国志》中所提及的"国学"一词或是介绍日本江户时代的国学，或是借中国传统意义上的"国学"指代日本各诸侯的学校，似与近代中国国学思潮并无直接联系。⑥ 但联系近代中国国学倡导者所言的国学概念主要是转借自日本这一主要事实来看，⑦ 说黄遵宪 1887 年所著《日本国志》一书在近代中国最早输入、提出了国学的相关概念也有一定的道理。

---

① 据田正平、李成军统计，在《日本国志》中，黄遵宪有九次提及"国学"。参见田正平、李成军：《近代"国学"概念出处考》，《华南师范大学学报（社会科学版）》2009 年第 3 期，第 77 页。

② 参见田正平、李成军：《近代"国学"概念出处考》，《华南师范大学学报（社会科学版）》2009 年第 3 期，第 75 - 79 页。

③ 桑兵在论及这个问题时认为：近代国学概念的使用，据目前所见，当始于 1902 年，主要是"赴日游历者（如吴汝纶）及流亡者接受日本朝野人士的意见，借日本国学概念移指本国的既有学问。"参见桑兵：《国学与汉学——近代中外学界交往录》，北京：中国人民大学出版社 2010 年版，第 244 页。

④ 详见黄遵宪：《致梁启超书》，吴振清等编校整理：《黄遵宪集（下卷）》，天津：天津人民出版社 2003 年版，第 495 页。

⑤ 参见张昭军：《国学讲演与历史现场》，章太炎：《章太炎讲国学》，北京：东方出版社 2007 年版，第 2 页。

⑥ 田正平、李成军认为："黄遵宪在《日本国志》中提出的'国学'主要指日本江户时代的'国学'，与明治时代日本国粹主义所指涉的内容并不相同。江户时代提倡国学是欲'清除汉意，巩固和魂'；明治时代提倡国粹主义则是为抗衡欧化。近代中国国学思潮所效法的主要是明治时代的国粹主义。"田正平、李成军：《近代"国学"概念出处考》，《华南师范大学学报（社会科学版）》，2009 年第 3 期，第 77 - 79 页。早在 1932 年，汪辟疆就撰文指出近代中国的国学思潮主要是效法明治时代的国粹思潮："昔东土改步，欧化风靡。三宅雄次郎、志贺重昂等，始倡国粹保存之说。著论推阐，而日本主义，因以确定。吾国适当清季，欧学大行。……抨弹曩哲，绝学亡种，罔复顾惜。忧时之彦，慭焉心伤，相与号召方闻，补救偏弊。"汪辟疆：《学弊与国学》，《时代公论》第 2 号，1932 年，第 32 页。

⑦ 桑兵：《晚清民国时期的国学研究与西学》，《历史研究》1996 年第 5 期，第 45 页。

（2）如果说黄遵宪 1887 年所著《日本国志》为近代中国首次介绍、引入了日本国学的概念，那么，屠仁守于 1897 年所著《孝感屠梅君侍御辨辟韩书》一文中提及"国学"则当是近代中国学人首次流露出欲取法日本国学的想法。光绪二十三年（1897），屠仁守在《时务报》第 30 册发表《孝感屠梅君侍御辨辟韩书》一文，在该文结尾处，屠仁守借对《时务报》第 22 册发表的译自日本《东华杂志》的《汉学再兴论》一文的评点，表达了欲取法日本的想法："昨读译《东华杂志·汉学再兴论》，为之踌躇四顾，默愧之，滋畏之，以彼人士犹能言修身齐家，设立教育之当取法；犹如尊《论语》为纯然道义之书，并推存亡消息之理；谓国学勃兴，将压倒西学。我方靡焉欲步其后尘，彼乃皇然而思返古道；我方贬圣贤以尊西洋之善治，彼且稽经史而建东洋之政策。两册鳞次之间，自立也？若彼，自屈也？若此。"① 屠仁守的这段文字，一方面称赞日本思返古道，国学有勃兴之势，一方面则痛心当时的中国学人贬圣贤尊西洋。两相对比之间，作者号召国人学习日本复兴国学之意已是呼之欲出。需要指出的是，屠仁守此文中"国学勃兴，将压倒西学"一语是日本杂志所载《汉学再兴论》观点的复述，此"国学"是日本之"国学"非中国之"国学"，并非他本人对中国学术发展的观点。还需指出的是，屠仁守这篇文章的主旨是反驳严复《辟韩》一文宣传民主的主张，这与近代中国国学倡导者倡导国学以"养成国民"的呼唤与主张多有背离，② 故不可高估屠仁守《孝感屠梅君侍御辨辟韩书》一文在近代中国国学思潮兴起中的地位与作用。

（3）吴汝纶于 1902 年在日本考察学制期间关于"国学"的相关论述对于我们理解近代中国国学思潮的兴起具有重要的参考意义。1902 年 5—10 月，时任京师大学堂总教习的吴汝纶在日本考察学制。在日本考察期间，吴汝纶不仅考察了众多学校，还四处拜访日本政界、学界人士，以图探寻日本教育、文化的精髓。光绪二十八年六月三十日（1902 年 8 月 3日），吴汝纶在日记中有载："三十日戊午，与小村俊三郎携启儿赴古城贞吉之招。席仍在静养轩。主人八人。小村谓皆教育家。吾谓各以一言相赠。"古城贞吉相赠之语为："勿废经史百家之学，欧西诸国学堂必以国学

---

① 屠仁守：《孝感屠梅君侍御辨辟韩书》，《时务报（第 30 册）》，北京：中华书局 1991 年影印本，第 2051 页。

② 黄遵宪：《致梁启超书》，吴振清等编校整理：《黄遵宪集（下卷）》，天津：天津人民出版社 2003 年版，第 495 页。

为中坚。……五方交通，学有长短，如废贵国之文学，则三千年之风俗无复存者，人则悉死，政则悉败矣。是故英国有保守党，以制西人之趋轻浮狂简也。"① 吴汝纶在日记中对日本学人所言"国学"的转述与黄遵宪在《日本国志》中对日本国学概念的介绍方式有类似之处。转述或介绍虽不涉及作者个人想法的表达，但作者对转述或介绍内容的选择与记载在相当程度上也体现了转述者本人的思想倾向与选择。不管是黄遵宪的介绍还是吴汝纶的转述，都体现出近代中国学人对"国学"问题的重视，这种重视正是近代中国国学思潮必将勃兴前的酝酿与征兆。尤其值得注意的是，吴汝纶在日期间曾就如何安排中西学的兼习取舍问题与日本学者长尾槙太郎交流。他在交流时提出："此来欲取法贵国，设立西学。其课程过多，若益以汉文，则幼童无此脑力，若暂去汉文，则吾国国学，岂可废去？兼习不能，偏弃不可，束手无策，公何以救之？"② 吴汝纶在此明确无误地提出了"吾国国学"，这就将"国学"与"吾国"联系了起来。虽然吴汝纶本人在日本考察学制返回国内后不及半年即去世，未能就"吾国国学"这一问题展开更多的论述，但是鉴于近代中国国学思潮的兴起与日本的影响有关这一事实，吴汝纶在日考察期间对"国学"问题的相关论述对于理解中国近代国学思潮的兴起就具有了相当重要的参考意义。值得注意的是，光绪二十八年九月十七日（1902 年 10 月 18 日），吴汝纶在结束日本考察前夕，在《与陆伯奎学使》一信后附拟定好的《学堂书目》，其中详细列举了从小学、中学到大学各阶段应学的中西学书目，可谓一份具体的"会通"中西学的方案。这份书目一定程度上体现出吴汝纶对保存国学的具体想法，此与后来胡适、梁启超等人拟定的国学书目多有相通之处。关于这一点，笔者将在后文详论，此处不再赘述。

（4）学者们一般认为，近代国学概念的使用始于梁启超。③ 光绪二十八年（1902），客居横滨的梁启超与时在广东梅州的黄遵宪通信密切，他

① 吴汝纶：《日记卷第十·教育》，施培毅、徐寿凯校点：《吴汝纶全集（四）》，合肥：黄山书社 2002 年版，第 702 – 703 页。

② 吴汝纶：《长尾槙太郎笔谈》，施培毅、徐寿凯校点：《吴汝纶全集（三）》，合肥：黄山书社 2002 年版，第 764 页。

③ 研究者们一般认为梁启超为中国近代意义"国学"概念的"始作俑者"。参见朱俊瑞：《梁启超与近代"国学"概念的提出——兼论中国近代国学思想形成的几种分析路径》，《杭州师范大学学报》2010 年第 2 期，第 19 页。

在一封信中谈及谋创《国学报》，提出了具有近代意义的国学概念。① 梁启
超此信虽佚不可查，但黄遵信的回函对梁启超来函中的内容多有引用，故
通过黄遵信的回函我们亦可大致了解其中的内容与主张。其关键点有三：
第一，1902 年左右梁启超客居日本，他对国学的倡导显然是受到了近代日
本国学思潮的影响。黄遵宪在回梁启超的函中专门论及日本"国粹之说"
的兴起，还就此"持中国与日本较"②，说明黄遵宪看出了梁启超有关兴起
国学的想法受到了近代日本国学思潮的影响，与中国古代官学意义上的
"国学"没有关涉。第二，梁启超倡导国学并非止于学术及文化层面，从
其倡导目的看，他谋创《国学报》以倡导国学，其意不仅在"保国粹"，
还意在"养成国民"。③ 联系梁启超谋创《国学报》未果，及其当年所办
的《新民丛报》中对"新民"的吁求，可知他对国学的倡导与单纯的复兴
"旧学"或"保国粹"在目标上有着根本的区别。第三，梁启超谋创《国
学报》，意味着近代中国学人对国学的倡导开始从单纯的学术研究层面转
向尝试借助传媒以宣传国学、凝聚同人、鼓动民众。这是近代中国国学思
潮真正兴起的一个重要标志。

　　关于近代中国国学概念的最初提出，应该结合中国近代国学思潮的具
体发生情况来讨论。④ 如果这一概念的提出与近代国学思潮没有直接联系，

---

① 据统计，光绪二十八年（1902），黄遵宪致梁启超书有七通。黄遵宪在八月二十二日致梁
启超第四通信函中说："作书既至此，忽接八月初三日手书。所奉各函，以此为最速，殊惊喜也。"
在这段文字之后，黄遵宪即就梁启超谋创《国学报》作答。［黄遵宪：《致梁启超书》，吴振清等
编校整理：《黄遵宪集（下卷）》，天津：天津人民出版社 2003 年版，第 495 页。］在此通书函前，
黄遵宪致梁启超的前三通书函时间分别为四月、五月、七月，这些书函中均未论及《国学报》事
宜。由此推知，梁启超向黄遵宪致信述及创办《国学报》应在光绪二十八年"八月初三手书"
（1902 年 9 月 4 日）中。由于梁启超此信佚不可查，研究者均不敢遽下断语，但也多据此将梁启超
致信黄遵宪谋创《国学报》的时间大致定在 1902 年夏秋间。
② 黄遵宪：《致梁启超书》，吴振清等编校整理：《黄遵宪集（下卷）》，天津：天津人民出
版社 2003 年版，第 495 页。
③ 黄遵宪：《致梁启超书》，吴振清等编校整理：《黄遵宪集（下卷）》，天津：天津人民出
版社 2003 年版，第 495 页。
④ 关于中国近代"国学"概念的提出，雄健在《国学论》中将其置于西学渐入的近代中国
文化变迁的大背景中讨论并认为国学之名的来历是"援国宝国货之例"："自欧化东渐，新学勃
兴。好古之士，惧旧学之失坠，乃创中学西学之名，以为之别。复立为体为用之说，以定其序。
同时西儒之治中国旧学者，亦苦于材料繁杂，分析匪易，乃混而名之为支那学。其后国人慊支那
之称非旧，中学之义过晦，始援国宝国货之例，更定其名为国学。国学者，盖别于西来之新学而
言也。"详见雄健：《国学论》，《天籁季刊》第 24 卷第 1 号，1935 年秋季，第 51 页。雄健的这一
观点显然有别于"国学"之名借自日本的说法。

就不可视为中国近代国学思潮视域下的中国近代国学概念的最初提出，而仅仅是一个与中国近代国学思潮没有关联的、巧合的文化现象。不管是黄遵宪于 1887 年在《日本国志》中多次提及"国学"，或是屠仁守于 1897 年 5 月在《孝感屠梅君侍御辨辟韩书》一文提及"国学"，均应视为一种孤立的文化事件。黄、屠二人虽提出了"国学"一词，但与后来发生的近代国学思潮并无直接联系，不能将其视为中国近代国学思潮兴起的源头。吴汝纶于 1902 年在考察日本学制期间提及近代意义上的"国学"及"吾国国学"，从提出时间上看较梁启超稍早，惜其回国后不久即病逝，故其对于国学未有更多的阐述，也与随后展开的国学思潮失之交臂。与之相较，梁启超在 1902 年首倡国学后，陆续就国学问题阐述自己的观点，其系统阐述国学的文章就有《治国学的两条大路》《国学入门书要目及其读法》等，还在 1922—1923 年就国学书目与胡适展开论争，这是近代国学思潮流变中的一件大事。综合考量，笔者认为梁启超于 1902 年夏秋间致信黄遵宪谋创《国学报》当为近代中国国学思潮兴起的起点。也正是在此之后，学界有关倡导国学的文章不断刊出：1902 年 12 月，黄节在《政艺通报》上发表《国粹保存主义》；1903 年 2 月，黄节又在《新民丛报》第 26 号发表《游学生与国学——东京国学图书馆之设置所望于留学生及留学生会馆监督》；1903 年 5 月，春水在《政法学报》上发表《中国国学保存论之一》。

　　1904 年，由邓实、黄节、刘师培、章太炎等发起组织的国学保存会正式成立，该会以"研究国学，保存国粹"为宗旨。国学保存会主办的机关刊物《国粹学报》于清光绪三十一年正月（1905 年 2 月）创刊，刊行七年，至 1911 年年底，共出八十二期后停刊。在 1912 年 6 月至 1914 年 8 月，《国粹学报》改名为《古学汇刊》，共出十二编二十四册。1932 年，神州国光社在出版《〈国粹学报〉汇编》时，曾对《国粹学报》的栏目设置及变迁有过总结：

　　　　其原目有七：曰社论，则通论国学之文也。曰政篇，则诠次往古政治之文也。曰史篇，则详究史学史法，兼订补史传者也。曰学篇，则衡论学术流别及订补学案者也。曰文篇，则论次小学文学，并甄录并世作者诗文也。曰丛谈，随笔之体。曰撰录，搜佚之编。丁未以后，增博物、美术、附录三类，戊申以后，则又增藏书志、介绍遗书、介绍新书三类。庚戌以后，又复更定体例。每篇又区分为内、外篇。内篇录社稿及生存人著述，外篇则收前人未刊遗著。于原有门类之外，更增经篇、子篇两类。至尾册通讯，虽不入类目，而研讨学术，亦时见鳞爪。①

　　国学保存会的成立及其机关刊物《国粹学报》的创办发行，聚集起一批倡导国学、国粹的学者，被时人称为"国粹派"。关于《国粹学报》的作者情况，汪辟疆曾有介绍："撰文诸子，并当时硕彦，而以瑞安孙诒让、余杭章炳麟、仪征刘师培、海宁王国维、兴化李详、上虞罗振玉所论次，尤为精粹，恢恢乎质有其文矣！余如黄节、邓实、马叙伦、田北湖、薛蛰龙、黄质、陈去病、况周仪、沈维钟诸子。虽所见有浅深，要能各引一端，崇其所善，言国学者，莫之或先也。"②

　　邓实诸人之所以要成立国学保存会，就是有感于当时国人心醉欧风，国学衰落。他们起而倡导振兴国学，其宗旨在救国保国，恰如邓实所言："学亡之国，其国必亡，欲谋保国，必先保学。"③ 章太炎在《国学讲习会序》中也对"国"与"学"之间的关系有类似的阐述："夫国学者，国家所以成立之源泉也。吾闻处竞争之世，徒恃国学固不足以立国矣，而吾未闻国学不兴而国能自立也，吾闻有国亡而国学不亡者矣，而吾未闻国学先亡而国仍立者也。"④ 由此也可看出国学的倡导与初兴有浓厚的政治意味，故有学者将国学初兴时期称为"政治国学阶段"⑤。

　　近代中国国学思潮初兴之时，虽有国粹派诸人摇旗呐喊，但应者寥寥。1905 年，邓实所撰的《国学保存会小集序》一文就将当时国学落寞的处境形象地刻画出来：

---

① 《附录：神州国光社刊行〈国粹学报〉汇编缘起》，《时代公论》第 2 号，1932 年，第 32 页。
② 汪辟疆：《学蔽与国学——〈国粹学报〉汇编序》，《时代公论》第 2 号，1932 年，第 30 页。
③ 邓实：《拟设国粹学堂启》，《国粹学报》第 26 期，1907 年 3 月 4 日，第 1 页。
④ 章太炎：《国学讲习会序》，《民报》第 7 号，1906 年 9 月 5 日，第 26 页。此文作者署名为"国学讲习会发起人"。
⑤ 夏海在《国学要义》中将近代国学流变分为"政治国学""文化国学""学术国学"三个阶段。其一，晚清民国之交，国学兴起，为政治国学阶段，这一时期的"国学概念具有浓厚的政治色彩，烙上了深刻的爱国主义印迹，与国家兴亡、民族命运紧密联系在一起"。其二，新文化运动时期是文化国学阶段。这一时期，学术界主要从文化的角度批判传统文化，并引进西方理念来改造中国文化。这种批判的声音在五四运动中达到高潮。其三，20 世纪 20、30 年代是学术国学阶段。"这一时期，在胡适等人的积极推动下，融合中西文化、再造文明的'整理国故'运动开始流行，国学逐渐成为一个学术概念。"参见夏海：《国学要义》，北京：中华书局 2018 年版，第 6－7 页。

粤以甲辰季冬之月，同人设国学保存会于黄浦江上。绸缪宗国，商量旧学。摅怀旧之蓄念，发潜德之幽光。当沧海之横流，媲前修而独立。盖学之不讲，本尼父之所忧。小雅尽废，岂诗人之不惧。爱日以学，读书保国，匹夫之贱，有责焉矣。

夫神州奥区，学术渊海。三坟五典，为宇宙开化之先。金版六弢，作五洲文明之祖。左史右史所记，金匮石室所藏，有历史以来，号四千载。其载籍之博，曰十三经。自秦火之残，犹藏于博士。乃咸阳一炬，尽荡为飞烟。汉兴，诸经仅得之屋壁，或出之淹中。诗始萌芽，书犹口说。嗜利禄者，拾其香草。好华藻者，绣其鞶帨。大道以多歧而亡羊，中原方有事而逐鹿。诗书之业，辍于干戈。六艺之圃，鞠为茂草。况复门户水火，则兰艾同焚。诸子九流，则冰炭不合。流至今日，而汉宋家法，操此同室之戈。景教流行，夺我谭经之席。于是蟹行之书，纷填于市门，象胥之学，相阗于黉舍。观欧风而心醉，以儒冠为可溺。

嗟乎，念铜驼于荆棘，扬秦灰之已死。文武之道，今夜尽矣。同人吾为此惧，发愤保存。比虎观之谭经，拟石渠之讲艺。说经铿铿，歌声出乎金石。折鹿岳岳，大义炳若日星。有《春秋》经世之志，无雕虫篆刻之风。维时天寒景短，岁暮风长。青松之枝，冬日而弥秀。鸣鸡之音，风雨而不已。即以兹晨之美，先为小集之会。嘉宾在坐，连逢掖以成云。壶觞即开，聚芳馨而成彩。白日将暮，我思古人。清风徐来，既见君子。生刍一束，其人有如玉之美。葛屦五两，履霜无坚冰之渐。金石之怀，历久而靡变。竹柏之节，至死而逾烈。《诗》曰"匪先民是程，匪大猷是经"，于乎哀哉，维今之人，不尚有旧，夫岂旧之不可尚哉。君子不以所恶废乡，风人每以达变怀旧。凡在吾党，当同此心已。[①]

从上引邓实的文字可以看出，在 1905 年前后也即国学思潮初兴时，邓实诸人对国学的倡导并未对整个社会产生多少波澜。"观欧风而心醉，以儒冠为可溺"一语可谓当时中国社会思潮倾向的真实写照，故邓实将当时国学保存会对复兴国学的倡导称为"鸡鸣之音"。

这种情况直到"一战"结束后才逐渐改变。范罽诲在《谈国学》一文

---

① 邓实：《国学保存会小集序》，《国粹学报》第 1 期，1905 年 2 月 23 日，第 1 页。

中曾谈及国学思潮从沉寂逐渐转向高涨的过程：“国学在十年前，简直没有人提起了。浅近的读些欧文可以换些饭噢，高深的弄些西学，可以得名誉。国学是不值钱的东西。而今风气变了，读国学的渐渐时髦了，所以吾劝青年，这是研究国学很好的机会。”①范畞诲这篇文章发表于 1924 年 2 月 1 日，“十年前”，大致是 1914 年左右。范畞诲所记，也大致反映出在 1914 年前也即“一战”爆发前国学在国内的大致处境。

按范畞诲所言，大致在 20 世纪 20 年代前后，“风气变了，读国学的渐渐时髦了”，为何会有这样的转变呢？这与“一战”的爆发有较大关系。“一战”的爆发，特别是其战后惨状，不仅使部分中国知识分子开始质疑西方文化，而且使中国文化受到了东西方学者前所未有的重视。特别是 1918 年 6—10 月，梁启超周游欧洲各国并写成《欧游心影录》一文，他在此文中对战后欧洲惨状的记述及对中国文化所表现出的无限信心都在国内产生了广泛而深刻的影响，极大地推动了近代中国国学思潮的深入发展。②

国学思潮的高涨还与新文化运动的纵深发展有关。1919 年 5 月，毛子水在《新潮》撰文，首倡以“科学的精神去研究国故”③。同年 12 月，胡适提出“研究问题、输入学理、整理国故、再造文明”④。1923 年，胡适在北京大学《国学季刊》上撰文，系统阐述其“整理国故”的主张。胡适等人作为新文化运动的领袖，他们对“整理国故”的倡导在当时的知识界及青年中产生了不小影响，这也在一定程度上促进了近代中国国学思潮的发展。

国学何以能在新文化运动中占得一部分的地位？范畞诲在《国学门径》一文中对此问题曾有论及：自近代以来，中国文化在西方文化面前节节败退，士人对中国学问几乎丧失了信心，觉得中华文化没用了，“训诂没用了，考据没用了”，他们“彷徨又彷徨，只得随风而靡。甚至有一般麻醉的人，直谓中国学问半文不值，中国书可以付诸一炬了”。“物极必

① 范畞诲：《谈国学》，《青年友》第 4 卷第 2 期，1924 年 2 月 1 日，第 5 页。此文后收入范畞诲所编《青年国学的需要》（上海：青年协会书局 1933 年售发）一书中，标题改为“谈国学及其初步”。

② 关于这一点，笔者将在第四章第一节“‘一战’对近代中国国学思潮发展的影响”中详述。

③ 毛子水：《国故和科学的精神》，《新潮》第 1 卷第 5 号，1919 年 5 月，第 739 页。

④ 胡适：《“新思潮”的意义——研究问题、输入学理、整理国故、再造文明》，季羡林主编：《胡适全集》第 1 卷，合肥：安徽教育出版社 2003 年版，第 691 页。

反，今日是国学回复生机之日到了。以我观察，最近数年，青年对于国学，都发出一种情愿研究的热心，不像以前的冷淡了。其缘故约有三种：一种是受了外力的戟刺，发于爱国的情绪；一是为社会所冲动，觉得有不可缺的需要；一是被好奇心所驱使，料想其中或者藏着特异的内美。可怜哪，长远没人顾问的国学，居然于新文化运动中占得一部分的地位了。国粹保存四字，向来只在顽固党咽喉间，不敢吐声的，一变而为国故整理，居然呼喊于新学者之口了。国学昌明，我们可以企足以待了。"①

范薾诲在阐释国学思潮在新文化运动时期的勃兴时，将"受了外力的戟刺，发出爱国的情绪"列为第一条理由，可见当时的有识之士都看到了"一战"对中国文化走向的影响。"一战"的惨状使中国的青年将眼光重新投向中国文化，中国在巴黎和会上的遭遇更是激起了中国青年的爱国热情，当时这种爱国热情在文化上的体现就是国学思潮的高涨。

范薾诲的这段阐释还有一点值得注意，就是他从"物极必反"的角度来解释近代中国国学思潮高涨的原因。一个国家的文化流变并非直线发展，而是时常随时代发展而上下起伏波动，若一国文化的发展跌至低谷，正是"物极必反"之时。将"一战"前后国学在中国的境遇进行对比，其变化也可谓"物极必反"。之前是大家都觉得"中国学问半文不值"，之后则是开始对国学内在价值的发掘，觉得国学是"不可缺的需要"，国学中"藏着特异的美"，不再认为国学无用了，而是"值钱的东西"了。②

不管是 1914 年"一战"的爆发及其惨状对国内知识界的刺激，还是新文化运动中胡适等"新学者"对"整理国故"的倡导，都引发了国内知识分子及部分青年学子对国学的关注，极大地推动了国学思潮在近代中国的发展。一种思潮的形成，不只需要先行者的倡导，还需要有相当数量的附和者、追随者。细究近代中国的国学思潮，仅有梁启超、黄节、邓实、刘师培、章太炎等大家倡导在前尚不足以称为"潮"，只有众多的青年学子追随其后，"相与呼应汹涌，如潮然"③，近代中国国学思潮才算真正蔚然兴起。学者的大力倡导，青年学子的响应追随，正是 20 世纪二三十年代

---

①　范薾诲：《国学门径》，《青年进步》第 69 册，1924 年 1 月，第 90 页。此文后收入范薾诲所编《青年国学的需要》（青年协会书局 1933 年售发）一书中，标题改为"国学的两条路"。

②　范薾诲：《谈国学》，《青年友》第 4 卷第 2 期，1924 年 2 月 1 日，第 5 页。

③　梁启超：《清代学术概论》，《饮冰室合集》专集之三十四，北京：中华书局 1989 年影印本，第 1 页。

国学思潮持续勃兴的重要原因。时人在点评钱穆《国学概论》时曾说："近十数年来，以新文化运动之反响，学者复多以国学倡导后进，而好学之学生亦多从而研习，蔚为一种风尚。"①

"一战"爆发及其惨状只是激发近代中国国学思潮高涨的外因，究其本质而言，"一战"爆发及新文化运动中"整理国故"运动的兴起所引发的中国近代知识分子，特别是青年学子对传统文化及国学价值的重新发现与认同，才是推动近代中国国学思潮高涨的内在因素。

1924年1月，范甾诲在《谈国学》一文中列举出青年学子应该学习国学的五点原因。他所列出的这几点原因，正反映出当时知识分子对国学价值的认同，由此也可加深我们对于近代中国国学思潮勃兴的认识。为说明问题，现将范甾诲所举五点原因列于下：

（1）国学是我们祖宗留下的宝贵遗产，青年有义务去研究与弘扬。

> 吾们是中国人，吾们的祖宗，巴巴的把学问留贻与吾们，吾们做子孙的，反而鄙薄他，看轻他，不屑去学，是为什么呢？你看外国人，对于他本国的言语文字，在中国各处，设立大学中学小学，竭力的宣传，这不是他们的爱国心么？吾们难道不爱国，却抛弃了本国的所自有，专门去受人家的宣传，又是为什么呢？吾们如今要觉悟了，吾们一定要研究国学，不但自己研究，还要宣传到外国去，去发扬中国的光辉，这是青年的本分，也是国民爱国的义务。②

（2）国学是东方文明的精华，是物质文明的救世主。

> 吾们的国学，是东方文明的精华呢！从前西方物质文明的时代，西人靠託他们的富强，以为世界文明没有比他们再高了。不料烈火焚身，酿成此番的大战，一切化为乌有。他们回过头来，觉得东方文明是纯洁的，是文静的，是平和的，是光华内敛的，然暂时被物质文明所遏抑，终究是物质文明的救主，所以他们都想考求中国的学问，法德英美各大学里面都要设立中学的讲座。青年！青年！吾们中国人，应当怎样？③

---

① 鄞：《〈国学概论〉提要》，《浙江省立图书馆月刊》第1卷第3期，1932年5月31日，第2页。

②③ 范甾诲：《谈国学》，《青年友》第4卷第2期，1924年2月1日，第5—6页。

（3）国学正在受到国人的重视。

> 以前读西文的人，很为名贵，有了西文，社会不再责备他的中文。所以他们于国学，纵使茫然不知为何物，仍旧可以受一般人的捧场，现在渐渐的不行了。……你看多少留学生，得了"学士""硕士""博士"的头衔，他们还在那里懊悔。懊悔年轻时候，在学校里瞧不起国学，到今日，已经嫌迟了。①

（4）青年应该在国学上下更多的"功夫"。虽然"中国书"相较于"外国文"而言更易学习，但是"现在学堂里的学生，照良心直说，你读外国文，曾用几多功夫？你读中国文，曾用几多功夫？恐怕在中国书上，要缺少的很远"。②

（5）学习国学可以提升品行，可以防止人"做恶事"。

> 国学自然是知行并进的，但是知识方面，吾们承认他不及现代科学的精。一讲到道德伦理方面，也不能不承认国学和青年的人生观有重要的关系了。因为人生在世，不是求知识的难，却是实行道德伦理的难。知识越进步，做恶事的本领也越大了，坏人也越多了，这岂非吾们自从海通至今，三十年来的事实么？③

近代中国国学思潮在 20 世纪二三十年代的高涨有两个具体表现。

一是国学杂志与国学书籍的大量涌现。近人南扬在《漫谈国学》中对这一时期国学杂志的创办曾有忆及与列举：

> 风起云涌，兹就吾记忆所及，列举于下：《国学季刊》（北京大学）、《清华学报》（清华大学）、《燕京学报》（燕京大学）、《辅仁学志》（辅仁大学）、《女师大学术季刊》（北平女子师范学院）、《文哲季刊》（武汉大学）、《史学专刊》（中山大学）、《历史语言研究所集刊》（"中央研究院"）、《中大季刊》（中央大学）、《金陵学报》（金陵大学）、《国立北平图书馆馆刊》（北平图书馆）、《史学论丛》（北大潜社）、《史学年报》（燕京大学）。有时还出专号，如北平图书馆刊出过《西夏文专号》《圆明园专号》等；燕京学报出过《中国明器》《唐代长安与西域文明》等十余种，历史语言研究所亦有专刊之

---

①②③　范酈诲：《谈国学》，《青年友》第 4 卷第 2 期，1924 年 2 月 1 日，第 5 - 6 页。

刻行，如《西夏研究》《爨文丛刊》等凡一二十余种，燕京大学设引得编纂处，专做"索引式的整理"，已出书籍凡二三十种。至于上举各机关学校，珍本古籍之刊印，更多不胜举。①

作者此处所举仅限于"机关学校"的刊物书籍，若算上其他学术团体所出国学期刊，则数量更多。

二是国学相关的学术团体大量涌现。南扬在《漫谈国学》中举出的相关学术团体包括民俗学会、西北科学考察团、中国营造学社、禹贡学会等。南扬以上所举主要限于类似"政府机关"的官方学术团体，对国学研究社、国学讲习会等民间学术团体并未提及。南扬于此虽将关注重点放在官方学术团体上，但他认为，相较于官方学术团体，民间学术团体更有生命力，持续时间更长。关于这一观点，南扬在《漫谈国学》中论及"民俗学会"时有详述：

> 中国民俗学会运动，导源于七年（1918）北京大学之歌谣研究会及风俗调查会。在十二年秋，发行《歌谣周刊》，至十四年夏结束，共出九十六期。秋，北大研究所国学门月刊出版，关于民俗之论著即在月刊中发表，后来随着月刊之停版而停止。十六年冬，中山大学语言历史研究所的民俗学会成立，发刊《民间文艺》，至十二期止，改为《民俗周刊》，至十九年夏结束，共出一百十期，更编刊民俗丛书。三年间，共出《孟姜女故事研究》等二十余种。同时或稍后，厦门、福州、漳州、汕头、揭阳、重庆、杭州、吴兴、鄞县等地，民俗学分会相继成立，亦能有刊物发行。十九年以后，颇有中衰之趋势。然杭州分会犹能勉力维持，除刊行民间月刊外，更编印民俗学集稿一、二共两辑。二十五年四月，北大《歌谣》复刊，九月，中山大学《民俗》复刊。同时，觉得政府机关的存亡，往往随着主持人的转变，北大歌谣研究会已有二十年的历史，不幸中断了十年，而民俗学会的各地分会，却并未因为干部的灭亡而停止工作，可见人民团体比政府机关强的地方。所以，随着北大《歌谣》之复刊，同时组织了一个风谣学会。这种人民团体，一方面作政府机关的监督者，一方面作政府机关之后盾，期共同维持这种事业于永久。②

---

① 南扬：《漫谈国学》，《战时中学生》第 2 卷第 9 期，1940 年 9 月 20 日，第 20 页。
② 南扬：《漫谈国学》，《战时中学生》第 2 卷第 9 期，1940 年 9 月 20 日，第 21 页。

从社会思潮发展演变的一般规律来看，任何思潮在走向高涨后都会渐入低潮。在近代国学倡导者的不懈努力下，以"一战"爆发为契机，近代中国的国学思潮在 20 世纪二三十年代走向高潮。① 但抗日战争的爆发，大致在 20 世纪 30 年代末期以后，国学思潮在走向高潮后又暂时步入低谷。关于抗日战争对国学思潮的影响，南扬曾有论及："（民国）二十六年七月，抗战军兴，北平沦陷，古物古籍之毁坏，国学工作之停顿，损失之大，无可言喻。"② 日本侵华战争不仅对中国社会也对包含国学在内的中国学术的发展产生了重大冲击。陈文彦就述及了"一·二八事变"对天津学界及社会的影响：

> 一·二八事变之后。津市与日人屯军对峙。又以东北各省尽失，而此通商大埠，等于险要边陲，风鹤皆兵，朝不保夕，各校率多放假，本社照常说经。曾记一日特别紧张，社员只来四五，李先生实忱口讲指画，一如平时。坐中人俯首静听，几忘社外将有奇变。下课后踽踽而归，见商廛一律闭门，街巷无人行走。而冲要处所，官警荷枪实弹，戒备森严，一若大敌当前，势将拼以炮火。③

1937 年"七七事变"后，李廷玉迁居成都，国学研究社也随即停办。南扬曾对 20 世纪 20 年代与 40 年代的国学境况作过对比：

> 二十年前，有许多老辈在喊："古学要沦亡了！""古书不久要无人能读了！"于是有些人在那里抗拒他们自己也莫名其妙的西洋学术。盖他们认为西洋学术的输入，是古学沦亡的原因。但至"现在"④，这

---

① 胡逢祥认为国学思潮自产生以来共有三次高潮。第一次为 20 世纪初年的国粹主义思潮。"这一思潮自 1903 年初兴，至 1905 年《国粹学报》问世，形成高潮，在政治思想界和学术界都产生了广泛的影响。辛亥革命后渐趋衰落。"第二次为"导源于新文化运动的'整理国故'运动，其目的在于运用西方学理批判、清理和改造中国旧有的学术体系，引导其汇入现代国际学术潮流"。第三次为"当代'国学'思潮的重兴"，这次重兴"是中国国力日增和国际地位不断上升背景下的产物，它实质上反映了当代中国人对于实现中华民族伟大复兴这一历史使命的期待"。胡逢祥：《现代化潮流中的国学思潮及其走向再省思》，《天津社会科学》2012 年第 5 期，第 124 - 128 页。

② 南扬：《漫谈国学》，《战时中学生》第 2 卷第 9 期，1940 年 9 月 20 日，第 22 页。

③ 陈文彦：《述国学研究社艰难缔造之概况》，《国学》第 1 卷第 1 期，1937 年 4 月，第 39 页。"本社"指国学研究社。"李先生实实忱"即李廷玉（1869—1952 年），字实忱，天津人，北洋将弁学堂毕业，1922 年曾任江西省省长，辞职后寓居天津，1932 年 5 月 4 日在天津创立国学研究社，任社长。

④ "现在"指 1940 年前后。

种情形似乎不大有了。……大多数青年人的脑中，他们见到中国工业之落后，国家之贫弱，以为只有科学救国，中国的古学不过是些破烂的古董，可以任他毁灭，不值一顾。试看近年来大学中学理科人数的激增，文科人数的日减，就可以明白了。①

面对强敌入侵，学术与文化显得有些无能为力，"科学救国"口号又重新登场。从"一战"后对科学的质疑，到抗战时期重倡"科学救国"，历史的发展似乎是一个循环，这也在一定程度上印证了范皕诲于 1924 年在《国学门径》中所言的"物极必反"的道理。

第二节　近代国学思潮在萌生之初已具备开拓与创新的特征

黄遵宪之所以不赞同梁启超创办《国学报》的提议，在于他没有理解梁启超倡导国学背后的深意。他认为当时中国的主要任务不是复兴固有之学而应是"打开门户，容纳新学"。他显然将梁启超所言的国学等同于"中国固有之学"或"旧学"。梁启超在信中虽提及"国学""旧学"等概念，却并无等同并立之意。如果说梁启超所言的"国学"与"旧学"有关系，也在于他所倡导的国学是自"旧学磨洗而光大"而来，"旧学"为国学之本。② 如何"磨洗""光大"就涉及文化与学术的创新问题了。

黄遵宪将梁启超所言的"国学"等同于"旧学"，也就将"国学"视为"新学"或"西学"的对立面。其实，梁启超所倡导的"国学"虽与"新学""西学"保持着距离却又有着十分密切的关系。在相当程度上，"新学""西学"正是梁启超欲借以"磨洗"并"光大"旧学的重要武器。

究竟如何"磨洗"旧学？梁启超虽无具体说明，但他在 1902—1906

① 南扬：《漫谈国学》，《战时中学生》第 2 卷第 9 期，1940 年 9 月 20 日，第 16 页。其实，重理轻文是中国近代以来存在于青年学子及学校教育中的一种较为普遍的现象，这种情形在作为留美预备学校的清华中尤为突出。1922 年，《清华周刊》曾有人撰文建议改革清华入学考试，即将国学列为"第一试"，将英文及用英文考试的各门列为"第二试"，国学不佳者一概不取。如此改革，既保证录取到国学功底好的学生，又可推进"国内各校国文的改进"。水：《解决国学问题的一个方法》，《清华周刊》第 260 期，1922 年 11 月 25 日，第 4—6 页。

② 黄遵宪：《致梁启超书》，吴振清等编校整理：《黄遵宪集（下卷）》，天津：天津人民出版社 2003 年版，第 495 页。

年发表的《新民说》中的相关论述有助于我们对此问题的理解。光绪二十八年元月一日（1902年2月8日），梁启超在《新民说》第三节《释新民之义》中论及"新民"即"养成国民"的途径时，提出要"淬厉其所本有而新之""采补其所本无而新之"。① 他此处所提的"淬厉""采补"与他同年夏秋间致黄遵宪函中提出的"磨洗"说有异曲同工之处，可谓对"磨洗"说的具体说明。他所谓"粹厉"是对"旧"而言，要对其"濯之拭之，发其光晶；锻之炼之，成其体段；培之濬之，厚其本原，继长增高，日征月迈"；所谓"采补"包括"采"与"补"两个方面："采"是要"博考各国民族所以自立之道，汇择其长者而取之"；"补"是要取其所"采"以"补我之所未及"。② 梁启超所言虽是针对新国民的养成，但其具体构想其实主要关涉中西文化的交融，他是试图以中国固有之学为本，然后采补西学，将固有之学磨洗、熔铸、粹厉成一种崭新的学术文化以养成新国民。两个"新"字表明了梁启超对创新中国旧有学术文化及养成"新民"的迫切愿望。

中国固有文化乃至中华民族在新的时代如何继续"光大"？梁启超给出的答案是"新之"。"新"即"创新"或"更新"。从其所论，可看出梁启超所言的"新之"主要是指借助西学对中国固有文化学术更新改造。这种文化更新主张虽强调学习西学，但又主张更新要以中国固有文化学术为主干，这正是近代国学思潮与主张全面学习西学的西化派的区别所在，表明了近代国学思潮与主张固守中国传统文化学术的文化保守主义之间的区别。这种文化更新主张对文化不分体用、主次，强调对中国固有文化的整体上的传承、改造与更新，这与近代以来流行的中体西用观也有着根本的区别。

梁启超1902年谋创《国学报》最终虽未成功，但他首倡国学却拉开了近代中国国学思潮的大幕，这在近代中国学术文化发展历程上具有开创性的意义。不管是从他首倡国学时对近代日本"国粹之说"的借鉴，还是从他倡国学以欲"养成国民"的追求目标，都可看出他所倡导的国学显然不是对传统文化及学术的简单复原或再现，近代国学思潮在萌生之初就已

---

① 梁启超：《新民说》，《饮冰室合集》专集之四，北京：中华书局1989年影印本，第5页。《新民说》一文于1902—1906年陆续发表于《新民丛报》，其第三节《释新民之义》发表于《新民丛报》第1号。

② 梁启超：《新民说》，《饮冰室合集》专集之四，北京：中华书局1989年影印本，第6页。

经具备了开拓与创新的特征。

论及近代中国国学思潮的产生，还须提及国学保存会的创办者黄节。1902 年 12 月 30 日，黄节在《政艺通报》上发表《国粹保存主义》一文倡导国粹。两月后，即 1903 年 2 月，他又在《新民丛报》上发表《游学生与国学——东京国学图书馆之设置所望于留学生及留学生会馆监督》宣扬国学。黄节与梁启超虽同在 1902 年提倡国学、国粹，但在具体时间上，梁启超还是稍早一些。在《国粹保存主义》一文中，黄节首先对国粹是什么进行了定义："夫国粹者，国家特别之精神者也。"随后，他又指出"国粹保存主义"实起源于"日本维新"，是对当时日本欧化主义的反思。他还对"国粹"与"非国粹"进行了区分界定：

> 夫执一名一论一事一物一法一令，而界别之曰我国之粹。曰我国之粹，非国粹也。发现于国体，输入于国界，蕴藏于国民之原质，具一种独立之思想者，国粹也。有优美而无粗粝，有壮旺而无稚弱，有开通而无锢蔽，为人群进化脑髓者，国粹也。天演家之择种留良，国粹保存主义也。……本我国之所有，而适宜焉者，国粹也；取外国之宜于我国，而吾足以行焉者，亦国粹也。[①]

黄节所论与梁启超所论有诸多相近之处。一是他指明国粹、国学之说是源自近代日本。二是他在申明日本国粹主义的产生是对欧化主义反思的同时，又表示不管是我国的还是外国的，只要"适宜""宜于"我国，皆可视之为国粹，这与梁启超借西学以"磨洗""光大"中国旧学之说也有契合之处。看来黄节与梁启超一样，在提倡本国思想文化的同时，也主张对外来文化的兼收并蓄。他在《游学生与国学——东京国学图书馆之设置所望于留学生及留学生会馆监督》一文中进一步提出中外文化"合并"说："以世界之新知识，合并于祖国之旧知识，十年之后，我国学之光燧，必有辉于大地者。"[②] 这段不长的文字包含着黄节对中外文化合并方式及目标的理解："合并"的双方是"世界之新知识"与"祖国之旧知识"；合

---

① 黄节：《国粹保存主义》，《政艺通报》壬寅第 2 期，1902 年 12 月 30 日。引自邓实辑：《光绪壬寅（廿八年）政艺丛书·上篇（一）》，沈云龙主编：《近代中国史料丛刊（续编第二十七辑）》，台北：文海出版社 1976 年版，第 180、181 页。

② 黄节：《游学生与国学——东京国学图书馆之设置所望于留学生及留学生会馆监督》，《新民丛报》第 26 号，1903 年 2 月。录自《癸卯新民丛报汇编（上编）》，第 426 页。

并的方式是使前者"合并于"后者，既然是前者"合并于"后者，那么后者即中国学术是合并的主体；合并的目标是要光大"国学"。不难看出，黄节的"合并"说与梁启超的"磨洗""采补""淬厉""新之"等提法在国学创新的思路上基本一致。

　　除了梁启超、黄节外，近代倡导国学的不少学人也就国学创新的问题提出了自己的构想。如与梁启超、黄节差不多同期倡导国学的许之衡提出"改良"说，"保全国学，诚为最重要之事矣。然尤当亟思改良，不为守旧，俾合于今日情势，而使必不可磨灭，斯真善言国学者矣"[1]；叶恭绰提出对国学要"继长增高""发挥光大"[2]；孙德谦在《国学研究法》中提出"旧中开新"说。以上各家提法都涉及学习并融合西学或域外文化创新中国文化的问题，作为国学倡导者的他们所强调的学习或融合的最终落脚点都在对中国传统学术文化的更新或"光大"上。他们在思考近代中国文化发展路径与方向这一宏大文化问题时，都试图在西化派或守旧派之外另开一条道路。这条道路就是旧有文化的创新之路，即通过学习、借鉴西学以更新、改造乃至光大"旧学"。孙德谦所言的"旧中开新"就颇为妥帖地表达出国学创新当以旧学为本，又兼收西学之意。

　　从近代中国知识分子倡导国学的目标来看，他们对国学的倡导绝非局限于传统文化的回归及光大，还希望通过国学的倡导以救亡图存、振奋国人的民族精神，更希望国学有一天能光大昌明，乃至在世界范围内产生影响。

　　在中国传统社会中，学术与政治联系紧密，学术往往成为专制朝廷的附庸。近代国学思潮也有很强的政治色彩，其兴起与近代中国救亡图存的时代主题紧密相连。以提倡国学来对抗西学入侵，以倡导国学来解决"亡国亡族"的危机，这正是近代国学与中国传统学术文化在政治目标上的重大区别。这种区别也可视为近代国学的开新之处。张树璜[3]在论及倡导国学的原因时曾说："近年我国学者，因输尽欧美学术，无补于神州危弱之

----

　　① 许之衡：《读〈国粹学报〉感言》，《国粹学报》第6期，1905年7月22日，第4页。

　　② 叶恭绰：《北京大学国学研究馆开学演词》，《退庵汇稿（下编）》，上海：上海书店1990年影印版，第66页。

　　③ 张树璜（1878—1951年），睢宁人。早年公费留学日本，在日本早稻田大学学习法政，在日期间加入同盟会。辛亥革命后，曾任江苏江北临时议会议长、沭阳县民政长等职。1934年6月，张树璜与石达夫等人组建湖南国学馆，并一度任湖南国学馆馆长，曾主编《国光杂志》。

局，穷途知返，遂有复兴国学之企图。"①　这段话虽是说明复兴国学的原因，其实也将复兴国学的目标清晰地展现出来。这个目标就是要挽救"神州危弱之局"，要救亡图存。"学亡则亡国，国亡则亡族"②，黄节的这句名言从反面立论，其想表达的其实是"学兴"则"国兴""族兴"。在面临西方全方位侵略的近代中国，以兴起国学相号召，自能激起国人反抗西方、复兴中华的宏愿。如果将黄节的提法概称为挽救亡国亡族危机说，其他类似的说法还有许之衡的保存"国魂"说及张树璜的振起"民族之精神"说。许之衡曾说："国学即国魂所存，保全国学，诚为最重要之事。"③在许之衡看来，国魂是"立国之本"，国学又为国魂之所存，故昌明国学与保存国魂都是与救亡图存相关的大问题。张树璜在《国学今后之趋势》中曾说"今日讲国学"，当"直求我先圣先贤之精义，以振起民族之精神"④，这就将复兴国学的目标直接指向民族精神的振起。

　　国学要承担起近代中国救亡图存的时代重任，其自身应在旧有或固有的基础上有所发展与创新。对于国学的发展，近代中国国学倡导者抱有无限期望。他们认为："国学的将来，定能远胜国学的过去；过去的成绩虽然未可厚非，但将来的成绩一定还要更好无数倍。"⑤　他们还期望中国的国学有一天能走出国门，"发扬光大，布之东西各国"⑥。王皎我对此充满期待："设使中国的国学研究者能以永恒的努力，不懈怠的去钻研，中国国学在世界上必有更大昌明的一日。"⑦　叶秉诚更是希望国学有"发挥为世界之学"⑧　的一日。

　　林毓生在《中国传统的创造性转化》中论及中国传统的创新问题时，使用了"创造的转化"这一概念：

　　　　"创造的转化"是一个过程。在这个过程中，新的东西是经由对

①　张树璜：《国学今后之趋势》，《国光杂志》第 12 期，1935 年 12 月 16 日，第 1 页。
②　黄节：《〈国粹学报〉序》，《国粹学报》第 1 期，1905 年 2 月 23 日，第 2 页。
③　许之衡：《读〈国粹学报〉感言》，《国粹学报》第 6 期，1905 年 7 月 22 日，第 4 页。
④　张树璜：《国学今后之趋势》，《国光杂志》第 12 期，1935 年 12 月 16 日，第 2 页。
⑤　胡适：《〈国学季刊〉发刊宣言》，季羡林主编：《胡适全集》第 2 卷，合肥：安徽教育出版社 2003 年版，第 2 页。
⑥　叶恭绰：《北京大学国学研究馆开学演词》，《退庵汇稿（下编）》，上海：上海书店 1990 年影印版，第 68 页。
⑦　王皎我：《中国国学在国际上的新地位及其最近之趋势》，《青年进步》第 114 期，1928 年 6 月，第 82 页。
⑧　叶秉诚：《复宋芸子论国学学校书》，《重光》第 2 期，1938 年 1 月，第 47 页。

传统里的健康、有生机的质素加以改造，而与我们选择的西方观念与价值相融会而产生的。在这种有所根据的创造过程中，传统得以转化。这种转化因为不是要在全盘否定传统中进行，而是与传统中健康、有生机的质素衔接而进行。……所以一方面能使传统因获得新的意义而复苏，另一方面因的确有了新的答案而能使我们的问题得以解决。[1]

林毓生所论的中国传统实也包含中国传统文化学术在内，其所论有两点值得注意：一是要实现"中国传统的创造性转化"，就有必要在中国传统中加入新的"质素"，这个新的"质素"就是西学。二是这种"创造的转化"的转化主体是中国传统，学习西学对中国传统改造的最终目的是要使中国传统在融入新的"质素"后而得以复苏。只要稍加推敲与比较就会发现，林毓生关于中国传统及文化"创造的转化"的说法，与梁启超等人关于国学创新的理念有诸多相通之处，这一说法也有助于我们对近代以来国学创新的理解。

最后需要说明的是，近代中国倡导国学的学人对传统文化及国学的创新并非都持赞成态度。张树璜就将当时的国学家分为"科学之国学家"与"守旧之国学家"。前者主张以西方之科学整理国故，而后者则反对任何创新，他们"或承其家世之旧，或守其师传之说，固拒欧化，死守旧章，其心目中之所谓学者，必如王夫之、顾亭林之博，戴东原、惠栋之精，方苞、姚鼐之雅。即不能得其全体，亦必于训诂、考据、义理、词章有一成焉以见于世。即再不能，亦必如大书贾之熟于目录版本，矜夸于口耳四寸之间，始可谓之文士雅人。此等主张，根于历史习性，然于国计民生仍无补也"。[2] 显然，在"守旧之国学家"的眼中，文化创新没有任何立足之地。张树璜于此以是否有补于国计民生为标准否定"守旧之国学家"，这种文化判断标准虽过于现实，但对于面临救亡图存重任的近代中国，无补于国计民生的文化"守旧"派被置于被批判的地位也在情理之中。

---

① 林毓生：《中国传统的创造性转化》，北京：生活·读书·新知三联书店1988年版，第388—389页。

② 张树璜：《国学今后之趋势》，《国光杂志》第12期，1935年12月16日，第1—2页。

第三节　国学的定义、范围、核心内容及分类问题

对"国学"进行定义不是一件易事，因为"国学之名，于古无徵，于义太泛"①。近代国学倡导者对国学的相关论述蔚为大观，但仔细梳理，其中对"国学"概念进行定义的探析并不多，且观点各异。归结起来，当时有关国学概念的定义可分为以下几类：

（1）从地域、国家的角度进行定义，即在定义时强调"国"的地域限制，视"国学"为一国之学。邓实在 1906 年所著《国学讲习记》中如此定义国学："国学者何？一国所自有之学也。有地而人生其上，因以成国焉，有其国者有其学，学也者，学其一国之学以为国用，而自治其一国者也。"② 当然，他在这里所说的"国"特指"我国"，即中国。近代国学倡导者一般将国学视为中国之学术，如曹聚仁就将国学视为"中国学术之简称"③，又如李耀春认为"国学是我国的学术，是我国数千年来文化所寄的学术，同时和外国的学术并立的"④。

（2）从族群、历史的双重角度进行定义，即在定义时特别强调"国学"为中华民族数千年求索与积累之学。萧公弼在《科学国学并重论》中对国学如此定义："吾所谓国学，乃吾国神圣华胄，上下五千年，纵横数万里，圣贤英杰之心思脑力才智聪明所阐发垂训，天下之大经，古今之大本，天地之化育，以贻我后世子孙之宝藏金规者也。"⑤ 既然国学与中华民族密切相关，自然也就具有"民族性"。南扬就认为："所谓国学，是国故学的简称，包括中国过去的一切文化历史而言，是含有独具的民族性的。"⑥ 在这种定义中，研究者不仅强调国学为中华民族之学，还对国学的历史予以特别强调。萧公弼对"上下五千年"的强调，南扬对"中国过去

---

① 陈训慈：《国学用书举要后记》，《浙江图书馆月刊》第 1 卷第 10 期，1932 年 12 月 31 日，第 42 页。

② 邓实：《国学讲习记》，《国粹学报》第 19 期，1906 年 8 月 9 日，第 4 页。

③ 曹聚仁：《春雷初动中之国故学》，许啸天编辑：《国故学讨论集（上）》，上海：上海科学技术文献出版社 2016 年版，第 50 页。

④ 李耀春：《国学漫谈》，《读书月刊》第 1 卷第 2 期，1931 年，第 73 页。

⑤ 萧公弼：《科学国学并重论》，《学生》第 2 卷第 4 号，1915 年 4 月 20 日，第 43 页。

⑥ 南扬：《漫谈国学》，《战时中学生》第 2 卷第 9 期，1940 年 9 月 20 日，第 16 页。

的"这一历史时段的强调均是如此。其他如西园认为"我中华民族，在过去数千年来固有的一种学问，便叫作国学"①，也是如此。

（3）从族群、地域的双重角度进行定义。如范郿诲在《青年国学的需要》中提出："国学是什么？便是东方全部文化的代表。"作者随后还对东方文化作了进一步的阐释：

> 东方文化的精神，与其沿革变迁之迹，除掉国学，更往何处寻求。国学沦亡，即是东方文化的沦亡。我们生于东方，而且生于东方的中华，是东方文化荟萃之区。我们的先民，曾把这种文化，发扬光大，积累四千多年的久长岁月，在国学中留贻于后人。我们对于这些祖宗的遗产，不思整理，一任他烟飞灰灭，我们将何以自立于天地之间。②

从其所述，可知作者所言的"国学"，一是有"东方的中华"这一特定地域的限制，二是有"生于东方"的"我们"这一特定族群的限制。

（4）从国魂、国性的角度进行界定。如钱基博就认为："国学之一名词，质言其义曰'国性之自觉'云尔！国于天地，必有与立。"③ 又如萧公弼在《科学国学并重论》中一方面称国学为华胄之学，一方面又称"国学者，经国济国之学，国性所存，国魂所托者也"④。

（5）从学术范围与宗旨的角度进行界定。如孙德谦一方面称"国学者，谓中国之学术也"，一方面又提出国学宗旨为"尊孔圣、阐经义、崇礼教"⑤。这就从治学宗旨的角度对其范围进行了限定。将"圣贤之学"视为国学，持这种观点的近代学者不少，如朱宗熹认为："国学者，圣贤之学也，仲尼孟轲之学也，尧舜文武周公之学"，"国学者，孔孟之学也，程朱之学也，舍四书六经而外，更无所谓国学"。⑥ 曹聚仁认为，这种主张

---

① 西园：《国学讲话（一）》，《南国少年》创刊号，1939 年 7 月 31 日，第 23 页。

② 范郿诲：《青年国学的需要》，《青年进步》第 63 册，1923 年 5 月，第 20 页。

③ 钱基博：《国学文选类纂》，上海：上海古籍出版社 2012 年版，第 3 页。

④ 萧公弼：《科学国学并重论》，《学生》第 2 卷第 4 号，1915 年 4 月 20 日，第 43 页。

⑤ 孙德谦关于此问题的完整阐述如下："究以何者为宗旨？曰尊孔圣，阐经义、崇礼教。此三者，能认定其为宗旨，于国学而实力研究，斯乃纯粹之国学也。"参见孙德谦：《国学研究法》，《大夏周报》第 10 卷第 29 期，1934 年 6 月 6 日，第 131－132 页。

⑥ 引自曹聚仁：《审订国学之反响》，桑兵等编：《国学的历史》，北京：国家图书馆出版社 2010 年版，第 269－270 页。此文原载《民国日报·觉悟》，1923 年 5 月 29 日。

"可以代表智识阶级一部分的国学观念"①。

　　近代中国学人深受西方学术影响，故有的学者从学科的角度对国学进行定义界定。如顾颉刚就提出："国学是什么？是中国的历史，是历史科学中的中国的一部分。研究国学，就是研究历史科学中的中国的一部分。"② 与将中国学术文化中的某一部分视为国学不同，有学者将全部中国学术文化视为国学，如蔡尚思认为："国是一国，学是学术，国学便是一国的学术。其在中国，就叫做中国的学术。既然叫做中国的学术，那就无所不包了；既然无所不包，也就无所偏畸了。"③ 胡适也认为："过去种种，上自思想学术之大，下自一个字、一只山歌之细，都是历史，都属于国学研究的范围。"④

　　值得注意的是，近代学者还有人曾从狭义、广义的角度对国学概念进行过解析。如李笠在《国学用书撰要》中有这样的说法："近人以技艺为国技，则似以艺、学分标。所谓国学，当属狭义。然词章、小说，亦艺而非学，混入国学，始终未谛。"⑤ 看来在当时还有国技与国学之分。这种区分也不奇怪，因为在中国传统文化中，文学常被视为"艺"或"技"，所谓"文章一小技，于道未为尊"，是壮夫不为的雕虫小技。⑥ 在李笠看来，若将"国学"与"国技"严格区分，这种意义上的国学则是狭义上的国学；若对技、学不作区分，将词章、小说等"艺"亦视为"学"纳入国学的范畴，这种意义上的国学则是广义上的国学。李笠本人所编撰的国学书目参考书《国学用书撰要》包含了哲学、史学、文学、小学四部，文学部又分总集、专集、小说、文评，广收中国古代各文学流派及学者名著，这说明李笠本人就持广义国学概念的主张。

　　以上所列均为中国近代学人从不同角度对国学的定义与理解。从他们的论述可以看出：在不同的近代学人的笔下，国学所包含的范围虽各有不

---

　　① 曹聚仁：《审订国学之反响》，桑兵等编：《国学的历史》，北京：国家图书馆出版社 2010 年版，第 271 页。

　　② 顾颉刚：《一九二六年始刊词》，《北京大学研究所国学门周刊》第 2 卷第 13 期，1926 年 1 月 6 日，第 3 页。

　　③ 蔡尚思：《中国学术大纲》，上海：启智书局 1931 年版，第 5 页。

　　④ 胡适：《〈国学季刊〉发刊宣言》，季羡林主编：《胡适全集》第 2 卷，合肥：安徽教育出版社 2003 年版，第 9 页。

　　⑤ 李笠：《国学用书撰要》，《东方杂志》第 21 卷第 9 号，1924 年 5 月 10 日，第 86 页。

　　⑥ 吴汝纶：《答陈静潭》，施培毅、徐寿凯校点：《吴汝纶全集（三）》，合肥：黄山书社 2002 年版，第 93 页。

同，但"国"永远是他们论述的"国学"的核心所在。国学为中国之学，同时也为中国人之学，当是近代中国国学倡导者的一个共识。① 近代学人在倡导国学时何以要强调"国"，一个重要原因就是国家观念在近代中国的兴起与不断增强。关于这一点，顾实有如下论述：

> 海禁洞开，外患荐至，精神文明失其抗拒力，物质文明阑入而横行，于是复有"中文""西文"，"中文""西学"相对抗之名词。最近国家观念普及于人人，凡若"国文""国语""国乐""国技""国粹""国故""国货"种种冠以国字之一类名词，不胫而走，有口皆碑，而"国学"一名词亦哇哇堕地而产生。②

在近代国学论者的笔下，与"国学"近似的常见概念还有"国粹""国故"。③ 现将这几个概念稍加辨析。

总体来看，"国学"与"国粹"两个概念其实并无太多差异。在近代中国国学思潮兴起之初，学人对"国学"与"国粹"两个概念就多有混用。如梁启超在致黄遵宪的信中论及谋创《国学报》时就有如下阐述："养成国民，当以保国粹为主义，当取旧学磨洗而光大之。"④ 可见，在梁启超这里，"国学"与"国粹"并无差别。黄节、邓实作为近代中国国学

---

① 在"国学"这一概念中，"国"当为"中国"应是中国近代学者的普遍认识，但也有学者将"国"理解为"治国"，视"国学为治国的学问"。见刘斯楠：《对于国学之新认识》，《国专月刊》第 3 卷第 2 号，1936 年 3 月 15 日，第 24 页。这种观点实已与近代国学思潮意义下的"国学"大异其趣。

② 顾实此文末尾标识有"中华民国十二年一月二十八日武进顾实识于东南大学之六朝松下"。顾实：《国学研究会讲演录第一集·序》，桑兵等编：《国学的历史》，北京：国家图书馆出版社 2010 年版，第 273－274 页。

③ 在近代中国学人的相关文章中，与"国学""国故""国粹"并用的还有"旧学""古学""中学""汉学"等词。1936 年，谭正璧在《国学概论新编》中就认为："'国学'是'国故学'的简称，亦称'国粹''中学'或'旧学'。"参见谭正璧编著：《国学概论新编》，北京：北京出版社 2014 年版，第 1 页。曹聚仁也曾论及这一问题："'国故''国学''中学''古学''国粹''国故学'等歧异名词，在近顷学术界已成一异文互训之惯例，笔之于著作，见之于制度，习焉相忘，莫知其非也。"参见曹聚仁：《国故学之意义与价值》，《东方杂志》第 22 卷第 4 号，1925 年 2 月 25 日，第 69 页。刘毓庆曾论及这些概念的不同之处："'国故''国粹'有很大的保守性，而'中学''汉学'又是一个隐去主体立场、缺乏情感维系的科学名称，'国学'则寄寓了中国人的爱国情感，且不排斥与时偕行，因此被更多的人所采用。"参见刘毓庆：《国学概论》，北京：北京师范大学出版社 2015 年版，第 1 页。

④ 黄遵宪：《致梁启超书》，吴振清等编校整理：《黄遵宪集（下卷）》，天津：天津人民出版社 2003 年版，第 495 页。

思潮的早期倡导者，对"国学""国粹"这两个概念也多有混用。1902年12月，黄节发表《国粹保存主义》，呼吁保存国粹。1903年2月，他在《游学生与国学——东京国学图书馆之设置所望于留学生及留学生会馆监督》一文中又呼吁游学生学习国学，以培养爱国心。1904年3月，邓实在《政艺通报》甲辰年第三号上发表《国学保存论》，与黄节的《国粹保存主义》一文相呼应，不同之处在于邓实以"国学"一词替代"国粹"一词。黄节与邓实等人当时还发起建立"国粹学社"，以推动"国粹"与"国学"的保存。①

当然，当时也有学者认为"国学""国粹"两者之间有所差异，如姚光就认为，"国粹"是一国之"语言、文字、礼俗、政教"，而"国学"则是"语言、文字、礼俗、政教之所从出"。在他看来，"国粹"当属具体文化，具体体现为语言、文字、礼俗、政教等，"国学"则是在一国语言、文字、礼俗、政教等具体文化基础上升华而成的一种学术，"学术"是"一国精神所寄"，也是"一国之国魂"。故与"国粹"相较，"国学"更为重要："国学存，则语言、文字、礼俗、政教均存，而国亦能久存；国学亡，则语言、文字、礼俗、政教均随之而亡，而国亦不能独存。"②

"国故"这个概念最早由章太炎提出③，但"国故"的广泛使用则与近代整理国故运动的兴起有关。整理国故运动的发起者胡适在1919年7月提出"多研究些问题，少谈些主义"④，随即又提出"研究问题、输入学理、整理国故、再造文明"⑤。显然，胡适在倡导整理国故时希望将国学的研究限制在学术范围内，让国学研究摆脱政治色彩。关于这一点，他在

---

　　① 参见姜义华：《近代中国"国学"的形成与演进（上）》，《学术月刊》2007年第7期，第15页。

　　② 姚光：《国学保存论》，桑兵等编：《国学的历史》，北京：国家图书馆出版社2010年版，第96页。此文末尾标注的写成时间为1907年，后收入《国学丛选》1923年第1、2期。

　　③ 章太炎所著《国故论衡》一书于1910年6月7日出版。闻宥对此有如下点评："今人又盛言国故，此由章氏《国故论衡》一书启之。按故古通诂，西汉人解经，多称故。《汉书·艺文志·鲁故》二十五卷下，师古曰：'故者，通其指义也。'是国故之称，仅限于一国之文字义诂，其界太狭，不可以囊括国学。"参见闻宥：《国学概论》，《国学》第1卷第3期，1926年，第1页。

　　④ 胡适：《多研究些问题，少谈些"主义"！》，原载《每周评论》第31号，1919年7月20日，第1版。见季羡林主编：《胡适全集》第1卷，合肥：安徽教育出版社2003年版，第324页。

　　⑤ 胡适：《"新思潮"的意义——研究问题、输入学理、整理国故、再造文明》，季羡林主编：《胡适全集》第1卷，合肥：安徽教育出版社2003年版，第691页。

《国学季刊》发刊宣言中说得很清楚："'国故'这个名词，最为妥当，因为它是一个中立的名词，不含褒贬的意义。"正是基于"中立"的立场，胡适提出："国学是'国故学'的缩写，中国的一切过去的文化历史，都是我们的'国故'。"这个"一切过去的文化历史"是好、坏兼有，好的是"国粹"，坏的是"国渣"，"'国故'包含'国粹'，但他又包含'国渣'"①。将"国学"看作"国故学"的缩写，事实也就是将国学视为研究"国故"的学问，"国故"只是"国学"研究的材料而已。与胡适的观点近似，范皕诲认为：

> 所谓国故者，即旧时之训诂学、考据学、掌故学等等，大约清代汉学家，完全是国故学家。所谓国学者不然，研究古代学说渊源、思想系统及其精神所表现，与吾侪今日人生之关系，是谓国学。所以国故是冷的，是陈死的，国学是热的，是生活的。②

作者于此用"冷""热"来说明"国故""国学"的区别倒是颇为形象。

与胡适将"国故"分为"国粹""国渣"不同，曹聚仁眼中的国故则是中华文化的精华："'国故'者，五千年间中华民族以文字表达之结晶思想也。"③钱玄同等新文化运动的激进派则将国故视为文化糟粕。钱玄同认为国故在"中国文化"全体之中只占了很小的一个部分，且"国故是过去的已经僵死腐烂的中国旧文化"。④

曹朴在《国学概论·概说》中曾对"国学""国粹""国故"三个概念作过较为细致、清晰的比较：

> 国学这个名词，是因为欧美学术输入才发生的。它的范围，是把西学输入以前中国原有的全部学术包括进去的。和国学相当的名词，还有国粹和国故。国粹两个字，似乎有点夸大中国学术乃完全精粹物

① 胡适：《〈国学季刊〉发刊宣言》，季羡林主编：《胡适全集》第2卷，合肥：安徽教育出版社2003年版，第7页。
② 范皕诲：《国学非国故答青之兢》，范皕诲：《青年国学的需要》（尘笔双挥甲编），上海：青年协会书局1933年售发，第91-92页。
③ 曹聚仁：《国故学之意义与价值》，《东方杂志》第22卷第4号，1925年2月25日，第69页。
④ 钱玄同：《汉字革命与国故》，《晨报五周年纪念增刊》，1923年12月1日，第30页。

的意思，又似乎有点选择精粹部分而抛弃其他部分的意思，所以人们觉得不甚妥当，改称国故。国故，就是本国文献的意思。不论精粹不精粹，过去的文献总是可宝贵的资料，都可包括在国故范围里面去，这样看起来，国故这个名词总算是公平而完备了。但它也有它的缺点，就是只能够代表研究的对象，而不能代表研究这种对象的学问，因此大家又想起用国故学的名称来代替它，最后又简化而称为国学。①

曹朴所论将"国学"与"国故学"等同起来。吴文祺则不认同这种观点，在他看来，不能将"国学"等同于"国故学"，也不可将"国故学"简称为"国学"。他认为国故学是"整理中国的国故的学问"，包含四种学问：考订学、文字学、校勘学、训诂学。吴文祺于此还提出：

> 应用国故学所整理出来的材料，只可谓之国故学的结果，决不可认为国故学本身。我们假使所整理的是哲学，那末当然归入哲学的范围；文学，文学的范围；政治学，政治学的范围；经济学，经济学的范围。近人往往不明白国故学的性质，于是不管三七二十一，把中国的文学、哲学……都硬撤到国学这个名词里去。其实国故学是超乎文学、哲学……之外的一种科学。②

需要指出的是，近代中国的一些学人并不认同"国学"的提法。他们的不认同是基于不同的理由的。下文将这些理由列举出来，也可从另一侧面加深我们对"国学"的认识。

（1）已经亡了的"国"才会有相应的"学"，中国未亡，何来"国学"？按何炳松的说法，"学"如果与"国"相联，那就是已经"亡"了的国家与学术，如"埃及学""亚述学"，而"我们中国现在依然是中国，中国民族依然是中国的民族"，"中国""中国民族"俱在，为何要按西方研究的路数来称呼中国的学术？故中国之"国学"的提法简直是"我们读书人的奇耻大辱"。何炳松由此提出：应该推翻"国学"。他还举出了应该推翻"国学"的四个理由：一是国学"来历不明"，二是国学"界限不清"，三是国学"违反现代科学的分析精神"，四是国学"以一团糟的态度

---

① 曹朴：《国学常识·概说》，上海：文光书店 1948 年第 2 版，第 1 – 2 页。
② 吴文祺：《重新估定国故学之价值》，《鉴赏周刊》第 1 期，1925 年 5 月 11 日，第 2 – 3 页。

对待本国的学术"。①

（2）"国学"的说法不合逻辑，若有"国学"，则每个国家皆有"国学"。许啸天认为："如今外面闹的什么国故学、国学、国粹学，这种不合逻辑的名词，还是等于没有名词。试问国故是什么？国故学又是什么？况且立国在世界上，谁没有一个国故？谁没有一个历史？便是谁没有一个所谓的国故学？"他在文中还提出判断何为"学问"的两种标准：一种是"有统系有理知的方法"；一种是"拿这个方法可以实现人生，或是解决人生的困难，或是增加人生的幸福"。据此标准，他认为国故学"笼统而无方法"，不应"独立一科"。他还以反诘的方式来论证自己的观点："倘然国故可以成功一种学术，那全地球上的各国，每一国都有自己的国故，为什么却不听得有英国故学、法国故学、德国故学的名称传说呢？"②

（3）从现代学科分类的角度否认"国学"的存在。郑振铎就是从西方学科分科的角度提出"'国学'其实却不能成为一个专门的学系"，它不能"与植物学、动物学、矿物学、天文学、化学"等比肩，"没有与植物学系、动物学系、矿物学系、天文学系、化学系相对立的资格"，故国学虽"包罗万象"，但其实是"一无所有的一种中国特有的'学问'"。③

（4）"国学"二字，含糊武断，不能成立。陈独秀就认为"'国学'本来是含混糊涂不成一个名词"，"就是再等一百年，也未能得到明确的概念"。④曹聚仁在《春雷初动中之国故学》一文列出了"轰国学"的三条

---

① 何炳松：《论所谓"国学"》，《小说月报》第20卷第1号，1921年1月，第4页。《小说月报》同期还刊载了郑振铎的《且慢谭所谓"国学"》一文，何、郑两文均以反对"国学"立论。郭绍虞后来还对何、郑两人的观点作过点评："他们的意见是：各国都没有所谓其国学，只有已经亡国如印度之流，才有所谓'印度'学。又，现在不应该再用这笼统的名称——国学，应该分门别类，称中国的某某学。这几项意见都是值得重视的。……所谓国学，本含有二重意义，对于西学而言则为'中学'，对于新学而言，则为'古学'。国学，本不必死看作国界的表示。所以胡适之先生说：'国学在我们的心眼里，只是国故学的缩写。'称国故学为国学，则所有'中学''古学'二种意义都包含在内了。包涵这二重意义的国学，我们觉得国学一名，尚不致成为诟病的名词。"参见郭绍虞：《〈国学论文索引四编〉序》，刘修业等编：《国学论文索引全编（3）》，国家图书馆出版社2011年版，第1-2页。

② 许啸天：《〈国故学讨论集〉新序》，许啸天编辑：《国故学讨论集（上）》，上海：上海科学技术文献出版社2016年版，第3-4页。

③ 郑振铎：《且慢谭所谓"国学"》，《小说月报》第20卷第1号，1929年1月10日，第9-10页。

④ 陈独秀：《寸铁·国学》，《陈独秀著作选（第二卷）》，上海：上海人民出版社1993年版，第516-517页。

理由：一是"国学"一名，"不足以副其实"。"国学"作为一个名词，是中国学术的简称，与"日本学术、英国学术、法国学术同为类名，吾不知其所以表独立不相混之点何在。既无以表独立不相混之性，则国学一名，即难成立"。二是"国学"命名，不合"理之规范"。曹聚仁还特别举例说明："如天文学，吾知其研究之对象为天文；地质学，吾知其研究之对象为地质。今以国学为名，就名词观之，一若对象即为'中国'，其势必取中国之疆域、山川、都邑、人口、物产为资料，然按之事实，夫人而知其不若斯也。"三是"国学乃一勉强割裂而成之名词"。曹聚仁此语是针对胡适视国学为国故学的缩写而言的。他认为：

> "国故"二字之重心在于"故"，乃知所研究之对象为过去文化思想之僵石，乃知此研究之对象乃考终于"五四运动"之际，乃知此研究之对象与化学室之标本同其状态。使去"故"而留"国"，则如呼"西瓜"为"西"，"太阳"为"太"，闻者必茫然不知所云。故愚以为国故学，必当称为"国故学"，绝无可省之理。①

当然，曹聚仁反对"国学"的提法，意在提倡"国故学"，这与何炳松等人完全反对国学及国故学有着本质的不同。

（5）"国学"范围过杂。在论及这一问题时，钟应梅曾说：

> 提起"国学"这个名词，根本就觉欠妥，因为我们中国人解释"国学"二字，大概是说："国者，大中国也；学者，学术也；国学者，大中国之学术也。"这是多么的渺茫无际啊！"中国的学术"，总括了中国过去和现在的一切，这么广泛的范围的东西，硬派作是专门学问，实在是笑话。这一点，我想凡对于中国学术史稍涉藩篱的人，都能知道；至若既致力于中国学术的某一部分的人，那更不消说了。②

正是由于国学所涉范围驳杂广大，故近代中国学人在论及国学时常常会对国学范围，尤其是其核心内容作出说明及限定。

关于国学范围广大的问题，近代中国学人在倡言国学时早有认识。王

---

①　曹聚仁：《春雷初动中之国故学》，许啸天编辑：《国故学讨论集（上）》，上海：上海科学技术文献出版社 2016 年版，第 50—51 页。

②　钟应梅：《读了何炳松、郑振铎二先生讨论所谓"国学"的文章以后》，《厦大周刊》第206 期，1929 年 5 月 25 日，第 2 页。

易说："国学之范围广矣，品质杂矣，涉猎审辨之难，使人目眩，而其间孰本孰末，孰真孰伪，孰有用孰无用，则尤不易明。"[1] 胡适也说："过去种种，上自思想学术之大，下至一个字、一只山歌之细，都是历史，都属于国学研究的范围。"[2] 国学的范围如此之大，甚至无所不包，故学者在倡导国学时很容易从自己的喜好出发选择国学内容。柳诒徵曾说："现在有许多人都知道要讲国学，但是中国的学问很多，首先应讲那一种学问，自然各有各的嗜好习惯，喜欢讲某一种学问的，就先讲某一种学问，以为旁的学问都在其次。"[3] 也正是由于国学范围广大，一般人难以广泛涉猎，只是满足于了解一点"唐宋八大家的文章，明清的小说，和一些诗词而已"，其结果就是"许许多多有资质的国学，全都被忘记了，抛弃了，埋葬了，视为故纸堆中的渣滓，无人过问"。[4]

客观而论，出于倡导、推广国学的现实考虑，就有必要对国学的范围，尤其是对其核心内容进行界定与选择。至于如何界定，近代学人的看法可谓众说纷纭、各异其趣。由于相关观点过多，笔者于此只枚举部分有代表性的观点。

一是按一定标准去划分、确定国学的范围。曹聚仁就以"结晶思想"为标准来划定国学的范围。曹聚仁在论及国故时称国故为"五千年间中华民族以文字表达之结晶思想也"。在曹聚仁看来，属于"中华民族之结晶思想"大致有四类：第一类为"哲人创导之学说"，如老子之"反于自然"、孔孟之"仁义"、墨子之"兼爱"。第二类为"各家传授之学说"，如儒家、道家、宋明理学等。第三类为"含有民族性时代性之艺术作品"，如《离骚》、骈文、古文、章回小说、词曲等。第四类为"关于记载典章制度及民族生活之文字"，如《礼记》《二十四史》等。既然有"中华民族之结晶思想"，则有"未可指为中华民族之结晶思想"。在曹聚仁看来，"未可指为中华民族之结晶思想"的大致有三类：第一类为"无病呻吟之诗文"，第二类为"未经镕化之外来文化"，第三类为"原民时代所遗留之

---

① 王易：《国学概论·导言》，王四同编：《大家国学·王易卷》，天津：天津人民出版社2008年版，第5页。

② 胡适：《〈国学季刊〉发刊宣言》，季羡林主编：《胡适全集》第2卷，合肥：安徽教育出版社2003年版，第9页。

③ 柳诒徵：《讲国学宜先讲史学》，《广播周报》第25期，1935年3月9日，第24页。

④ 彩：《国文与国学》，《广播周报》第198期，1940年，第15页。

迷信"。①　曹聚仁在此文中还提出："国故学既为研究中华民族结晶思想之科学，则息息与中华民族相关。"②　这就直接道出了国故学与中华民族之间的关联。他还就"思想"与"民族性"之间的关联进行了细致论述："思想不通过民族性，则其思想必自生自灭。其通过民族性者，则必影响及于生活、制度及组织。中华民族之艺术、风俗及政治组织，皆迥然与他民族不同，此即思想之表现形式也。"③

　　二是将国学的某一部分视为国学的核心或精华。相关的说法很多，如柳诒徵将史学视为国学核心，提出"讲国学宜先讲史学"，其原因不仅在于中国史学"特别发达特别完备"，还在于"我们看了中国的史书，再将他国的史书，比较研究，才可以知道中国的伟大，中国民族的伟大，非任何国家任何民族可比"。④　顾实则视中国传统的诗歌文词为国学的核心内容。他认为诗歌文词事关民族心理之强弱与国家兴衰，"大抵天地之间，无物为大，惟心为大，其民族心理之强弱，足以支配国家社会与否，而影响及于兴衰存亡者，往往流露于诗歌文词之字里行间"⑤。不管是柳诒徵对史学的强调还是顾实对文学的重视，都融入了深厚的民族感情，都是为了彰显中华民族的文化特征与伟大。

　　近代还有不少学者将儒学视为国学核心。如范丽海认为儒家的经典是"中国一切学问的基本，那是无论如何不能否认的"⑥。他甚至认为："国学由儒家包办，也是二千几百年了。"⑦　钱基博则以为国学之核心在儒家的"仁义道德"，此为事关我国人"国性之自觉"的大问题，"操之即存，舍之则亡"⑧。张树瑛的观点与钱基博接近。他一方面认为今日讲国学，"当

---

① 曹聚仁：《国故学之意义与价值》，《东方杂志》第 22 卷第 4 号，1925 年 2 月 25 日，第 69－71 页。

② 曹聚仁：《国故学之意义与价值》，《东方杂志》第 22 卷第 4 号，1925 年 2 月 25 日，第 77 页。

③ 曹聚仁：《国故学之意义与价值》，《东方杂志》第 22 卷第 4 号，1925 年 2 月 25 日，第 71 页。

④ 柳诒徵：《讲国学宜先讲史学》，《广播周报》第 25 期，1935 年 3 月 9 日，第 24、26 页。

⑤ 顾实：《国立东南大学国学院整理国学计划书（续）》，《北京大学日刊》，1924 年 3 月 18 日第 2 版。

⑥ 范丽海：《二千五百年来之国学》，《青年进步》第 106 册，1927 年 7 月，第 49 页。

⑦ 范丽海：《国学门径·附录》，范丽海：《青年国学的需要》（尘笔双挥甲编），上海：青年协会书局 1933 年售发，第 83 页。

⑧ 钱基博：《〈国学文选类纂〉总叙》，钱基博：《国学文选类纂》，上海：上海古籍出版社 2012 年版，第 5 页。

直求我先圣先贤之精义，以振起民族之精神"，另一方面又将先圣先贤之精义具体指向"孔子之道"。他对此还有详述："我民族人口众多，历史最久，古圣先贤，立政垂教，所以养成此民族者，自有其伟大之精神，与深奥之学问。其精神学问，可为全人类之模范者，不在班马文章，许郑训诂，李杜诗词，程朱义理，惠戴考证，质言之，则孔子达德达道是也。"①

值得注意的是，一些学者在将儒学视为国学核心的同时，还对儒学的范围与核心作了进一步的界定。如杨卓新不仅倡言"自今以往，天将未丧斯文，国学有昌明之会，民族有强大之期"，还认为儒学六经为国学渊源，"原夫尧舜禹汤文武周公之道，载于六艺，其于吾国，殆如日月之经天，江河之行地，曰掌故、曰词章、曰义理、曰经济，莫不渊源于六经"。作者随后还进一步将国学的核心缩小为儒学"义理"，"义理为国学之精华"。② 与杨卓新一样，钱基博也偏向于宋儒义理之学。他说："国学之所为待振于今日者，为能发国性之自觉，而俾吾人以毋自暴也！倘欲发国性之自觉，其必自言学者知'义'与'数'之辩始。"③ 他此处所言"义"与"数"之辩其实就是汉宋学的义理与考证之辩，他在文中又称之为"人文主义"与"古典主义"之辩。两者之间，他以为"古典主义"即考据为歧途，"人文主义"即义理为国学正轨。其原因主要在于"人文主义"足以"发吾人之自觉"，若"舍'人文主义'而言国学，则是遗其精华而拾其糟粕，祛其神明而袭其貌焉也，国性之不自觉，神明不属，譬之则行尸走肉耳，其何以国于大地"④。

对儒学的范围与核心进行界定也就意味着要有所选择与甄别。有的学者主张选取儒学的某一部分，如上述杨卓新与钱基博在义理与考据学中对义理之学的选择即是例证。有的学者则强调要选取、发掘儒学之"真"，如邓实在《国学今论（续）》中就强调要发掘汉学、宋学之"真"。他还据此强调：

> 汉学、宋学，皆有其真，得其真而用之，皆可救今日之中国。夫

---

① 张树瑮：《国学今后之趋势》，《国光杂志》第 12 期，1935 年 12 月 16 日，第 6 - 7 页。

② 杨卓新：《国学与西学》，《船山学报》第 4 期，1933 年 12 月，第 25 页。

③ 钱基博：《〈国学文选类纂〉总序》，钱基博：《国学文选类纂》，上海：上海古籍出版社2012 年版，第 5 页。

④ 钱基博：《〈国学文选类纂〉总序》，钱基博：《国学文选类纂》，上海：上海古籍出版社2012 年版，第 12 页。

汉学解释理欲，则发明公理，掇拾遗经，则保存国学。公理明则压制之祸免，而民权日伸；国学存则爱国之心，有以附属，而神州或可再造。宋学严夷夏、内外之防，则有民族之思想，大死节复仇之义，则有尚武之风。民族主义立，尚武之风行，则中国或可不亡。虽亡而民心未死，终有复兴之日，是则汉学、宋学之真也。[①]

在邓实这里，有助于神州再造、民族兴起就是辨析汉学、宋学之"真"的唯一标准。邓实后来又进一步提出国学有"真儒之学"与"伪儒之学"，是否有"国"则是他分辨两者的重要标准：

真儒之学，只知有国，伪儒之学，只知有君。知有国则其所学者，上下千载，洞流索源，考郡国之利病，哀民生之憔悴，发愤著书，以救万世，其言不为一时，其学不为一人，是谓真儒之学。若夫伪儒者，所读不过功令之书，所业不过利禄之术，苟以颂德歌功，缘经饰术以取媚时君，固宠图富贵而已。[②]

近代中国学人除了就"国学"的提法、定义、范围及核心内容等进行了种种探析外，还对国学的分类这一问题展开了广泛而深入的讨论。他们对国学分类问题的探讨在相当程度上也说明了他们对国学包含范围的理解。

（1）主张从中国传统学术的角度对国学进行分类。

近代中国学人以中国传统学术为标准对国学进行分类的主张，举其要者大致有以下几类：一是从汉宋学的角度将国学分为汉学、宋学两大类。如范丽海将汉学视为"知"，将宋学视为"行"，两者相加，正是"兼知兼行""即知即行"的知行合一。[③] 二是从四书五经六艺的角度对国学进行划分。如闻一多在《论振兴国学》中就以《礼》《乐》《书》《诗》《易》

---

① 邓实：《国学今论（续）》，《国粹学报》第5期，1905年6月22日，第2页。

② 邓实：《国学真论》，《国粹学报》第27期，1907年4月4日，第1页。

③ 范丽海：《青年国学的需要》，《青年进步》第63册，1923年5月，第23页。范丽海将国学分为汉学、宋学两类："研究国学有两条路，一条是汉学家所走的路，一条是宋学家所走的路。"他还认为这两条路并不冲突："我们研究国学，两条路应当并走的。不走汉学家一条路，古书的文字不能解释，一切名物，不能考究，怎能明白里面的意思呢？但是走过汉学的路，便算止境，那么，好像古人做书，不是要发表他的意思，使后来的人于身心上受用，却是造些文字，弄些名物来留与后人，在这琐琐屑屑上消磨他的终身，这是何苦呢？所以涵泳义理，策励躬行，宋学家的路，也是我们应当走的。"见范丽海：《国学门径》，《青年进步》第69册，1924年1月，第87页。

《春秋》来概括国学："顾《礼》以节人，《乐》以发和，《书》以道事，《诗》以违意，《易》以道化，《春秋》以道义。江河行地，日月经天，亘万世而不渝，胪万事而一理者，古学之为用，亦既广且大矣。"①三是从中国传统图书书目分类的角度将国学划分为经、史、子、集四个部分。近代学者持这种观点的不少。其代表有吴汝纶、邓实、顾实等人。吴汝纶曾任京师大学堂总教习，他于1902年赴日本考察教育，其间撰成《学堂书目》，为中国各级学堂学生开列学习书目。他在《学堂书目》中特别举出"中国专门学"学习阶段，从其设想来看，"中国专门学"为大学堂阶段后研习中国学的专门阶段。他为这一阶段的学生开设的书目就分为经、史、子、集四个部分。一些近代中国学人在按照四部分类法对国学进行分类的时候，常常根据自己的理解进行增删调整。如邓实在《国学讲习记》中将"国学"分为"一国之经学""一国之史学""一国之子学""一国之理学""一国之掌故学""一国之文学"等六类。②又如顾实在《国学丛刊》发刊辞中将国学分为"小学类""经学类""史学类""诸子类""佛典类""诗文类"等六类。③对于以经史子集四部法为主要标准来划分国学，近代中国的一些学者并不认同。闻宥对此还进行过系统的分析批判：第一，清代四部划分为四十四类，今人若"以之为凭藉，终觉迷乱而无所措手"。第二，四部的分类法重形式而不重本质，这种分类法看似清晰实易引起混乱，如"经类之《春秋》，其质实同于史类。史类之传记，其质实混于小说。而其他子类中之术数，由经类递演而出，经类之杂礼，与史类综杂相关。释道二家，独立则不伦，入子则失所，此皆但依形式所无法贯通者"。第三，古今以来，四部之名、义已经发生了诸多变化，四部之名，多有"无当"。以"经"为例，"世所谓经，乃指圣人述作之经常法度而言，而不知其本义织也（见《说文解字》）。古以竹简成书，编丝缀属，故得是名（此余杭章氏所说）。即以转义言之，经亦古典籍之通称，故老子之书曰《道德经》（老虽不自称经，然汉鄡氏始次为经传，其渊源亦古矣），《墨子》之书有经上下。即更以狭义言之，如章学诚言经皆官书，则《论语》《孝经》何以与之同类，而后世官家典籍多矣，又何以反不得与。可知经

---

① 闻一多：《论振兴国学》，《清华周刊》第77期，1916年5月17日，第2页。
② 邓实：《国学讲习记》，《国粹学报》第19期，1906年8月9日，第4页。
③ 顾实：《〈国学丛刊〉发刊辞》，《国学丛刊》第1卷第1期，1923年3月，第1页。

之一名，反复抵牾，百不一当"。①

（2）主张按照现代学科的分类方式对国学进行分类。

近代以来，西学在中国广泛传播，近代中国学人在研究方法上也深受西学影响，故在国学分类这一问题上，近代中国学人多采取现代学科的分类方式，这其中以胡适为代表。早在 1922 年，胡适就应清华学校学生之邀开列《一个最低限度的国学书目》，以使清华学校的学生学习"一点系统的国学知识"②。在此书目中，他将所选国学书目分为工具之部、思想史之部、文学史之部。1923 年，胡适在《国学季刊》的发刊宣言中对国学进行了更为细致的分类。他提出，国学研究的目的就是要"做成中国文化史"，"中国文化史"之下分有民族史、语言文字史、经济史、政治史、国际交通史、思想学术史、宗教史、文艺史、风俗史、制度史。③ 与胡适的分类法相类似，许啸天提出，要将国学按"政治学、政治史、社会学、社会史、文学、文学史、哲学、哲学史，以及一切工业农业数理格物，一样一样的整理出来，再一样一样的归并在全世界的学术界里"④。范甑淮在《二千五百年来之国学》中的分类更细。他将国学具体分为：哲学、历史学、政治学、经济学、宗教学、刑法学、制度学、国际学、地理学、农学、商业、工学、兵学、天文学、算数学、乐律学、植物学、动物学、物理学、医学、文字学、金石学、甲骨学。在此文中，范甑淮还以《尔雅》为例具体展示了如何将"尔雅所包涵的各学"一项一项地"分开"来并对应现代学科："释诂、释言、释训"中包含文字学；"释亲"中包含伦理学；"释宫"中包含建筑学；"释器"中包含制造学；"释乐"中包含音乐学；"释天"中包含天文学；"释地、释丘、释山、释水"中包含地理学；"释草、释木"中包含植物学；"释虫、释鱼、释鸟、释兽、释畜"中包含动物学。作者于此还有一段感叹："现代吾们学校内的动植物学大都贩自欧美日本，于中国所有的，倒不能尽识了，《尔雅》一部书，更是生平不会看到，就是看到，也不知他所指的是何物。自己国学荒芜，反骂古人没有学问，这

---

① 闻宥：《国学概论》，《国学》第 1 卷第 3 期，1926 年，第 20 - 21 页。

② 胡适：《一个最低限度的国学书目》，季羡林主编：《胡适全集》第 2 卷，合肥：安徽教育出版社 2003 年版，第 112 页。

③ 胡适：《〈国学季刊〉发刊宣言》，季羡林主编：《胡适全集》第 2 卷，合肥：安徽教育出版社 2003 年版，第 13 - 14 页。

④ 许啸天：《〈国故学讨论集〉新序》，许啸天编辑：《国故学讨论集（上）》，上海：上海科学技术文献出版社 2016 年版，第 4 页。

是那里说起呢?"① 总体来看,胡适、许啸天、范丽海诸人主要采用的是西方现代学科的分科法,这种分类法在中国近代以来的国学研究中占有主流地位。在这种分类法之下,国学事实上被分解到文学、史学、哲学等现代学科中。从表面上看,国学之于现代学科如政治学、社会学、文学、哲学,甚至"一切工业农业数理格物"似乎无所不包,但在这种分类之下,经学与诸子学由于在现代学科体系中没有相应位置而被逐渐边缘化。值得注意的是,近代学者如谭正璧认为,"国学"这一名词的存在与对中国旧有学术的整理工作密切相关。对中国旧有学术的整理工作"一日不完毕,即'国学'这一名词存在一日"。一旦"国学"按照现代学科的分类方式进行分类分组并各自归类到"现代学术所有的各系统"如哲学、教育学、文学、经济学等学科之后,则"'国学'便立即失去根据,好像化学家把某种事物析成种种分子,分子既得,事物的本身便质散形消而没有了"。他还特别举出钱穆的观点以作支撑:"今人钱穆云:'国学一名,前既无承,将来亦恐不立,特为一时代的名词。'"② 但谭正璧在认为"国学"是"暂时的而非永久的"并"终将成为历史的陈迹"的同时,又认为"它的本身的价值却是永远存在"。③

（3）主张将中国传统图书分类方式与现代学科分类方式混用以对国学进行分类。

将传统中国图书分类方式与现代学科分类方式混用也是近代以来中国学人较常采用的一种国学分类方式。采用这种分类方式时涉及一个主次问题,即在分类时是以中国传统图书分类方式为主还是以现代学科分类方式为主。上举如邓实在《国学讲习记》中将国学分为经学、史学、子学、理学、掌故学、文学六类,就是以中国传统四部分类法为主,但又兼采了现代学科的分类方式。钱基博在《国学文选类纂》中也采取了类似的分类

---

① 范丽海:《二千五百年来之国学》,《青年进步》第 106 期,1927 年第 7 期,第 50 - 51 页。

② 谭正璧编著:《国学概论新编》,北京:北京出版社 2014 年版,第 2 页。许啸天也持类似的看法,他认为,采用科学分类法将国故学"一样一样整理出来,再一样一样归并在全世界的学术界里"之后,即可将"国故学名词"取消。见许啸天:《〈国故学讨论集〉新序》,许啸天编辑:《国故学讨论集(下)》,上海:上海科学技术出版社 2016 年版,第 4 页。

③ 为说明其观点,谭正璧还举出了曹聚仁的相关看法:"曹聚仁以为'国故',犹一家之财产,'国故学'犹财产之登记册,财产虽划分归属,而登记册之价值决不变迁。"参见谭正璧编著:《国学概论新编》,北京:北京出版社 2014 年版,第 2 - 3 页。

法，他在此书中将国学分为小学、经学、子学、史学、文学、校雠目录六部。① 相较之下，近代中国学人在对国学进行分类时更倾向于以现代学科分类方式为主要标准。如章太炎在《国学概论》中将国学区分为经学、哲学、文学三大类就是如此；又如梁启超应《清华周刊》之邀所撰《国学入门书要目及其读法》将国学书目分为修养应用及思想史关系书、政治史及其他文献书、韵文书、小学书及文法书、随意涉览书五大类，也是采取了此种分类方式。以上所举章太炎、梁启超等人的分类都较为粗疏，与之相较，一些近代学人对国学的分类则较为细致。如闻宥在《国学概论》中将国学分为语言文字类、哲理类、史地类、文章类、美术类、博物类、礼教类、数技类等八类。闻宥在举出自己关于国学的分类时，还列举了胡朴安关于国学的分类，即"哲理类、礼教类、史地类、语言文字类、文章类、艺术类、博物类"② 等七类。西园在《国学讲话》中更是将国学分为目录学、文字学、文法学、经学、史学、哲学、文学、伦理学、论理学、心理学、经济学、天文学、算学、宗教、美术等十五类。③

　　总体来看，胡朴安、闻宥、西园在对国学进行分类时主要采用的是现代学科的分类法。但西园在其十五个分类中列有"经学"，胡朴安、闻宥所举的"礼教类"又是出自经史子集中的经部，闻宥所举的"数技类"则应是出自经史子集中的子部，这些都是对中国传统学术分类标准的兼采。除了以上所举，中华图书馆协会及北京图书馆编纂出版的《国学论文索引》更具代表性。从1929年7月至1936年6月，中华图书馆协会连续出版了《国学论文索引》（1929年7月）、《国学论文索引续编》（1931年7月）、《国学论文索引三编》（1934年10月）、《国学论文索引四编》（1936年10月）。④ 1955年，北京图书馆又出版了《国学论文索引五编》，该编由北京图书馆已故职员侯植忠于全面抗战前所编，所收期刊以1937年6月前出版者为限。《国学论文索引五编》扉页印有一简短说明："我馆以前曾陆续编印过国学论文索引一至四编。抗战前，已故职员侯植忠接着完成了

　　① 钱基博：《〈国学文选类纂〉总叙》，钱基博：《国学文选类纂》，上海：上海古籍出版社2012年版，第1页。
　　② 闻宥：《国学概论》，《国学》第1卷第3期，1926年，第22－23页。
　　③ 西园：《国学讲话（一）》，《南国少年》创刊号，1939年7月31日，第26－27页。
　　④ 《国学论文索引》《国学论文索引续编》的扉页书名均为蔡元培所题写；《国学论文索引三编》《国学论文索引四编》的扉页书名则为钱玄同所题写。

第五编，但一直没有付印。最近有好些单位知道我们有这部稿本，纷纷前来钞录。为了免于大家钞录的麻烦，特将全部稿本油印出来，以供有闲单位内部参考。"① 这套连续修编、规模颇为宏大的国学书目索引在分类问题的处理上较为周密。就 1929 年 7 月出版的《国学论文索引》来看，其目录分为总论、群经、语言文字学、考古学、史学、地学、诸子学、文学、科学、政治法律学、经济学、社会学、教育学、宗教学、音乐、艺术、图书目录学等十七大类及若干小类。② 除了"群经""诸子学"外，整个分类主要采取了现代学科的分类法。随后的续编、三编、四编、五编在国学目录分类上只在类别称呼上稍有不同，总体上大同小异。如经学，在《国学论文索引》中名为"群经"，在《国学论文索引五编》中则被称为"经学"，名称虽异，所指同一。

① 《国学论文索引五编说明》，刘修业等编：《国学论文索引全编（4）》，北京：国家图书馆出版社 2011 年版，第 5 页。
② 参见徐有富：《论我国索引源流与近现代报刊资料的利用途径（代序）》，刘修业等编：《国学论文索引全编（1）》，北京：国家图书馆出版社 2011 年版，第 15 页。

第二章 "旧中开新":"旧有文化"
如何"再发生新芽"

从表面上看,国学是"古学",是"过去的文化历史",对其"保存""整理"乃至"复兴"的种种努力在相当程度上很难与学术创新或文化创新联系起来。郭沫若就认为,整理国故充其量"是一种旧价值的重新评估,并不是一种新价值的重新创造"。在近代中国特殊的文化背景之下,崇新黜旧是当时的学人倾向于采取的一种文化价值判断与选择标准。正是基于这一判断标准,郭沫若认为国故的整理抑或国学的研究均属于"整理事业",不可"估之过高",故"我们应该努力做出些杰作出来,供百年后的考据家考证"。① 郭沫若以新旧作为学术价值判断标准的观点虽值得商榷,但他从"新价值的重新创造"角度对国学价值的质疑也确有令人深思之处。

创新是学术发展的重要推动力,也是学术研究的价值所在。近代中国学人关于复兴国学的主张是否具有创新性,这涉及近代国学思潮的价值评估问题。综合考察近代国学思潮中相关学人的言论及主张,可以发现,近代中国倡导国学的诸多学人对于国学创新的问题多有思考与探索。在他们看来,复兴国学肯定不单单是"旧价值的重新评估"抑或简单的"再现"式传承,国学在新的时代还须在既有基础上发展与创新,需要"旧中开新"②。国粹学派的代表人物邓实就曾提出:"今日对于祖国之责任,惟当研求古学,刷垢磨光,钩玄提要,以发见种种之新事理,而大增吾神州古代文学之声价。"③ 张东荪在论及这个问题时也强调要使中国"固有的旧有

---

① 郭沫若:《整理国故的评价》,《创造周报》第 36 号,1924 年 1 月,第 3 页。
② 孙德谦:《国学研究法(续)》,《大夏周报》第 10 卷第 30 期,1934 年 6 月 24 日,第148 页。
③ 邓实:《古学复兴论》,《国粹学报》第 9 期,1905 年 10 月 18 日,第 4 页。

文化"在新的时期能"再发生新芽"。① 只是这些思考与探索湮没在近代中国纷繁复杂的社会思潮中，难以引起后世学者的广泛关注。②

第一节 "旧中开新"中的"旧"与"新"问题

源自明治维新时期的近代日本国学思潮之所以要倡导"国粹之说"，究其主因是对欧风美雨冲击的回应。从这个角度看，如何处理本国"固有之学"与西学的关系，就是日本近代知识分子在倡导国学时必须面临与解决的一个关键问题。梁启超等近代中国知识分子在 20 世纪初的中国倡导国学也面临同样的问题。可以这样认为，在以中国固有文化为本的基础上如何处理中西学的关系，如何调适中、西学，如何兼容新、旧学以"旧中开新"，就是近代中国倡导国学的知识分子必须思考与解决的一个中心问题。

要回答近代国学如何"旧中开新"这一问题，就必须对学术文化的新旧划分、时代的新旧划分、国学开新的目标、国学创新的路径与方法等具体问题进行思考与回答。国学创新的路径与方法涉及内容较多，笔者将在后文设专节探析，此处不作赘述。

（一）国学创新既然是"旧中开新"，在思考与探索国学的创新问题时，首先需要回答何为"新"学、何为"旧"学

在近代中国，学者们所言"新学""新知"一般指西学，多与"旧学""中学""国学"相对应，提倡"新学"一般意在贬斥、取代"旧学""固有之学"。③ 王叔岷曾论及此点："我人以国之弱也，而病疵文化，自疑

① 张东荪：《现代的中国怎样要孔子》，《正风》（半月刊）第 1 卷第 2 期，1935 年 1 月，第 21 页。

② 关于这一问题，也引起了一些研究者的关注，如谢桃坊就认为近代中国学人有关国学的倡导包含学术创新、学术解放的因素，是近代中国新文明建设的一个组成部分。但作者所论主要是以胡适为研究个案，未对近代中国国学的学术创新做全面、系统的考察。参见谢桃坊：《为中国学术谋解放——胡适开启国学研究的新方向》，《天府新论》2008 年第 6 期，第 138 – 142 页。

③ 关于这种新、旧文化的对应关系，西园曾有论及：国学"是中国的旧有学问，所以又可称'中学'，或是'旧学'。中学与西学相对，旧学和新学相异。这可表明国学和从欧美输入而且盛行于现代的学问不同。"见西园：《国学讲话（一）》，《南国少年》创刊号，1939 年 7 月 31 日，第 23 页。谭正璧对此也有论及：近代以来传入中国的"所谓'西学'，或称为'洋务'与'新学'"，而"所谓'国学'，本是'西学'的对称；'西学'不来，它是根本不会产生的"。见谭正璧编著：《国学概论新编》，北京：北京出版社 2014 年版，第 2 页。

迂陋，率而弃之。凡西方之学术，俱为新知，我国固有者，尽可摒绝，文化至于今日，可谓衰残至烈。"① 严耕望也有类似表述："自欧风东渐，国内学者多屏弃我国固有的学术，而注意西方的文化，于是因有新旧学之分：新学就是西学，旧学就是固有的学术。其后醉心新学的人，直视固有的学术为杀人的利器，以为线装书籍，悉应委诸沟壑。"② 严耕望于此只是用了"自欧风东渐"这一较为模糊的表述来说明"新旧学"分野的出现原因及大致时间。王淄尘对此则有较为清晰的表述：

> 庚子义和团一役以后，西洋势力益膨胀于中国，士人之研究西学者日益众，翻译西书者亦日益多，而哲学、伦理、政治诸说，皆异于旧有之学术。于是概称此种书籍曰"新学"，而称固有之学术曰"旧学"矣。另一方面，不屑以旧学之名称我固有之学术，于是有发行杂志，名之曰"国粹学报"，以与西来之学术相抗。"国粹"之名随之而起。继则有识之士，以为中国固有之学术，未必尽为精粹也，于是将"保存国粹"之称，改为"整理国故"，研究此项学术者称为"国故学"。③

根据笔者在第一章的论述可知：近代国学家所言"旧中开新"的"新"并非指等同于西学的"新学"，更非指排斥"旧学"的"新学"。他们所言的"新"不仅不与"旧"冲突，反而强调"旧"是"新"的基础，"新"从"旧"中生出。宫廷璋对此曾有如下论述：中国文化"改造之道，贵以人益己而匪舍己从人，贵因旧更新而匪谋新弃旧。以己之旧文化为基础，而加以修理，其势顺而易；无旧基础而从新建筑，其势逆而难；倾灭己之旧基础，而强以新者代之，其势更逆而难。"④ 范罄海提出：文化的"新"与"旧"是相对而言的，今日之"旧"就是昨日之"新"。他还特别以宋学为例予以说明："我们现在看宋学家，所谓'道学先生'，这名词何等旧气，何等晦背。但是在当时，实在是一种最崭的新文化运动，和欧洲的文艺复兴于历史上有同样的光彩。"⑤ 曹朴也认为中国学术文化的发

① 王叔蘋：《如何研究国学》，《青年月刊》第 2 卷第 2 期，1936 年 5 月 15 日，第 42 页。
② 严耕望：《研究国学应持之态度》，《学风》第 6 卷第 5 期，1936 年 8 月 1 日，第 1 页。
③ 王淄尘：《国学讲话》，上海：世界书局 1935 年版，第 3 页。
④ 宫廷璋：《以科学方法整理国故其步骤若何》，《民铎杂志》第 4 卷第 3 号，1923 年 5 月 1 日，第 14 页。
⑤ 范罄海：《国学门径》，《青年进步》第 69 册，1924 年 1 月，第 89 页。

展就是一个不断探索新路的过程：

> 汉儒解经，注重字句的解释和制度的考证，但宋儒反对汉儒的方法，主张依经义而修养心性。清初学者黄梨洲、顾亭林、王船山等，因宋明诸儒无补时艰，于是起而批评宋明心性之学的流弊，提倡经世致用的实学。然而他们所谓实学，仍然以通经致用为中心，因此便是非常留心当世之务的顾亭林，也不敢稍为懈怠他的经学研究，并由经学而奠立了清代考证学的初基。……到道光咸丰以后，内忧外患交逼而来，不容许士大夫的脱离现实，于是正统汉学又逐渐衰落了。代之而兴的于是有继承西汉学者经世致用精神的公羊学派。公羊学派中的康（有为）、梁（启超），最后亦不严格地遵守西汉经说，而直接以己意解释孔孟，以作维新运动的根据，清代思想如再进一步，就有解脱孔孟束缚的可能。①

从上文可以看出曹朴对国学之"新"的理解是：①"新"主要指中国学术文化的自我发展，是中国学术文化每一个新阶段对过去的、传统的文化的超越与创新；②中国学术文化的创新与外来文化的交融有关，如宋明心性之学对佛学的吸收交融，又如近代以来"外患"冲击及由此而引发的中西文化交融思潮；③经世致用是推动中国传统学术不断推陈出新的一个重要动力；④"摆脱孔孟束缚"是近代以来中国文化创新的重要方向与内容。

近代国学倡导者所言的"旧"主要指国学开新所立足的文化基础，即传统"中国的固有文化"②，有的学者又称之为"中国固有之学术"③。至于其范围，近代倡导国学的学者基于不同的角度或立场有不同的看法，或者认为无所不包，或者认为只涵括部分内容。蔡尚思对此有较全面的描述：

> 国是一国，学是学术，国学便是一国的学术。其在中国，就叫做中国的学术。既然叫做中国的学术，那就无所不包了；既然无所不

---

①　曹朴：《国学常识·概说》，上海：文光书店1948年第2版，第3-4页。

②　张东荪：《现代的中国怎样要孔子》，《正风》（半月刊）第1卷第2期，1935年1月，第21页。

③　抗父：《最近二十年间中国旧学之进步》，《东方杂志》第19卷第3号，1922年2月10日，第33页。

包，也就无所偏畸了。乃今之学者，或以国学为单指中华民族之结晶思想（曹聚仁），或以国学为中国语言文字学（吴文祺），还有以史学眼光去观察一切的（如章学诚、章太炎等），以及误认国学为单指国文（其人甚多，不易枚举）与中国文学的（海上一般大学多以中国文学系为国学系）。……仁者见之谓之仁，智者见之谓之智。此皆仅得其一体，而尚未得其大全。在吾却终始以为：凡中国的固有文化，都不能出此国学二字范围外。①

胡适在论及国学研究的范围时，一方面将国学称为"国故"，一方面又称国故是指中国的"一切过去的文化历史"，"包括上下三四千年的过去文化"。② 胡适的这种提法与蔡尚思的提法相比在涵盖的范围上并无多少差别，但他将"国学"称为"国故"，这种观点实与钱玄同的相关看法一致，即将中国传统学术文化视为已经死去的东西，"与现在中国人底生活实在没有什么关系"。③ 这种提法在价值判断上实有否定中国旧文化的嫌疑。相比起来，蔡尚思"中国的固有文化"的提法较少有文化价值判断上的倾向，显得更为客观。

（二）时代的新旧如何划分常是涉及创新与守旧的关键问题，近代中国知识分子在倡导国学时对国学所涉及的时代问题作出了回答

孙德谦在《国学研究法》中以"旧中开新"来概括国学研究。既然是"旧中开新"，也就涉及新旧时期的划断问题。何时为新，何时为旧？近代对这一问题作出具体划断的学者并不多，一般都是笼统地以近代西学传入为界予以划分。梁启超在谋创《国学报》时将中国固有之学称为"旧学"。细究起来，他所言的"旧"及与之对应的"新"就是笼统地以近代西学传入为界予以划分。黄遵宪虽不赞成梁启超谋办《国学报》，但他本人对新、旧学时段的划断也是以近代西学传入为界的："今且大开门户，容纳新学。俟新学盛行，以中国固有之学，互相比较，互相竞争，而旧学之真精神乃

---

① 蔡尚思：《中国学术大纲》，上海：启智书局1931年版，第5页。
② 胡适：《〈国学季刊〉发刊宣言》，季羡林主编：《胡适全集》第2卷，合肥：安徽教育出版社2003年版，第7页。陈文彦将国学称为"旧时文化"，也与胡适的上述说法近似。见陈文彦：《述国学研究社艰难缔造之概况》，《国学》第1卷第1期，1937年4月，第37页。
③ 钱玄同：《汉字革命与国故》，《晨报五周年纪念增刊》，1923年12月1日，第30页。

愈出。"① 又如孙德谦在《国学研究法》中关于"中国之学问""外国之学问"的划分既包含地域上的划分,还包含时段上的划分。"中国之学问"主要指中国传统学术,"外国之学问"主要指近代以来传入的西学。②

胡适在《国学季刊》发刊宣言中提出:"中国的一切过去的文化历史,都是我们的国故。"③"过去"的时间终点究竟在何时?胡适并未作出具体界定,如果以自己写文章之时作为时间界限就未免显得过于随意。曹聚仁在《国故学之意义与价值》中则明确提出以"五四运动"为分界线。他认为:"国故以'五四运动'为终点。……盖自有文字以至'五四运动',可成为一大段落,'五四运动'以后,旧有结晶思想皆完全崩坏。"在曹聚仁看来,国故是"五千年间中华民族以文字表达之结晶思想",它是纯粹的,只为中华民族所独创与拥有。"五四"以后,中华民族"旧有结晶思想皆完全崩坏","国故"自此结束。为了接续"国故",曹聚仁提出,在国故之后,"中国学术"继续发展,所谓"中国学术"即"凡在中国地域所曾有之学术"。曹聚仁还对"国故学""中国学术史"两个概念进行了辨析:"国故学"以研究"五四"前"中华民族之结晶思想"为限,而"中国学术史"的研究对象则为"凡在中国地域所曾有之学术"。与国故学研究的时限止于"五四"不同,"中国学术史则与时间以俱存,可延长至无限"。④ 以"中国学术"区别于国故,又以"中国学术史"区别于"国故学",这种提法确有独到之处,它在内容上既包括了近代以前的中国文化,也包括了近代以来,特别是"五四"以后有别于旧思想的新文化。这种提法在时间上也具有"无限"的延伸性,它将中国传统学术文化视为一个不断发展、不断创新的动态过程。⑤

---

① 黄遵宪:《致梁启超书》,吴振清等编校整理:《黄遵宪集(下卷)》,天津:天津人民出版社 2003 年版,第 495 页。

② 孙德谦:《国学研究法》,《大夏周报》第 10 卷第 29 期,1934 年 6 月 6 日,第 131 页。

③ 胡适:《〈国学季刊〉发刊宣言》,季羡林主编:《胡适全集》第 2 卷,合肥:安徽教育出版社 2003 年版,第 7 页。

④ 曹聚仁:《国故学之意义与价值》,《东方杂志》第 22 卷第 4 号,1925 年 2 月 25 日,第 74 页。

⑤ 1936 年,谭正璧在《国学概论新编》一书中曾对"中国学术"与"国学"进行了区别。他认为:"'国学'专指'西学'未来中国以前的学术;'中国学术'与时间俱存,中国不亡,'中国学术'将永远向前。"见谭正璧编著:《国学概论新编》,北京:北京出版社 2014 年版,第 2 页。他的这种观点显然与曹聚仁于 1925 年在《国故学之意义与价值》一文中所表达的有关"中国学术"的观点有相似之处。

　　曹聚仁对"国故"与"中国学术"、"国故学"与"中国学术史"概念的辨析，相当程度上是对五四新文化运动以后中国学术文化的发展如何接续传统文化的深入思考。与曹聚仁的思考类似，毛子水提出"国新"以接续"国故"。毛子水认为"有国故必有'国新'"，并把"国新"定义为"就是现在我们中国人的学术思想"。他所言的"国新"主要指向"欧化"，甚至提出"'国新'不妨和欧化雷同"。有意思的是，他将"现在我们中国人"对"国故"的研究即"国故学"也视为"国新"的内容之一。由此看来，毛子水所提出的"国新"包含了两条创新中国学术文化的路径。其一是向内发掘。所谓向内发掘，就是用"科学精神"对我国的国故展开研究。他曾说："古人的学术思想是国故，我们现在研究古人的学术思想，这个学问亦就是我们的'国新'了。这个学问，应该叫做'国故学'，他自己并不是国故，他的材料是国故。"① 其二是向外学习。向外学习就是学习外来文化即他所言的"欧化"。仔细推敲，向内的路径只是强调对过去文化的研究整理，向外的路径则将"欧化"视为目标。客观而论，将欧化视为"国新"的目标，这种方案其实并未给中国传统学术文化自身在新的时代找到真正开新的路径。"国新"的提法也有不妥之处，它从时代新旧的角度将作为整体的中国学术文化割裂为两个部分。

第二节　近代国学倡导者关于"旧中开新"路径与方法的思考

　　曾任北京大学国学馆馆长的叶恭绰于 1927 年在《北京大学国学研究馆开学演词》一文中就国学如何"发挥光大"及开新的问题作了较为系统的论述。就国学开新的条件与可能性来看，他认为随着时代的发展，国学研究者"今日所处地位，胜于前人者有六"：一是今日求师、取友、得书等均较前人容易；二是学术前辈在经史、考证、校勘、搜辑诸学上的积累是今人学术创新、"继长增高"的基础；三是当时共和体制下的学者比传统专制统治下的学者可以查阅更多的资料，举凡前代档册禁书、龟甲之文、敦煌之宝等皆足以资考证；四是近代以来，海宇大通，中外文化交流

---

① 毛子水：《国故和科学的精神》，《新潮》第 1 卷第 5 号，1919 年 5 月，第 734 - 738 页。

空前广泛，文化上的"互相印证""因彼知己"，可为国学开新提供新的思路；五是当今学者不再囿于科举功名束缚，可潜心治学，"业专功倍"；六是较之过去的"学术定于一尊"，今日则学术自由，学者可"恣意发挥"。① 叶恭绰以上分析确有相当见地，由其所论，可见国学在近代中国的开新不只是救亡图存、振兴中华的现实需要，也是中国学术文化自身积累及发展规律的使然。值得注意的是，叶恭绰在此文中还对国学开新的方法和路径进行了探析，并提出了"采科学精神""由博返约""分类研究"三条具体路径，惜作者对此未作进一步的详细阐述。

阐明、论证国学开新的理由只是国学开新这一问题的一个方面，探析国学如何开新的具体方法与路径才是问题得以真正推进的关键所在。近代倡导国学的学人对此问题也进行了不少有益的思考与探索。

（一）在国学与西学之间寻找连接点或桥梁，是理解近代中国国学创新路径的一个关键点

虽然近代中国国学思潮的兴起与抵抗西方文化相关，但是面对欧风东渐的现实，近代学人在倡导国学思潮之初，就将国学的复兴与西学的传播输入联系起来。近代国学思潮既有抵抗西学的一面，也有借复兴国学以推进西学输入的一面。这就使近代国学思潮从一开始就对西学持一种开放的而非排斥的态度。在欧风美雨日炽的时代，国学倡导者试图让国学承担起传播西学的重任，以国学为载体输入西学。关于这一点，黄节有很详细的论述。1903 年，黄节在寄语日本东京留学生时曾说"游学者也，欲学成而有所尽瘁于祖国也，或输入其理想焉，或整顿其实事焉，而要皆非深通国学不能为力"，若国学基础薄弱，"虽博极外学，而欲输之以福祖国，其道无由。不见前此之学西文者乎，其数如鲫，然能有所贡献于我学界者，惟侯官严氏一人而已"。② 黄节于此表述的中心就是，深通国学有助于外学的输入。他所举的严复正是一个中、西学兼修，借国学以传播西学的成功代表。严复曾留学海外，又精通国学，其古文造诣颇得桐城派末代领袖吴汝

---

① 叶恭绰：《北京大学国学研究馆开学演词》，《遐庵汇稿（下编）》，上海：上海书店 1990年影印版，第 66—67 页。

② 黄节：《游学生与国学——东京国学图书馆之设置所望于留学生及留学生会馆监督》，《新民丛报》第 26 号，1903 年 2 月。录自《癸卯新民丛报汇编（上编）》，第 424 页。

纶嘉许。严复以古文翻译西方政治学论著，名噪一时，极大地推动了西方政治、社会学理论在近代中国的传播。梁启超也对严复褒奖有加：

> 吾更欲有一言，近顷悲观者流，见新学小生之吐弃国学，惧国学之从此而消灭；吾不此之惧也，但使外学之输入者果昌，则其间接之影响，必使吾国学别添活气，吾敢断言也。但今日欲使外学之真精神，普及于祖国，则当转输之任者，必邃于国学，然后能收其效，以严氏与其他留学欧美之学僮相比较，其明效大验矣！此吾所以汲汲欲以国学为我青年劝也。[①]

梁启超与黄节均是近代国学思潮初兴阶段的代表人物，他们的观点自然具有相当的代表性。不"邃于国学"，又怎能去发现及输入外学之真精神？今日视之，梁启超所言确是高明之见。既精通国学，又悉知外学，这是梁启超对"我青年"的期待。当"国学"与"外学"同时汇聚于"我青年"，中西文化集于一体，自然会发生种种复杂的文化化合反应并不断推动中国文化的创新发展。

梁启超、黄节从国学复兴有助于西学传播这一点来为复兴国学立论，既强调了国学复兴的重要性，又强调了国学复兴离不开对西学的学习。在他们看来，国学复兴与学习西学之间具有相互促进的关系。与梁启超、黄节的观点类似，张东荪也认为国学的复兴与输入西方文化两者之间并不冲突且相互辅佐，"一方面输入西方文化，同时他方面必须恢复固有的文化。我认为这二方面不但不相冲突，并且是相辅佐的"，在他看来，中西文化各有所长，"政治经济等，是非用欧洲的方法不行"，"至于做人，中国本来最多讲求，不妨保留其精华"。[②] 这个观点并无特殊之处，但张东荪在此基础上认为输入西方文化与恢复固有文化可并行不悖且相互支撑辅佐，倒有相当新意。

不管是认为国学复兴有助于西学传播，或是认为国学的复兴离不开对西学的学习，或是认为输入西方文化与恢复固有文化可并行不悖且相互支

---

① 梁启超：《论中国学术思想变迁之大势》，《饮冰室合集》文集之七，北京：中华书局1989年影印本，第104页。

② 张东荪：《现代的中国怎样要孔子》，《正风》（半月刊）第1卷第2期，1935年1月，第19－20页。

撑辅佐，都说明近代中国的国学倡导者看到了复兴国学与学习西学之间的关系，两者之间并非水火不容、非此即彼。他们试图站在复兴国学的高度提出连通中西文化的解决方案，这也使近代中国的国学倡导者与守旧派之间保持着相当的距离。

（二）国学复兴既然涉及中西方学术文化，如何整合二者就成为国学倡导者必须思考的问题[①]

关于这一问题，近代国学倡导者们从各自角度提出了不同方案。其中较有代表性的说法有"镕铸"说、"比附"说、"剔粗取精"说等。"镕铸"说由张树瑛提出。所谓"镕铸"，就是将中西学术融通为一种新文化，这种新文化以中学为体、西学为用。张树瑛在《国学今后之趋势》中认为："西学之优长者，既为世界所公认，即非吾人所能摈斥。中学之平实者，自有不易之定则，亦非西人所能拒绝。中西学术会和，镕铸而成为一种新文化，十年之后，必然实现，此大自然之所安排，非人类谁何之力也。张文襄中体西用之说，为国人所诟病者，或且实现于将来。"在他看来，中国之弱在"物质之穷"，物质文化层面须学习西方，但在"精神学问"方面，也即在"体"的层面，"孔子达德达道"可为"全人类之模范者"。[②] 张树瑛的"镕铸"说并未超越张之洞中体西用之说的局限，还是在体用层面上思考中西文化的取舍会和。

与"镕铸"说类似的还有王璠的"合一炉而冶之"说。王璠在《读书声中谈谈国学研究的问题》中提出："治国学的人，能够把外国学术思想和中国学术思想融会贯通，合一炉而冶之，取其长而去其短，那末新的文化便可创造了。"为说明问题，他还以中国历史文化演进中的具体案例予以说明："音韵学研究，随印度佛教而输入；中国音乐器具，多来自西域与东胡；中国戏曲小说，是受了印度佛曲的影响。近来西洋文化输入，所生影响更大。"[③] 既然历史中每一次外来文化的输入都会与中国文化相交融并创造出新的文化成果，那么，西洋文化在近代输入中国后与中国文化

---

① 关于这一问题，笔者将在本书第六章中详细论述。
② 张树瑛：《国学今后之趋势》，《国光杂志》第 12 期，1935 年 12 月 16 日，第 6－8 页。
③ 王璠：《读书声中谈谈国学研究的问题》，《学风》第 6 卷第 1 期，1936 年 2 月 1 日，第 7 页。

相交融也一定会催生新的文化成果。王璠"合一炉而冶之"中的"冶"虽也有"镕铸"之意,但与张树瑛所言的"镕铸"还是有不同意味的。张树瑛之意是试图在体用层面对中西文化进行"镕铸",而王璠之意是试图取中西文化各自之长"合一炉而冶之"。

"比附"说是试图在中西方学术文化之间寻求可比、相通之处。如蔡元培在《对于新教育之意见》一文中就将儒家思想与西方民主思想相比附。他把儒家之"义"诠释比附为"自由","'富贵不能淫,贫贱不能移,威武不能屈',自由之谓也,古者盖谓之义";他又把"恕"诠释比附为"平等","'己所不欲,勿施于人',……平等之谓也,古者盖谓之恕";他还把"仁"诠释比附为"博爱","'己欲立而立人,己欲达而达人',亲爱之谓也,古者盖谓之仁"。①

"剔粗取精"说由王易提出。近代中国海禁大开后,西学大规模传入,学习西学成为中国近代知识分子必须面对的问题,加之国学范围广大驳杂,若要中西学兼修,就有必要从粗精、真伪、本末、有用无用的角度对国学范围进行取舍。王易认为"国学之范围广矣,品质杂矣,涉猎审辨之难,使人目眩,而其间孰本孰末、孰真孰伪、孰有用孰无用,则尤不易明。况值西学汇流之日,学术之海漫无津涯,学者欲并究之,时力均有不及",具体如何取舍,方法就是"诚能就事理之真形,做忠实之研究,剔粗取精,阙疑慎信,则有用之学,自脱颖而益彰;无稽之谈,亦不攻而自破"。② 剔粗,就是剔除末、伪、无用之学;取精,则是留下本、真、有用之学。近代中国,中西学并存已成事实,学者欲并究之,时间、精力上都尚有不及,对于青年学子来说更非易事,这也正是近代国学倡导者们喜欢为后学者开列国学书目、梳理国学脉络、指点国学学习路径的原因。从表面上看,"剔粗取精"仅是就国学范围的选取而言,但究其目的来看,对国学"剔粗取精"也意在为学习西学留出空间,故也可视之为一种整合中西学及创新中国文化的具体实践与方法。

---

① 蔡元培:《对于新教育之意见》,蔡元培著,高平叔编:《蔡元培全集(第2卷)》,北京:中华书局1984年版,第131-132页。
② 王易:《国学概论·导言》,王四同编:《大家国学·王易卷》,天津:天津人民出版社2008年版,第4-5页。

（三）"整理国故"所倡导的"科学之精神"为近代国学研究开拓了新的研究方法，为国学的创新开拓了新的路径

自新文化运动兴起后一个相当长的时期内，"整理国故"成为学界研究国学的一种重要主张。① "整理国故"论者将国学视为"过去的已死的东西"，是没有生命力的古董，而屡被时人及后世学者诟病。② 但仔细分析，"国故"论者对中国传统学术文化的整理研究也作出了诸多贡献，他们之于国学创新也有诸多有益的见解。一定程度上可以这样认为：对中国传统学术文化的系统整理正是中国传统学术文化在近代以后实现创新性发展的重要基础与前提。

1919 年 5 月，毛子水在《新潮》发表《国故和科学的精神》一文，首倡以"科学的精神去研究国故"。在此文中，他虽称"国故就是中国古代的学术思想和中国民族过去的历史"，"国故是过去的已死的东西"，但他又提出"国新"以接续"国故"。笔者在上文已论及，毛子水所言的"国新"并非对"国故"的否定，"国故"只要通过科学的精神与方法加以研究整理也就成为"国新"了。③ 后来的国故派学者的主张与毛子水基本相同，都强调科学精神与方法在国学研究中的重要性。如叶秉诚以是否采用科学研究法为分界线将国学分为"抱残守缺之国学"与"提倡科学化之国学"。④ 又如顾颉刚提出："研究国学，就是研究历史科学中的中国的一部分，也就是用了科学的方法去研究中国历史的材料。"⑤ 叶恭绰也将"采科学之精神"视为"今日治国学第一义"。⑥

① 胡逢祥在《现代化潮流中的国学思潮及其走向再省思》一文中将 20 世纪初的国粹主义思潮与起源于新文化运动的"整理国故"运动视为近代国学思潮前后相继的两个阶段，但"两者的根本精神不同"。这种不同体现在三个方面：一是在价值体系上，国粹派所倡导的国学仍"兼顾文化旧有的'道'（德性及价值观念等）、'学'（治学方法与知识积累）两方面内容"，而"整理国故"对于传统文化中的"道"则基本持否定态度。二是在研究方法上，国粹派"始终保持着浓厚的本土色彩，'整理国故'运动则已完全自觉转向了以西方实证科学与逻辑方法为准则的路径"。三是在学科整体架构上，国粹派"并未真正摆脱旧学的框架"，而"整理国故"者则主张"按西方学术模式重新厘定学术的条理框架"。见胡逢祥：《现代化潮流中的国学思潮及其走向再省思》，《天津社会科学》2012 年第 5 期，第 124－127 页。

② 毛子水：《国故和科学的精神》，《新潮》第 1 卷第 5 号，1919 年 5 月，第 734 页。

③ 毛子水：《国故和科学的精神》，《新潮》第 1 卷第 5 号，1919 年 5 月，第 734－739 页。

④ 叶秉诚：《复宋芸子论国学学校书》，《重光》第 2 期，1938 年 1 月，第 47 页。

⑤ 顾颉刚：《一九二六年始刊词》，《北京大学研究所国学门周刊》第 2 卷第 13 期，1926 年 1 月 6 日，第 3 页。

⑥ 叶恭绰：《北京大学国学研究馆开学演词》，《遐庵汇稿（下编）》，上海：上海书店 1990 年影印版，第 67 页。

　　至于何为科学的精神、科学的方法，综合国故派学人的主张，都是特指西方的科学精神与方法。如何用科学的精神与方法去研究、整理国学，胡适将其归结为三个方面：一是用历史的眼光来扩大国学研究的范围；二是用系统的整理来"部勒"国学研究的资料；三是用比较的研究来帮助对国学的材料进行整理与解释。① 胡适研究国学的目标就是要用历史的、系统的、比较的方法对中国"一切过去文化的历史"进行全面的整理研究并将其条分缕析地分类展现出来。简单地说，胡适是要用西方的科学方法对中国传统历史文化的家底进行全面的整理，以使"大家懂得中国过去的文化史"。② 要对国学进行"整理"，那就说明国学作为等待"整理"的对象在胡适等人的眼中是杂乱无章的。在近代中国，持有这种观点的学者颇多，如钟应梅就认为：

　　　　现在所谓"国学"的范围里面，事事物物都是毫无头绪、亟待整理的东西。其中有哲学，有史学，有政治学，有法律学，有经济学，有文学，有语言文字学，有考古学，尚有治旧学必需的工具，如目录学、校勘学……等，真是五花八门，令人目眩心惑。这许多门别里面，再加详细的分析，其中任何的一项，都足供我们毕生的研究。而现在国内各专门以上学校所定的国学课程，却都是广罗万有，这不是叫人去走诸葛军师的八阵图吗？走的人固是劳而少获，领导的人也是万分的痛苦。③

　　钟应梅于此从西方学科分类的角度，指出国学没有分类，杂乱无章，并提出应以科学方法进行分类整理，实是基于西方学科分类的视角。其实，若按中国传统学术文化视之，国学自有分类，如国学就可按中国传统图书四部分类法进行有序分类。中国学术文化的传统分类在近代之所以得不到重视与认同，当与西方科学在近代中国的广泛传播及影响有关。

　　胡适不只以"大家懂得"作为国学整理的目标，更强调在整理国学时要崇真求真，要"还他一个本来面目"："整理国故，必须以汉还汉，以魏

---

　　① 胡适：《〈国学季刊〉发刊宣言》，季羡林主编：《胡适全集》第2卷，合肥：安徽教育出版社2003年版，第17页。

　　② 胡适：《〈国学季刊〉发刊宣言》，季羡林主编：《胡适全集》第2卷，合肥：安徽教育出版社2003年版，第13页。

　　③ 钟应梅：《读了何炳松、郑振铎二先生讨论所谓"国学"的文章以后》，《厦大周刊》第206期，1929年5月25日，第2-3页。

晋还魏晋,以唐还唐,以宋还宋,以明还明,以清还清,以古文还古文家,以今文还今文家,以程朱还程朱,以陆王还陆王,……各还他一个本来面目,然后评判各代、各家、各人的义理的是非。不还他们的本来面目,则多诬古人;不评判他们的是非,则多误今人。但不先弄明白了他们的本来面目,我们决不配评判他们的是非。"①

为使国故整理工作落到实处,胡适在《〈国学季刊〉发刊宣言》中还具体提出整理传统文化的"三步说":第一步是索引式的整理②,即"把一切大部的书或不容易检查的书,一概编成索引,使人人能用古书"。第二步是"结账式的整理"。学术上结账的用处有两层:"一是把这一种学术里已经不成问题的部分整理出来,交给社会;二是把那不能解决的部分特别提出来,引起学者的注意,使学者知道何处有隙可乘,有功可立,有困难可以克服。"第三步是专史式的整理。专史式整理主要分为两个步骤:一是"用现在力所能搜集考定的材料,因陋就简的先做成各种专史,如经济史、文学史、哲学史、数学史、宗教史";二是在"专史之中,自然还可分子目,如经济史可分时代,又可分区域;如文学史、哲学史可分时代,又可分宗派,又可专治一人;如宗教史可分时代,可专治一教,或一宗派,或一派中的一人。这种子目的研究是学问进步必不可少的条件"。③

与胡适观点相近,许啸天也提出要按西方学科分类标准对"囫囵的国故学"进行分类整理。他还具体提出了采用科学方法整理国故的两个标准:"一,是要精当而有统系,一,是要适于人生实用"。④ 这里有一个问题需要回答,即将国故学按西方科学的标准整理后,下一步还要做什么呢?在整理国故论者看来,没有整理前的国故学与西学是并立的状态,国

---

① 胡适:《〈国学季刊〉发刊宣言》,季羡林主编:《胡适全集》第2卷,合肥:安徽教育出版社2003年版,第8页。

② 与胡适这种观点相近,有学者提出要对中国传统文化要籍进行"摘要式之整理",以为读者提供阅读与检索的便利。所谓"摘要式之整理",具体方法就是"将每一种书,摘其最精要之处,为之贯穿而条理之"。所以要这样做,其原因在"中国书籍,浩如烟海。一书之中,求其最精要者,往往十不获一,或且百不获一,而又糅杂纷乱,律以最近学问分类,鲜有一种书籍,专述一种学问者。若不为摘要式之整理,则精粹将埋没于糠秕之中而不显,读者亦苦其用力多而获益少也"。见声涛:《客观的研究国学方法》,《校声》第3期,1935年3月,第37页。

③ 胡适:《〈国学季刊〉发刊宣言》,季羡林主编:《胡适全集》第2卷,合肥:安徽教育出版社2003年版,第9-15页。

④ 许啸天:《〈国故学讨论集〉新序》,许啸天编辑:《国故学讨论集(上)》,上海:上海科学技术文献出版社2016年版,第5页。

故是国故，西学是西学，两者互不相干。采用科学方法对国故学——整理将之归并到"全世界的学术界里"只是整理工作的一部分，在此基础上，还要"再勇猛精进，从旧的国故学里面研究发明出新的科学来，靠他改造世界现有的科学"。① 不管整理国故一派学人的以上说法是否妥当、科学，他们有关"以科学方法整理国故"的主张与实践在近代中国产生了广泛影响并取得了一定成果，其成果的主要体现就是近代中国学人们采用西方科学研究的方法对中国传统文化进行了较为系统、全面的梳理。

要借用西方科学方法来研究国学，就有必要学习、掌握西方科学的基本知识。郑振铎对此说得很是直接：在整理中国古书的时候，"非有外来的基本知识，非参考外国文的书籍不可，他们至少可以启发你一条研究的新路"，如果"仍逃不出古书圈子范围以外去研究古书，则这种研究不会有什么好结果，不会得到什么惊人的成绩是可断言的"。② 在论及以西方科学方法来整理国学这一问题时，采用何种"方法"展开研究整理成为一个很具体的问题，上述胡适、郑振铎所论虽在一定程度上涉及方法问题，但在具体方法上仍显笼统、模糊，故当时有学者对于"整理国故"有如此评价："近来'用科学方法整理国故'的话，常常听着，但是实际工作这种工作的人很少，因为只有'用科学方法整理国故'的提案，并没有计划书和标准案使我们去执行。"③ 卫聚贤《应用统计学的方法整理国学》一文倒是涉及具体整理方法的论述。他在文中不仅对"前人应用统计方法整理国学"的情况进行了系统梳理，还具体举出了"制造统计图表"的两种方法：表列法、图示法。表列法在操作时须经过材料搜集、材料整理、原始表的表列三个步骤。图示法可具体分为图形图、方形图、曲线图、直线图、分布图、形像图、组织图等。卫聚贤的这篇文章在当时虽未产生太大影响，但他从方法论的角度去尝试利用西方科学方法对国学进行整理，较之于一般学者在理论层面的泛泛而论更具有实际操作层面上的意义。值得注意的是，卫聚贤在文中还提出，借用统计学等科学方法整理国学既在

---

① 许啸天：《〈国故学讨论集〉新序》，许啸天编辑：《国故学讨论集（上）》，上海：上海科学技术文献出版社 2016 年版，第 6 页。

② 郑振铎：《且慢谭所谓"国学"》，《小说月报》第 20 卷第 1 号，1929 年 1 月 10 日，第 12 页。

③ 卫聚贤：《应用统计的方法整理国学》，《东方杂志》第 26 卷第 14 号，1929 年 7 月 25 日，第 73 页。

"整理既往"，还在"推测未来"。两者之间，他认为后者即"推测未来"更为重要，原因是："假使我们不是这样作起，其他同志在那里作革命事业，我们在这里是'非先王之服不服，非先生之言不言'，开着倒车走，有甚么兴趣呢？"① 作者于此关于整理国故、研究国学的目的与宗旨的表述倒是很有新意。

在论及以西方科学方法来整理国学这一问题时，西方科学常常成为关注的焦点。其实，完成以西方科学方法整理国学这一任务，对执行这一任务的学人有着西学素养与中国传统国学功底的双重要求。雄健在《国学论》中提出："未观新学之大略者，不足以言治国学。未得旧学之门径者，更不足以言治国学。"作者对此从两个方面展开详细论述：一是就学习西学的重要性而言，"政法伦理之学，本为中国所固有。然古之人言焉不详，今之人治之而难于有效。盖古之时，专门之学未立。圣贤有作，胥为片段之言，而非系统之论。后之人欲从而博约之，明辨之，是非对于政治伦理之学，先有专门之研究者，必不能收事半功倍之效。而欲为专门之研究，则尤非治新不为功。故治国学者，不可不先明新学之梗概。"二是就深研中国古学的重要性而言，"上古之书，去今窎远。转相傅写，讹误实多。而音义变迁，句读亦綦难。今之学者，研读古书，苟不先明训诂，辨章句，实难通其谊而明其道。盖文字章句者，治学之门径。而微言大义者，古学之堂奥。世固无未入门径而能窥见堂奥者也。故治国学者，又不可不先通门径之学。"为说明问题，作者还举王国维、胡适为例："近世论学，咸推海宁王氏，绩溪胡氏。然王氏于甲骨钟鼎之学，已先厚植根基。复于西洋文哲之学，博採而旁通之。故能精深宏大，成一家言。胡氏之治中国哲学史也，先读西洋哲理之书，以正其义。复治段王训诂之学，以通其术。故能发扬光大，洋洋乎为空前之巨著。"② 南扬在《慢谈国学》中则认为，整理国学的重担不仅需要学文科的学者参与，也需要学理科的学者参与，国学中"有国粹，亦有国渣，我们承袭了这份遗产，须大大的加以整理，才有效用，否则只是一篇糊涂账而已。这个整理的责任，学文科的当然无可推诿，而学理科的也须负担。譬如要研究中国的音乐声韵等学，不能不懂物理学；要研究中国的药学，不能不懂化学，然则学理科的人，不

① 卫聚贤：《应用统计的方法整理国学》，《东方杂志》第 26 卷第 14 号，1929 年 7 月 25 日，第 84 页。

② 雄健：《国学论》，《天籁季刊》第 24 卷第 1 号，1935 年秋季，第 51—52 页。

但不应藐视国学，而且应该负起一部分整理国学的责任来"。① 联系作者上下文的表述来看，他显然将"理科"等同于"西洋学"，将"文科"等同于"国学"，这种看法虽有偏颇之处，但也反映出他强调中西学并重。

对于从科学角度整理国学，一些学者并不苟同，其代表性的观点有三种：一是不赞同将国故视同为"骨董"。如张东荪就如此批评国故派学者："他们把国故当作欧洲学者研究埃及文字与巴比伦宗教一样看待。简直把中国文化当作已亡了数千年的骨董来看。所谓国学直是考古学，外国人研究中国学术取这样的态度原不足怪，最可笑是中国人因为外国人如此，所以亦必来仿效一下，而美其名曰科学方法。"② 二是认为若以西方科学为标准来裁剪取舍中国传统学术文化，国学的精神也就被肢解了。张树璜就有如此批评："科学之国学家，持欧美学术主观之见，以绳旧籍。某也精，某也粗，某也宜去，某也可留，全未考我国学术历史演进之原理，与古圣贤立言垂教之苦心。纯依方法立说，整理丛书，宁不有功，而国学之精神无与焉。"③ 三是认为东西方学术"迥别"，不可套用西方科学方法。裘匡庐曾说：西方之学偏于"实"，中国之学偏于"虚"，两者实有差异，"学之偏于实者，其程效可以计功计日。学之偏于虚者，苟非实有所悟，则决无渐臻高深之望"，"近人喜言以科学治学方法整理国学者，是殆未明吾东方固有之学术，其性质与今之所谓科学者迥别"。④ 裘匡庐拒绝对国学的任何创新，对于历代圣贤之学，他认为唯有坚守一途，"前圣已造其极，决无后可胜前之理。故学儒者决无人能过孔、孟，学道者决无人能过老、庄，学佛者决无人能过释迦。学者既明此理，则但当终身安心作孔、孟、老、庄之信徒，不当妄思欲作孔、孟、老、庄之试官"，"吾东方之学术"的核心是"圣贤相传之道"，此道"无论何时何人，绝非可以凭一己之心思才智，创立新说异见也"。⑤ 裘匡庐从各有所长的角度分析中西学术皆有可取之处，但他由此否定学习西学及国学创新，又失之于保守迂腐。

---

① 南扬：《漫谈国学》，《战时中学生》第 2 卷第 9 期，1940 年 9 月 20 日，第 16－17 页。

② 张东荪：《现代的中国怎样要孔子》，《正风》（半月刊）第 1 卷第 2 期，1935 年 1 月，第 21 页。

③ 张树璜：《国学今后之趋势》，《国光杂志》第 12 期，1935 年 12 月 16 日，第 1 页。

④ 引自钱基博：《十年来之国学商兑》，《光华大学半月刊》第 3 卷第 9、10 期合刊，1935 年 6 月 3 日，第 123－124 页。

⑤ 引自钱基博：《十年来之国学商兑》，《光华大学半月刊》第 3 卷第 9、10 期合刊，1935 年 6 月 3 日，第 126－129 页。

（四）"旧有之学"本身就潜藏着"新事理"，也具有开新的可能

中国传统学术文化是国学复兴的主体，对中国"旧有之学"的学习与继承自然是国学复兴及国学创新的基础。自"五四"以来，中国旧有文化虽遭到前所未有的批判，但即便是激进的新文化主义者，在思考新文化生长的基础时，都不得不正视中国旧文化的价值。王璠就认为："任何新学说新思想，都是凭藉过去的基础而继长增高，或是根据前人另有新创。因为过去人类活动的体相，足资现时人活动的借镜。"① 新文化倡导者面临的一个尴尬：不管你如何批判旧文化，你将旧文化视为"死去的遗体"也好，视为"亡灵"也好，但在创造新文化、新事物时，终究还是离不开旧文化的基础。时人对此有清晰的认识："人们虽能创造自己的新历史，但他们却没有选择历史环境之自由。死去的遗体总是和泰山一样压着人们的脑袋，因此，当人们正要创造新事物，正要使自己的时代生气化时，他们是不能不把他们要借助的亡灵，从地层下唤起，为自己壮观瞻。同时对他们一向憎恶的故物，又不能不拿到新的理性的王座之前，加以审判。"② 范郘海也说："研究国学，要有把握，要寻中国文化之内面，还请埋头于故纸堆中！坟墓内古人之著作，多读几本。"③ 正是基于这种认识，近代国学倡导者十分注重对于国学本身的研究，并常将他们研究国学的心得体会发表于报端，以期为青年学子指点国学研究的路径。④

对于中国的"旧有之学"在国学复兴中的基础性作用，近代国学倡导

---

① 王璠将自己的这一观点归结为"温故以创新"。他还举例来具体说明如何温故创新："比方研究三代井田制度，分析他的利害得失，可以补助现代土地问题的解决。清儒的朴学，是就汉人学说有所发挥。他们的收获超越汉人之上，这是另有新创的例证。"见王璠：《读书声中谈谈国学研究的问题》，《学风》第 6 卷第 1 期，1936 年 2 月 1 日，第 3 页。

② 李麦麦：《论五四"整理国故"的运动之意义》，《文化建设》第 1 卷第 8 期，1935 年 5 月 10 日，第 42 页。

③ 范郘海：《要研究国学者的读书法（答邹云石）》，范郘海：《青年国学的需要》（尘笔双挥甲编），上海：青年协会书局 1933 年售发，第 90 页。

④ 这一时期有关国学研究法的代表性文章有：希如《论国学研究之法式》，《文史杂志》第 5 期，1913 年 7 月；傅佛崖《国学研究之方法》，《正中》半月刊第 1 卷第 5、6 期连载，1935 年 2 月 1 日、1935 年 2 月 16 日；孙德谦《国学研究法》，《大夏周报》第 10 卷第 29、30 期连载，1934 年 6 月；文昂子《研究国学之途径》，《国光》第 9 期，1935 年 9 月 16 日。这些文章的内容多为写作者有关国学研究方法的心得体会总结，如傅佛崖在《国学研究之方法》中说："予论国学研究法，分工具及方法两端，以示研究之程序。识文字，讲文法，辨途径，求善本，通注疏，皆研究国学之工具也。广搜罗，别真伪，分系统，具卓识，明地理，皆研究国学之方法也。"见傅佛崖：《国学研究之方法》，《正中》半月刊第 1 卷第 5 期，1935 年 2 月 1 日，第 1 页。

者有着清楚的认识。范囸诲对此曾有这样形象的说法："可是你要上前，古人已走的路，总须得耐心地重走一遍。"他所谓的"重走一遍"，就是指对中国"旧有之学"的学习与继承。中国传统学术文化浩如烟海，如何"重走一遍"？近代学者对此给出了种种不同的答案。范囸诲对此问题的看法很有意思，他以为国学学习无捷径可走，"国学门径，只要'你要'两字。孟夫子说'求则得之'。耶稣说'敲门的与你开'"。此论看似笼统，但自有见地。学习国学，首先是"我要"或"我想"，有了这个态度，在学习的过程中，每个人自会逐渐摸索出一套适合于自己的方法。当然，将古人走过的路"重走一遍"的目的还在开新："古人这些学问，是表示在他们的时代，所已到的地步。我们在现在的时代，应有的学问，自当比他们愈有进境。譬如登山，古人斩棘披榛，已开之道，我们只消循行而上。我们的天职，却更在前头未辟的天荒。"① 在他看来，将"已开之道"重走一遍，是开拓"前头未辟的天荒"的基础。他在另文中继续阐述了自己的这个观点："要不嫌迂腐，不怕人骂'留恋骸骨'，依照二千年来的老法子，下些死工夫去读经。在这里翻身，才有二千年后的新发明。"② 要有"新发明"，须先下"死工夫"将旧文化研究清楚，这一观点在今天看来仍有参考价值。

与范囸诲"不嫌迂腐"、不怕人骂"留恋骸骨"的观点近似，傅佛崖认为，若勤于继承与创新，"腐臭"可化为"神奇"，若不思进取，则"神奇"也可化为"腐臭"。傅佛崖的相关论述颇有见地：

> 藏往所以知来，通古所以适今，学术原如逆水行舟，不进则退。（朱子语）任其沉沦，则神奇可变为腐臭；促其进步，则腐臭亦可化为神奇。夫吾先民，积日累月，辛勤缔造之学术，遗留于吾人者，何可胜数？昔羲和治历，开天文学之权舆；公输制器，实工艺学之先兆；墨子天志尚同，即尊天无我之义；孔明木牛流马，即器械运输之方。其他科学，散见于子史中者，亦复甚多。惜延至后代，或方法失传，或无人寻讨，致学术湮没，颇逊泰西，非神奇化为腐臭者乎？若能于历代相传之学，考其变迁，判其中失，加以抉择从违，期于发挥

---

① 范囸诲：《青年国学的需要》，《青年进步》第 63 册，1923 年 5 月，第 22 页。
② 范囸诲：《国学的两条路·附录》，范囸诲：《青年国学的需要》（尘笔双挥甲编），上海：青年协会书局 1933 年售发，第 84 页。

光大，则学术收获，自无限量。故有三代学术之蕴蓄而后有周秦诸子之勃兴；有历代经师之注疏，而后有清代朴学之发达。此非腐臭化为神奇者乎？①

范皕诲、傅佛崖等人是从学术基础的角度谈论继承中国"旧有之学"在国学开新中的必要性与重要性，一些学者则认为"旧有之学"中本身就含有种种"新事理"，国学创新离不开对"旧有之学"所蕴含的"新事理"的挖掘及继承。邓实提出，对中国古学的学习研究就是要潜心古学，"刷垢磨光，钩玄提要，以发见种种之新事理"。②曹朴甚至认为："各种自然科学都有从经学里面逐渐生长出来的可能。"③

虽说近代国学论者对国学研究于"旧有之学"中开新持乐观的态度，但也有学者提醒对"新"的追求要注意度的把握。孙德谦曾说，"余生平持论，以为新不可奇，旧不可腐，人之为学，应于旧中开新，而不当失之陈腐，但无取乎奇"，还特别举例说明，"人心爱奇，自古为然。如墨学之来自印度，以印度之人种为黑，而墨子性黑，遂傅会之，不但向无所闻，即使实有其事，亦须知墨是中国学。……造此说者，只知爱奇耳。……又《左传》一经，《史记》名《左氏春秋》，或以左氏地名，其书由子夏居左氏时，有此撰述，亦极新奇可喜矣，然而非也"④，开新不等于逐奇，开新须以旧学为本。孙德谦于此对国学开新"度"的强调在今天看来也有可参考之处。

（五）国学创新需从"向内""向外"两个方面展开。国学开新既要立足国内，也要在国际上占有"超越的""稳固的"地位

近代以来倡导国学的学者在论及国学与西学的问题时，多立足于中国，论题也多离不了中西学术文化融通的窠臼，但也偶有学者论及国学对外开拓扩展的问题，这其中以叶秉诚与王皎我的观点为代表。两人都强调国学要在"内""外"两个方面发展。叶秉诚认为："内而发挥国学之效

---

① 傅佛崖：《国学研究之宗旨》，《正中》半月刊第 1 卷第 7 期，1935 年 3 月 1 日，第 2 - 3 页。
② 邓实：《古学复兴论》，《国粹学报》第 9 期，1905 年 10 月 18 日，第 4 页。
③ 曹朴：《国学常识·概说》，上海：文光书店 1948 年第 2 版，第 15 页。
④ 孙德谦：《国学研究法（续）》，《大夏周报》第 10 卷第 30 期，1934 年 6 月 24 日，第 148 页。

用以养成东亚伟大文明之国民，外而欲使国学发扬为世界之学。"① 王皎我也提出国学"向外有新的发展""向内亦有不少新的发展"。② 根据两人所论，所谓"内""外"即国内、国际。仔细比较，两人的观点稍有差别：一是叶秉诚强调"国学之效用"在国内、外的发挥、发扬；而王皎我更强调创新，即强调国学于内与外都要有新的发展。二是两人所指的国学在"外"的发展任务的承担主体有所不同。在叶秉诚看来，国学向"外"发扬所依靠的是国内的学者们，方法就是要"兼通西学以为之导"③；而在王皎我看来，国学向外的发展及创新所主要依靠的是外国学者。他认为，自"五四"以来，国外对中国国学的学习研究正在不断加深，此表现为以下几个方面：一是"外国人介绍到他们本国去的中国书"，多是"加以整理过的，不再像以前马马虎虎毫不检点毫无系统胡乱介绍"了。同时，在"外国各书局所发行的中文书籍（如《中国语自修读本》等）、中文期刊或关于中国文化的期刊日有所增"。二是欧美各国大学普遍加强对中国国学的教学研究，或是增设中国国学讲座，或是增设中国语言系，或是与中国大学磋商交换教授等。三是"到中国留学的外国学生一天比一天多起来"，加之外国大学多增设了中国语言系，"自然慢慢的能有不少的外国大学生可以直接阅读中文的书籍"。④ 以上所论，确有相当新意，我国的国学创新不能只是局限于国内范围，国学跨出国门也不能只靠中国学者的力量。外国学者参与中国学术的研究，既有助于提高中国学术在国际上的地位，也有助于推动国学的创新发展。

关于向内开新，王皎我也提出一些颇有新意的观点。如在方法上，他主张研究国学者要勇于将"自己研究出来的成绩让大家来赏鉴，兼资提倡研究国学的兴趣"；在材料上，既要重视考证、经史，还要留心从"现有的人民生活中和所存留的事物中考察出所需要的材料来"。王皎我还特别强调国学发展要注意"与时代所发生的关系"。他认为，"现时代的重心就是国民革命"，国民革命与国学有着连环的关系并能"赞助"国学的发展：

① 叶秉诚：《复宋芸子论国学学校书》，《重光》第 2 期，1938 年 1 月 15 日，第 47 页。
② 王皎我：《中国国学在国际上的新地位及其最近之趋势》，《青年进步》第 114 期，1928 年 6 月，第 80 页。
③ 叶秉诚：《复宋芸子论国学学校书》，《重光》第 2 期，1938 年 1 月 15 日，第 48 页。
④ 王皎我：《中国国学在国际上的新地位及其最近之趋势》，《青年进步》第 114 期，1928 年 6 月，第 79 - 80 页。

"国民革命的领袖孙中山先生所提倡的三民主义五权宪法，我们大家及孙先生自己都承认是参和东西洋的学说、中外特具之精神和依据中国的状况而成的。从这一点就很容易明显地看出中国国学对于国民革命的基本原理同方法的关系了。在戴季陶所著的《孙中山之哲学的基础》，周佛海的《中山思想概观》，王治心编著、范丽海校订的《三民主义在中国文化之根据》诸书中讲得更为详尽。若就最近各方面来看，国民革命不但是根本与国学有衔接的连环的关系，更可以说是积极的赞助国学的发展。"① 将国学发展与时代思潮流变联系起来考察，这就将国学的发展视为一个随时代流变而不断创新发展的过程。王皎我的这一论述拓宽了国学创新发展的思路。

以上从五个方面大致论述了近代国学倡导者在传统文化如何"旧中开新"这一问题上的种种思考。关于这一问题，抗父于 1922 年所撰的《最近二十年间中国旧学之进步》一文中所提出的两个观点也很值得重视，现列于下，可作为以上五个方面的补充。

（1）重视"古器物古书籍之发见"可推进"中国旧学之进步"。关于这一点，作者有如下论述："自来学术之兴，无不本于古器古书之发见。有孔壁经传之出，而后有两汉以来古文家之学，有赵宋古器物之出，而后有宋以来古文字古器物之学。惟汲冢竹简发见后，未几即遭永嘉之乱，于学术上乃无甚结果耳。"在他看来，历史上每一次古器物、古书籍的发现，都将"旧学"研究往前推进了一大步，而"此二十年中，古器物古书籍出世之最盛时代也"。他还列举了"此二十年中"古物古籍发现的四项成就：一是殷墟之甲骨文字；二是敦煌及西域诸城之汉晋木简；三是敦煌千佛洞之六朝唐人所书古籍；四是内阁大库之宋元刻本并明以后史料。②

（2）"新出之材料"还需要与"研究"并行，方可推进"新研究之进步"。如果说"古器物古书籍之发见"是第一步，第二步就应该在研究中努力"发见旧材料与新材料间之关系"，以图"解决数千年未决之问题"。在研究方法上，抗父特别推崇王国维，认为其重要的学术贡献在于二重证据法，即善于运用"地下之新材料"与古文献记载相量印证，"于乾嘉以

---

① 王皎我：《中国国学在国际上的新地位及其最近之趋势》，《青年进步》第 114 期，1928 年 6 月，第 81 页。
② 抗父：《最近二十年间中国旧学之进步》，《东方杂志》第 19 卷第 3 号，1922 年 2 月 10 日，第 33 - 34 页。

来纸上之旧学，及近时土中之新学问，确得其根本之结合与调和"。为说明问题，抗父对王国维的研究方法及学术贡献还特别予以详述：

> 王君……就经传之旧文与新出之史料，为深邃绵密之研究，其于经史二学，裨益尤多。兹举其重要者：商自成汤以前，绝无事实，《史记·殷本纪》惟据《世本》书其世次而已。王君于卜辞中发现王亥、王恒之名，复据《山海经》《竹书纪年》《楚辞·天问》《吕氏春秋》中之古代传说，于荒诞之神话中，求历史之事实，更由甲骨断片中，发现上甲以下六代之世系，与《史记》纪表颇殊，真古今所不能梦想者也。又《书序》《史记》均谓盘庚迁殷，即是宅亳。罗君引古本《竹书》，谓殷为北蒙即今彰德。王君于《三代地理小说》中证成其说，遂无疑义。又王君之《殷周制度论》，从殷之祀典世系，以证嫡庶之制始于周之初叶，由是对周之宗法、丧服及封子弟、尊王室之制，为有系统之说明。其书虽寥寥二十叶，实近世经史二学上第一篇大文字。①

虽然近代国学倡导者对"旧中开新"有种种设想与论述，但在具体实践中"旧中开新"实难尽人意。一些所谓的开新无非是"将从前的旧观念再糊上一层新思想。表面上虽然好看，里面仍是腐败不堪。有时新思想与旧观念相战，其结果虽是新思想战胜，但是旧观念仍握有指挥行为的最高命令权"。② 与这种旧观念"糊上"新思想的所谓开新不同，有的所谓开新则是对西方文化的抄袭照搬，即便激进如新文化运动中的健将对"新"的呼唤与追求，细思起来，也无非是拾西方文化唾余，在"新文化"的真正构建上并无太多建树。1921 年，王光祈在评论新文化运动时曾说："近来吾国文化运动虽十分热闹，但是在欧洲人眼光看来，亦不过是抄袭欧洲学说，小儿开始学步罢了，还不能减少他们轻视的程度。我以为要抬高现在中国民族的人格，最好是自己能创造新文化以贡献于世界。"③ 遗憾的是，王光祈对怎样"创造新文化"并无过多的论述。

究其根本，中国传统文化"旧中开新"这一问题在近代中国的产生与

---

① 抗父：《最近二十年间中国旧学之进步》，《东方杂志》第 19 卷第 3 号，1922 年 2 月 10 日，第 37 - 38 页。引文中"王君"指王国维，"罗君"指罗振玉。
② 王光祈：《旅欧杂感》，《少年中国》第 2 卷第 5 期，1920 年 11 月，第 32 页。
③ 王光祈：《旅欧杂感（续）》，《少年中国》第 2 卷第 8 期，1921 年 2 月 15 日，第 63 页。

提出，主要是源于时代的演化与变迁。当古老的中国文化面临以科学为主要特征的近代西方文化的冲击时，不管是西方学者，还是中国的知识分子，都对中国文化本身产生了浓厚的兴趣，只不过两者关注的旨趣不同：站在文化强势即侵入一方的西方知识分子关注的是中国文化的特征，即"中国文化是什么"的问题，对这种问题的思考本身就带有居高临下的文化态度；站在文化弱势即被侵入一方的中国知识分子主要关注的则是自我文化的存续及如何借西学改造中学的问题。时人在论及此点时说："各国往往树中国学之名以研求中国文化之特质，国人亦多穷搜旧籍，而以新方法董理之，不惟阐扬我固有之文化，亦且由先哲数象之考索，以与近世科学相发明。"① 不管是西方学者对"中国学"的研求，还是中国学者用"新方法"对中国"固有之文化"的梳理研究，都必将为中华传统文化注入新的文化元素，并助力中华传统文化的不断创新与发展。

---

① 陈训慈：《国学用书举要后记》，《浙江图书馆月刊》第 1 卷第 10 期，1932 年 12 月 31 日，第 42 页。

第三章　近代国学思潮与中国学术文化史的重新梳理

　　近代中国的国学思潮以复兴"国学""古学"相号召，就必然涉及中国传统学术文化流变的梳理问题。近代国学论者在倡言国学时或多或少会论及中国学术文化的发展流变，并由此向读者传达其学术立场乃至政治倾向。作为国学倡导者，他们在对中国传统学术史的梳理中处处体现出国学思潮的特征：其一，他们在强调复兴古学的同时又强调对外学习（特别是对西学的学习），多将中国学术文化史的发展视为一个与外来文化不断冲突交融的过程。在这个过程中，中国学术文化的主体地位并未因外来文化的冲击而动摇。其二，他们从一开始就将国学复兴与欧洲文艺复兴联系起来。他们以欧洲文艺复兴来类比近代中国的国学复兴，并试图在对中国传统历史文化演化的梳理中去发掘"文艺复兴"的因素。其三，近代国学倡导者多推崇儒学，他们在梳理中国学术文化史或国学流变史时也多将儒学视为中国学术文化史发展的主线。总体来看，近代国学倡导者对中国学术文化史的种种梳理，其根本目标都是以"国学"激起国人对于中国学术文化的自豪感，以保学促进保国。

　　"国学"是近代中国学者从日本引入的一个外来词，以一个近代外来概念倒梳中国古代学术文化，稍有方枘圆凿之感。加之近代国学论者对"国学"的说法各一，除了"国学"的提法外，其他还有"国粹""旧学""古学""国故""自有文化""中国文化""东方文化"等提法，故要完整、系统呈现近代国学论者对于中国学术史的梳理及相关内容是一件不易把握的事情。在本章的论述中，笔者主要选取了中外文化交融、古学复兴、儒学流变等几个角度来探析近代国学论者对中国学术文化史，特别是对国学流变史的梳理方式及特征，以期增进对中国近代国学思潮的认识。

第一节　中国学术文化史是一部中外文化交融史

　　张树瑺在《国学今后之趋势》中论及国学思潮兴起的原因时说："近年我国学者，因输尽欧美学术，无补于神州危弱之局，穷途知返，遂有复兴国学之企图。"① 这段文字所论以国学思潮兴起的原因为中心，却也道出了近代以来欧美学术大量输入中国的现实状况，这种状况正是近代中国国学思潮兴起的大背景。

　　与彻底的文化保守主义者不同，近代国学倡导者在倡导复兴古学时对西学并不排斥。他们一方面能正视西学在中国广泛传播并被接受的现实状况，恰如张树瑺所言"西学深入，已为无可否认之事实"②。另一方面又认为要警惕外来文化的冲击。宫廷璋对此曾有如下论述："中国立国数千年，时受外来文化之鼓荡激动，而国粹屹然未蹈危机。今日西化，如潮东渐，吾人图自保，其可嬉然坐视，不自取旧文化一振刷而光大之乎？且文化以相摩相吸而后能结奇葩，放异彩。"③ 宫氏这段话表达了一个很重要的理念：中国数千年的历史就是一部不断受到外来文化冲击的历史，中国文化正是在与外来文化的交融汇合中不断获得新的生命力。

　　正是以文化融合为划分标准，宫廷璋将中国文化发展史大致分为三段："中国周末南方与北方之思潮合，而产秦汉以后之中国文化，后又与印度文化合，而成今日之东方文化，其结果蔓延于东亚各国。今东西文化又相接矣，整理中国文化以与欧洲文化调和混合，则世界文化必将焕然一新。"④ 与宫廷璋观点相近，范丽诲也持类似的文化调和观：

　　　　吾国文化，周秦以来，为南北之大调和，六朝以来，为东西（指印度哲学）之大调和。一度调和，必昌盛而发达，故南北调和之结果，为两汉之经学，绵绵千余年，至唐中叶而始衰，伏流而复兴于

　　① 张树瑺：《国学今后之趋势》，《国光杂志》第 12 期，1935 年 12 月 16 日，第 1 页。
　　② 张树瑺：《国学今后之趋势》，《国光杂志》第 12 期，1935 年 12 月 16 日，第 6 页。
　　③ 宫廷璋：《以科学方法整理国故其步骤若何》，《民铎杂志》第 4 卷第 3 号，1923 年 5 月 1 日，第 3 页。
　　④ 宫廷璋：《以科学方法整理国故其步骤若何》，《民铎杂志》第 4 卷第 3 号，1923 年 5 月 1 日，第 3 页。

清。东西调和之结果，为宋之理学，亦绵绵七百余年，至清之中叶，汉学复兴而始衰，其支流余裔犹在也。清之一代，为南北与东西古代两大文化潮流之结束，而为输入欧美新文化之起点，如印度哲学之在六朝及初唐时，虽已亲迎，而尚未胖合。新妇三日，待以客礼，顾世界潮流，愈后愈速，断不必如印度哲学得子之迟。自后汉以逮宋初，氤氲涵育，几一千年。则欧亚文化调和之结果，而产生最新之中国文化，其期殆不远也。①

宫廷璋、范皕海都是以文化融合为标准将中国文化发展历程分为南北文化相合、中印文化相合、中欧文化相合三个阶段。他们所分的这三个阶段与梁启超在《中国史叙论》中将中国历史文化的演进分为"中国之中国""亚洲之中国""世界之中国"三个阶段颇为相似并大致对应。

梁启超的《中国史叙论》发表于1901年。1902年，梁启超在《论中国学术思想变迁之大势》一文中再次阐发了他关于中国文化发展三个阶段的观点：

> 我中华当战国之时，南北两文明初相接触，而古代之学术思想达于全盛；及隋唐间与印度文明相接触，而中世之学术思想放大光明。今则全球若比邻矣，埃及、安息、印度、墨西哥四祖国，其文明皆已灭，故虽与欧人交，而不能生新现象。盖大地今日只有两文明：一泰西文明，欧美是也；二泰东文明，中华是也。二十世纪，则两文明结婚之时代也。②

若将梁启超的这段文字与宫廷璋、范皕海等人的相关观点稍作对比，不难看出宫、范二人的相关观点大致脱胎于前者。梁启超是近代中国较早倡导国学的学者，他的诸多主张在当时产生了广泛的影响。他关于中国历史文化发展三段论的观点为宫廷璋、范皕海等诸学者呼应认同，这一思潮也反映出近代中国学人对文化兼容并包在中国文化发展流变中重要性的强调与普遍认同。

一般而言，历史学者对历史文化流变规律的总结更多是为了表达其本人对当下社会及文化发展的看法。梁启超、宫廷璋、范皕海等近代国学倡

---

① 范皕海：《我之国粹保存观》，《青年进步》第26册，1919年10月，第11页。
② 梁启超：《论中国学术思想变迁之大势》，《饮冰室合集》文集之七，中华书局1989年影印本，第4页。该文自1902年3月起陆续发表在《新民丛报》"学术栏"，署名为"中国之新民"。

导者对中国历史文化发展脉络及规律的梳理，一定程度上表达出他们对中国文化发展方向的个人理解与期待。在他们的历史文化梳理中，中华文化自产生以来就有着强大的生命力，中华文化的发展流变离不开对不同文化的兼收并蓄，不管是中华文化内部还是中华文化与外来文化的每一次碰撞融合都极大地推动了中华文化的发展。近代中国虽面临西方文化的冲击，但从中华历史文化的发展规律来看，中华文化不仅能抵御外来文化的冲击，而且能在与外来文化交融互通的过程中实现中华文化的又一次腾飞。

在近代国学倡导者看来，兼收并蓄是中国学术文化自有的一种能力及文化基因。不管是梁启超关于中国学术发展历程中"中国之中国"阶段的论述，还是宫廷璋、范皕诲关于周秦时期南北文化相合阶段的论述，都是强调中国文化在未遭遇外来文化冲击时自我内部不同文化之间兼容调和的能力，意在突出这种能力是中国文化自有的一种文化特性。这种特性可以促使中华民族内部不同文化之间的融合，也可使中华文化在面临外来文化冲击时具有融合外来文化的能力，能化解外来文化冲击的风险并推动中外文化之间的融合。正是基于这种认识，王易认为，西学不足畏惧，从中国学术发展史来看，西学必将为中学所同化，近代中国必能化解西学的冲击。在他看来，中国文化具有"且进且守"的特征，能担当起融会中西的重任："今人恒言：'今后世界文化，必东西握手所得之文化也。'所谓东方文化者，舍印度与中国谁属？而能汇二者而形成东方之特色者，则惟中国耳。近人梁漱溟论东西文化。析为三派：西方进取，印度退守，中国则且进且守，而异日必有甚盛之一日。此其言虽近执一，然征诸进化之迹，不尽诬也。世宙之演进。固赖进取，然艰阻随在有之。譬诸行军，进不知守，则或时而挠；守不知进，则终归于敝。必也以进为的，以守为权，而后利集而害去。此中国之道，不利于物竞剧烈之时，而足为互助安辑之用，且终以翼成世界大同之治者也。"① 王易此处所言的"进"就是中华文化兼容中西并推动"世界文化"发展的一种态度与能力。

需要指出的是，近代国学倡导者所言的文化兼容是不同文化间的相互调和、融合而绝非不同文化之间的并列混合。高旭在《学术沿革之概论》中就特别强调文化"调和"与"混合"的不同之处。他认为：不同文化即

---

① 王易：《国学概论·导言》，王四同编：《大家国学·王易卷》，天津：天津人民出版社2008年版，第4页。

便共处一室而无调和，就只能算"混合"。如在两晋南北朝时期的"佛老混合时代"，儒、道、释并存，然"惜乎无巨力深识之彦，收拾三教之精英于一炉中以冶之，铸成光明异样、灿烂鲜明之学风，为前古虽未有，此则六朝时代之大缺点也"。作者于此还叹息："故虽混合三教，而终不能产生出一新学术，使历史黯然无色，可不令人浩然兴叹。"① 在作者看来，宋代理学所取得的成就与儒、道、释三家的融合有关："当时理学，虽称以儒为归，实乃包括佛、老而有之，夫包括佛、老，乃宋儒学术之大进步。"② 高旭在此文中还提出一个很重要的观点：一国文化的发展不仅需要兼容吸收他国文化，还需要注意对自有文化的保存与坚守。他认为，一味学习他国文化以"开新"或一味"守旧"均不足取，"吸收与保存两主义并行"才是应取之道。③

第二节　中国学术文化史是一部古学复兴史

近代中国的国学倡导者在倡导国学之初就将国学复兴与欧洲文艺复兴联系起来。他们以欧洲文艺复兴来类比近代中国的国学复兴，并试图在对中国传统历史文化的梳理中去发掘"文艺复兴"的因素。④

1902 年，梁启超在《新民丛报》发表《论中国学术思想变迁之大势》。他在文中提及："夫泰西古学复兴，遂开近世之治。"⑤ 他在此文中将清代称为"古学复兴时代"并将清代学术的发展分为四期，认为清朝学术的发展就是步步复兴古学：

> 本朝二百年之学术，实取前此二千年之学术，倒影而缫演之，如剥春笋，愈剥而愈近里，如啖甘蔗，愈啖而愈有味，不可谓非一奇异之现象也。此现象谁造之？曰社会周遭种种因缘造之。凡一社会之秀

---

① ② ③　高旭：《学术沿革之概论》，《醒狮》第 1 期，1905 年 9 月，第 39 - 40 页。

④　清末学人在介绍文艺复兴时，最为常用的当数"古学复兴"一词。该词在 20 世纪初先后被梁启超、马君武提及，后被国粹派广泛使用。参见俞祖华：《欧洲文艺复兴的引介与近代中国民族复兴思想》，《天津社会科学》2015 年第 6 期，第 149 页。

⑤　梁启超：《论中国学术思想变迁之大势》，《饮冰室合集》文集之七，第 97 页。在此文中，他有时又将"泰西古学复兴"称为泰西"文学复兴"，见梁启超：《论中国学术思想变迁之大势》，《饮冰室合集》文集之七，北京：中华书局 1989 年影印本，第 86 页。

异者，其聪明才力必有所用。用之于一方既久，则精华既竭，后起者
无复自树立之余地，故思别辟新殖民地以骋其脑识。宋学极盛数百
年，故受以汉学；汉学极盛数百年，故受以先秦。循兹例也，此通诸
时代而皆同者也。①

梁启超对他所划分的清代学术四个时期有如下详述：第一期在顺康
间，学术研究重在程朱陆王问题。第二期在雍乾嘉间，学术研究重心转至
汉宋问题。出现这种转换的原因是："霸者之所以监民也至严，学者用其
聪明才力于他途，或将以自焚，故不得不自锢于无用之用，此惠、戴所以
代朱、王也。"第三期在道咸同间，学术研究重心又转至今古文问题。当
时今文经学研究盛行的原因是："天下渐多事，监者稍稍弛，而国中方以
治经为最高之名誉，学者犹以不附名经师为耻，故别出一途以自重。"第
四期在光绪间，学术研究重心在孟荀问题和孔老墨问题。"世变日亟，而
与域外之交通大开。世变亟，则将穷思其所以致此之由，而对于现今社会
根本的组织，起怀疑焉；交通开，则有他社会之思想输入以为比较，而激
刺之、淬厉之。康、谭一派，所由起也。"时代往前发展，然学术研究则
是步步回归过去。这种回归并非单纯的复古，梁启超认为这种古学复兴充
满了生命力："要而论之，此二百余年间，总可命为'古学复兴时代'。特
其兴也，渐而非顿耳。然固俨然若一有机体之发达，至今日而葱葱郁郁，
有方春之气焉。吾于我思想界之前途，抱无穷希望也。"②

1920 年，梁启超写成《清代学术概论》，对《论中国学术思想变迁之
大势》中的"古学复兴"思想作了进一步的阐述。梁启超这篇长文有三点
值得注意：一是他将清代的古学复兴视为一种时代思潮。在文章开头，梁
启超即提出自己的观点："'清代思潮'果何物耶？简单言之，则对于宋明
理学之一大反动，而以'复古'为其职志者也。其动机及其内容，皆与欧
洲之'文艺复兴'绝相类。"③ 二是梁启超在此文中提及自己十多年前所写
的《中国学术思想变迁之大势》并对其中的观点进行了调整："余于十八

① 梁启超：《论中国学术思想变迁之大势》，《饮冰室合集》文集之七，北京：中华书局
1989 年影印本，第 102 页。
② 梁启超：《论中国学术思想变迁之大势》，《饮冰室合集》文集之七，北京：中华书局
1989 年影印本，第 102 – 103 页。
③ 梁启超：《清代学术概论·自序》，《饮冰室合集》专集之三十四，北京：中华书局 1989
年影印本，第 3 页。

年前，尝著《中国学术思想变迁之大势》，刊于《新民丛报》，其第八章论清代学术，章末结论云：此二百余年间总可命为中国之'文艺复兴时代'，特其兴也，渐而非顿耳。"① 梁启超在这里虽是重述旧文，但他在重述中对旧文稍有调整，即他将《中国学术思想变迁之大势》中的"古学复兴时代"修改为"文艺复兴时代"。"中国之'文艺复兴时代'"的提法是直接将近代中国的古学复兴与欧洲文艺复兴相类比，作者试图通过学术史的重新梳理以求思想解放的目的跃然纸上。三是梁启超将清代学术发展分为四段（步）来说明清代学术以"复古""复兴"为"职志"：

> 综观二百余年之学史，其影响及于全思想界者，一言蔽之，曰"以复古为解放"。第一步，复宋之古，对于王学而得解放。第二步，复汉唐之古，对于程朱而得解放。第三步，复西汉之古，对于许郑而得解放。第四步，复先秦之古，对于一切传注而得解放。夫既已复先秦之古，则非至对于孔孟而得解放焉不止矣。然其所以能著著奏解放之效者，则科学的研究精神实启之。②

他的这一分期方式与他在《论中国学术思想变迁之大势》中的分期法相较虽无多少差别，但于古学"复兴"之外更强调思想"解放"的意义。

与梁启超仅从清代二百余年学术文化发展历程的梳理来展现古学复兴与"中国之'文艺复兴时代'"不同，邓实则从与欧洲文艺复兴类比的视角来梳理整个中国历史文化发展的历程。

邓实在 1905 年发表的《古学复兴论》一文中将亚洲古学复兴视同为欧洲文艺复兴："十五世纪，为欧洲古学复兴之世，而二十世纪，则为亚洲古学复兴之世。夫周秦诸子，则犹之希腊七贤也。土耳其毁灭罗马图籍，犹之嬴秦氏之焚书也。旧宗教之束缚，贵族封建之专制，犹之汉武之罢黜百家也。"③ 为了说明与论证他的这一论断，邓实将中国学术史划分为三大阶段：

第一阶段，周秦之际，诸子之学与希腊学派相互辉映："考吾国当周

---

① 梁启超：《清代学术概论·自序》，《饮冰室合集》专集之三十四，北京：中华书局 1989 年影印本，第 3 页。

② 梁启超：《清代学术概论》，《饮冰室合集》专集之三十四，北京：中华书局 1989 年影印本，第 6 页。

③ 邓实：《古学复兴论》，《国粹学报》第 9 期，1905 年 10 月 18 日，第 1 页。

秦之际，实为学术极盛之时代，百家诸子，争以其术自鸣。如墨荀之名学，管商之法学，老庄之神学，计然白圭之计学，扁鹊之医学，孙吴之兵学，皆卓然自成一家之言，可与西土哲儒并驾齐驱者也。夫周秦诸子之出世，适当希腊学派兴盛之时（希腊学者如苏格拉底、柏拉图、芝诺、亚里士多德，皆生周末元考安显之间）。绳绳星球，一东一西，后先相映，如铜山崩而洛钟应，斯亦奇矣。"①

第二阶段，自汉至明，诸子之学衰落。诸子之学为何在春秋之后走向沉寂？邓实将原因归于专制。邓实如此梳理春秋后的学术走向："我周末诸子，本其所得，各自为学，波谲而云诡，不可谓非吾国学术史一代之光矣。学之衰也，其自汉武之罢黜百家乎。夫汉武用董仲舒之言，尊儒术而表章六经，则亦已矣。诸子之学，其为神州之所旧有者，听其自存自灭可也，奈何而竟用专制之术，尽绝其道乎？此君子所以不恨于秦火之焚烧，不恨于咸阳之一炬，而独痛恨于天人三策之所陈为无道也。自是以后，诸子之学，遂绝于中国。义疏于隋唐，性理于宋元，帖括于明代，学术之途，愈趋愈狭，学术之传，日远日微。"②

第三阶段，自明季迄近代，西学逐渐传入中国。与之相应，中国古学亦逐渐复兴。邓实所以要专列西学传入中国这一段，是因为他认为：我国自汉至明，长期处于无学状态。学以立国，无学则无国。如要重新立学立国，则需引入外学。"本国无学，则势不能不求诸外国。而外学之来，有其渐矣。"

邓实还特别对明朝以来西学渐次传入中国的过程进行了梳理："考西学之入中国，自明季始。利玛窦诸人，接踵东来，……而西方之学术，于是大输于中华。"在西学输入中国的同时，中国"旧有之古学亦渐兴。乾嘉以还，学者稍稍治诸子之书。……道咸至今，学者之爱读诸子，尊崇诸子，不谋而合，学风所转，各改其旧日歧视之观"。

邓实还专门阐释了道咸以来西学输入与诸子学并兴的原因：一是诸子之学与西学有契合之处。"诸子之书，其所含之义理，于西人心理、伦理、名学、社会、历史、政法，一切声光化电之学，无所不包，任举其一端，而皆有冥合之处，互相参考，而所得良多。故治西学者，无不兼治诸子之

① 邓实：《古学复兴论》，《国粹学报》第9期，1905年10月18日，第2页。
② 邓实：《古学复兴论》，《国粹学报》第9期，1905年10月18日，第2页。

学。"① 二是西学的传入打破了儒学定于一尊的地位，引发了学者对儒学之
外的诸子学的关注。我国自汉以来，"儒教定于一尊，传之千余年，一旦
而一新种族挟一新宗教以入吾国，其始未尝不大怪之，及久而察其所奉之
教，行之其国，未尝不治，且其治或大过于吾国，于是而恍然于儒教之外
复有他教，六经之外复有诸子，而一尊之说破矣。……孔子之学，其为吾
旧社会所信仰者，固当发挥而光大之；诸子之学，湮殁既千余年，其有新
理实用者，亦当勤求而搜讨之。夫自国之人，无不爱其自国之学。孔子之
学固国学，而诸子之学亦国学也"②。邓实于此所言的"古学复兴"主要指
诸子之学的复兴，诸子之学的复兴自然意味着"儒教定于一尊"地位的动
摇，邓实于古学复兴中求思想解放的用意十分清晰。

梁启超、邓实诸人将近代中国的"古学复兴"与欧洲的文艺复兴相类
比，并以"古学复兴"为脉络来对近代乃至古代以来中国的学术文化历史
进行梳理，一方面表现出他们对古学复兴的无限信心，另一方面也可看出
他们力求于古学复兴的梳理中寻得思想解放的渴望与期待。

第三节　中国学术文化史是一部文化演进及创新史

其实，即便不将"古学复兴"与文艺复兴相联系，近代国学论者也努
力在中国学术文化流变中发掘文化创新的因子，将中国学术文化的发展视
为一个不断演进、创新的进程。其中以傅佛崖、钱穆的观点及实践较具代
表性。

傅佛崖在《研究国学之宗旨》中将中国文化视为一个"随时代而演
进"的过程，视中国学术文化史为一部不断"演进"的历史。对于这一观
点，他还从对中国文化史的具体梳理中予以阐述：

中国文化，日进无疆，是古非今，悉为证见。孔子不云乎："殷
因于夏礼，所损益，可知也；周因于殷礼，所损益，可知也。其或继
周者，虽百世，可知也。"观历代之损益，非即文化之演进乎？商鞅
亦曰："汤武不循古而王。夏殷不易礼而亡。反古者不可非，而循礼
者不足多。"是法家学说，间同儒家，而更为恢奇者矣。……荀子之

---

①② 邓实：《古学复兴论》，《国粹学报》第 9 期，1905 年 10 月 18 日，第 3 页。

弟子韩非、李斯，号称法家，亦传师说。韩非曰："今有构木钻燧于
夏后之世者，必为鲧禹笑矣；有决渎于殷周之世者，必为汤武笑矣。
然则今美尧舜鲧禹汤武之道，于当今之世者，必为新圣笑矣。是以圣
人不期修古，不法尚可。"李斯曰："五帝不相复，三代不相袭，各以
其治。非其相反，时变易也。……诸生不师今而学古，以非当世，惑
乱黔首。"①

　　傅佛崖于此通过从夏商周至秦汉时期文化发展的梳理，指出中国文化
的发展是一个不断创新发展、日进无疆的进程。需要注意的是，作者在论
及中国文化的演进创新时还特别提出了如何考察中国文化"随时代而演
进"的具体方法：一是可由文字考察古代社会之演进。为说明问题，作者
还特别举例说明："如'夏'，说文：'夏，中国之人也。从父，从页，从
臼。臼，两手；父，两足也。'……夏又引申为大。尔雅释诂：'夏，大
也。'说文：'大象人形。'是则堂皇大哉，中国之人也！足以表现古时中
夏自尊之心理矣。至其祀外国，则有蛮闽狄貉之称。'蛮'，说文云：'南
蛮，它（今蛇字）种，从虫。……''闽'，说文：'东南越，它种。从
虫。门声。''狄'，说文：'北狄也。本犬种。从犬，亦省声。''貉'，说
文：'南方貉，豸种也。从豸，各声。'此可见古时轻视外人之心理。证以
今日种族之混合，与夫社会之进化，不禁哑然失笑也。此皆由文字以考察
社会之演进也。"② 二是由经史古籍可察文物制度之变迁。作者还具体举
例："如读三礼、（《周礼》《仪礼》《礼记》）九通、宋徐天麟《两汉会
要》、宋王溥《唐会要》，及《五代会要》诸书，即可知历代之文物制度
是也。"经过以上一番论述，作者得出如下结论："先察文字，后考典章，
文化演进，即瞭然在目，求学准的，其在兹乎！"③

　　近代中国学人在论及中国学术文化演进创新这一问题时多是泛泛而
论，少有可供具体操作、实践之论。作者于此列出的两条途径从具体内容
上看虽无太多新意，但他从方法论的角度提出考察中国文化创新演进的具
体方法，于中国文化发展及创新的理解与实践有一定启发意义。

　　钱穆的《国学概论》于1931年5月由商务印书馆出版。该书在结构
上"不以四部编论国学为然，而主以分期为论述之方法"，主要"叙述二

---

① 傅佛崖：《研究国学之宗旨》，《正中》半月刊第1卷第7期，1935年3月1日，第1—2页。
②③ 傅佛崖：《国学研究之宗旨》，《正中》半月刊第1卷第7期，1931年3月1日，第2页。

千余年来之国学主要潮流"，意在"使学者得识二千年来本国学术思想界流转变迁之大势"。① 全书从孔子写起，分十章按历史发展脉络叙写中国学术史。全书最后一章以"承旧"与"创新"收束，可见作者在梳理中国学术思想演进历程时对"创新"的重视。时人在论及该书最后一章时，曾有如下点评：

> 卒章最近期之学术思想，析此二十年中为承旧之部，创新之部。承旧者，承清儒穷经考古之遗而稍变其面目也。其间又分为诸子学之发明，甲骨文之考释，古史之怀疑等三端。所谓创新，则谓自道咸以后士大夫之谈洋务以至民五以来之新文化运动也。末殿以孙中山先生之三民主义，推为最近期出于"救国保种"的学术思想之特色云。其观察之锐敏，立论之不颇，诚未易多得。②

纵观中国学术思想发展历程中的每一个阶段，既应对过往学术"承旧"，也应在"承旧"的基础上有所"创新"。"承旧"、"创新"，再"承旧"、再"创新"，如此循环向前，推动着中国学术文化不断演进、发展。由此视角观察，中国学术文化史就是一部文化演进及创新史。

第四节　中国学术文化史主要是一部儒学发展史

细查近代国学倡导者的相关论述，会发现他们在梳理中国学术文化史或国学流变史时多将儒学视为中国学术史发展的主线，其中以早期国学倡导者邓实为代表。

邓实在《国学通论》中将儒学直接等同于神州之学："神州学术，春秋以前归于神鬼术数，春秋以降归于史，汉以后归于儒，归于儒而无所复归矣。盖自汉以降，神州之教为儒教，则神州之学亦为儒学，绵绵延延，历二千余年而未有变也。"③ 邓实此处所论实际上把自汉以后的中国学术文

---

① 酆：《〈国学概论〉提要》，《浙江省立图书馆月刊》第 1 卷第 3 期，1932 年 5 月 31 日，第 2、6 页。

② 酆：《〈国学概论〉提要》，《浙江省立图书馆月刊》第 1 卷第 3 期，1932 年 5 月 31 日，第 5 - 6 页。

③ 邓实：《国学通论》，《国粹学报》第 3 期，1905 年 4 月 24 日，第 1 页。

化发展史等同于儒学发展史。在《国学通论》中，邓实对清朝以前的中国
学术史大致以朝代为序，即按汉之前、西汉、东汉、三国、晋、南北朝、
隋、唐、宋、辽、金、元、明的顺序进行了梳理。在梳理时，其重点就放
在了儒学的传承与兴衰起落上。[①] 为说明问题，现将邓实的相关梳理简述
如下：

汉之前为儒学兴起阶段。邓实将这一时期分为春秋之前及春秋以降两
个阶段。春秋以前为神鬼术数之学，春秋以降，神鬼术数之学变为百家诸
子，百家诸子后归于儒。春秋时，孔子修订删定六经，"垂六艺之统于后
世，使先王之道，断而复续，闇而复明，孔子之功亦伟矣，其斯为国教之
龙象欤"。孔子之后，儒学继续传承。"孔子没而有子夏，七十子丧而有荀
卿，微言大义，复赖以不绝。由是孔门之六经，虽亡而不亡。余观陈涉之
王也，鲁诸儒持器与俱死。项籍直亡也，鲁诸儒为之死守。绵延以至汉
兴，而诸儒得复其经学，儒术之效，何其远哉？"

西汉时，汉武帝罢黜百家，儒学沦为利禄之学，然"一二经师大儒，
承七十子之微言大义，辛勤补缀，类能通经以致用"。

东汉时，儒学称盛。关于这一时期的儒学发展，邓实引用范晔之语予
以说明："三代以下，儒术之醇，风俗之美，无过于东京。"

三国时，"承汉末儒术之盛，虽稍凌夷，而流风未泯"。

晋朝时，儒学衰弱，"儒学之衰，至晋而极"。这一时期，"国亡于上，
教沦于下，羌戎互僭，君臣屡易，举中国之天下而亡之也"。

南北朝时，永嘉以后，地分南北，学术亦有南北之分。"大抵北儒之
学，好崇实际，故重师法。南儒之学，好言新理，故尚浮夸。"

唐朝时，"唐退周公而祀孔子，尊经师以配庙堂，雠正五经，撰为义
疏，开端创始，举南北五百余年之纷争，一朝大定。后王遵守其制，毋敢
易。自汉至唐，可谓儒学之中兴矣"。

宋朝时，周、张、程、朱等宋儒之学，"度越诸子，而上接孟氏"。

---

① 张树璟在《国学今后之趋势》中也大致按朝代的更替对中国学术史进行了梳理。他认为
"倡明孔道"是中国学术的发展的主线与主旨。正是基于这一看法，他在梳理中国学术史时处处都
突出"倡明孔道"的历史节点及历史人物。如他认为春秋战国为中国学术最鼎盛时期，就是因为
"孔子之学"的创立。又如在论及隋唐时期的学术流变时，他特别突出王通的学术地位，其原因就
在于王通"讲学河汾，窃比尼山，倡三教同源之说，欲纳佛道于儒行之途，其用心之深苦，眼光
之伟大，冠绝古今"。见张树璟：《国学今后之趋势》，《国光杂志》第 12 期，1935 年 12 月 16
日，第 4 页。

辽、金、元时,"夫辽金元皆崛起于朔北,其族本犷野,自主盟中夏,托名卫道,效法先王,兴学崇儒"。

明朝时,儒学又趋衰微。"有明一代学术,亘三百年,而学案百出,语录如海,未闻有以经训家法,卓然成家者。学者以讲章为圣经,以类书为贤传,困守帖括,向壁虚造,经学非汉唐之专精,性理袭宋元之糟粕。科举盛而儒术微,殆其然也。"

邓实在《国学通论》中通过对中国学术发展及儒学历史的梳理,得出这样一个结论:"神州二千年之学术,……大抵以儒家为质干,以六经为范围,舍儒以外无所谓学问,舍六经以外无所谓诗书。"①

邓实在对中国学术发展及儒学历史进行系统梳理的基础上还回答了如下三个问题:

(1)儒学为何成为中国学术主流并主宰神州学术二千年?

邓实对此的回答是:"中国之地理便于农,而儒重农。中国之风俗原于文,而儒重文,中国之政体本于宗法,而儒重君父。则儒教之行中国,固繇乎其地理风俗与政体者矣,此其所以行之二千年,其于人心之微,未有背也。"

(2)以儒学为"国教"的传统中国在二千年的历史中为何未能实现常盛常治?

邓实认为:"神州之天下,自以儒为国教。其过去之历史,则惟汉之东京,唐之开元,宋之庆历、元祐,称至治之世。统二千年观之,率五百年而始遇一治,其治也,亦不过上下数十年间,过此而复归于乱矣。此神州之内,所以屡经圣君贤相名儒杰士仁人君子,辛苦经营,而卒只成一治一乱一盛一衰之局,而所谓一治不复乱,一盛不复衰者,盖未繇梦见也。"古代中国社会的发展为何"不能常盛而常治"?邓实认为这与古代中国"无普及之教育"及"儒学末流之弊"有关:"学在上而未普于下(历代尊儒重道,开学设教,皆人君及在上师儒一部分之事)。故神州无普及之教育,学在利君而不利民(儒者之学,对君言者十之八九,对民言者十之一二)。故下流社会,罕受其益。学在专制而不能包容,故九流诸子,皆归罢黜,而无与比观争胜,是则儒学末流之弊也。"

---

①　邓实:《国学通论》,《国粹学报》第 3 期,1905 年 4 月 24 日,第 2 - 9 页。

（3）儒学之真在哪里？

这个问题实是在第二个问题基础上的继续追问。邓实认为"儒之真之失也盖久矣"。在他看来，"古之儒通天地人曰儒，通经以致用曰儒，而今之儒则训诂词章而已，呷唔呫哔以求爵禄而已"。在邓实看来，儒学发展与中国历史文化发展相生相随，学存则国存，学亡则国亡。晋、宋之亡就是例证："晋之将亡也，弃六经，尚清谭，而晋社邱墟。宋之未亡也，禁道学，兴党祸，而宋以不振。"近代海通以来，中国面临亡国灭种的危机，在这种情形下，求儒之真，兴儒学以救国就显得尤为迫切。儒学之真究竟是什么，邓实虽未给出明确的答案，但他认为，"真"儒学应能担当起"爱国保种""存学救世"的重担。对此他还有一段文学式的阐释："夫儒之真安在？仲尼有言：'诵诗三百，可以授政。'《春秋》经世，先王之志，大易立类族辨物之大经，《春秋》严内夏外夷之大防，小戎则赴敌，秦风则同仇，风雨而不已鸡鸣，岁寒然后知松柏。《语》曰：'士可杀，不可辱。'孔子曰：'朝闻道，夕死可矣。'是则吾儒所以致命遂志杀身成仁，爱国保种，存学救世，不刊之大义也。"①

邓实的《国学通论》发表于 1905 年 4 月。同年 5 月至 6 月，他又在《国粹学报》发表《国学今论》对"本朝"即清朝的学术流变进行了系统梳理。在《国学今论》中他将清朝的学术流变分为顺康之世、乾嘉之世、道咸之世三个阶段。这三个阶段的特征，一是"变"，二是其"变"不离儒学与六经。关于清朝学术的三个阶段及三变，邓实有如此论述：

> 神州学术，至于本朝，凡三变矣。顺康之世，明季遗儒，越在草莽，开门讲学，惩明儒之空疏无用，其读书以大义为先，惟求经世，不分汉、宋，此一变也。乾嘉之世，考据之风盛行，学者治经，以实事求是为鹄，钻研训诂，谨守家法，是曰汉学。方（苞）、姚（姬传）之徒，治古文辞，自谓因文见道，尸程、朱之传，是曰宋学。治汉学者诋宋，治宋学者亦诋汉，此再变也。道咸之世，常州学派兴，专治今文，上追西汉，标微言大义之学，以为名高，此三变也。②

清朝学术虽有"三变"，然自有其不变之处："本朝学术，曰汉学，曰宋学，曰今文学，其范围仍不外儒学与六经而已，未有能出乎孔子六艺之

① 邓实：《国学通论》，《国粹学报》第 3 期，1905 年 4 月 24 日，第 9 页。
② 邓实：《国学今论》，《国粹学报》第 4 期，1905 年 5 月 23 日，第 1 页。

外，而更立一学派也。"① 将"儒学与六经"视为有清一朝学术演变中的主流，这基本是他在《国学通论》中观点的延续。

值得注意的是，在《国学今论》中，邓实还将学术变迁与世运隆衰联系起来，这就使他对清代学术的论述带上了浓厚的政治色彩。在他看来，学兴则世运隆，学衰则世运衰。学术与世运之间的相应关系在顺康之世、乾嘉之世、道咸之世三个阶段有清晰体现：在顺康之世，"天下草创，方以收拾人心为务，文网未密，而明季二三有学君子，得以抱其不事二姓之节，讲学授徒，风厉天下。流风所扇，人人知趋向实学，追汉采宋，不名一家，国家尝收人材之实。故其时民风士习，皆有可观，学术既盛，而世运亦隆"。及至雍乾之世，"天下既定，网罗日密，文字之狱屡起，严立会结社之禁，而晚明讲学之风顿息。于是学者怀抱才慧，稍欲舒衍，举足荆棘，无所于施，则遁于声音训诂无用之一途以自隐，而汉学之名以起，则有一二躁进之士，思获时主之知遇，则效法程朱，博老成持谨之名，以愉愒禄仕，而宋学之名以起。自有汉学、宋学之名，而清学日衰，海内亦稍罢敝矣"。到了道咸之世，"外侮踵至，朝廷方殷外务，无暇致密其文网，诸儒复得侈言经世。以西汉今文之学，颇切世用，易于附会，而公羊家言三世改制之说，尤与变法相吻合，故外托今文以自尊，而实则思假其术以干贵人，觊权位而已。故今文之学出，而神州益不可为矣。盖今文学者，学术之末流，而今文经学盛行之世，亦世运之末流也"。②

《国学通论》论及明朝，《国学今论》专论清朝，两篇文章叠加，正是对汉以后直至清朝的整体的中国传统学术的全面梳理。在这个梳理过程中，邓实突出了儒家的地位，还将儒学兴衰与国势强弱、世运隆替联系起来，这在相当程度上代表了近代中国国学倡导者对传统学术尤其是对儒学的尊崇态度。张树瑛在《国学今后之趋势》中也有类似的阐述："试观过去数千年治乱之故，由孔子之道，以修身明伦为重者，当时郅治，流风犹长，虽有大乱，不及于社会。反是则祸乱相寻，历久不已，六朝五季，乃其前车。即幸而治安，然人心不固，壮士一呼，四海瓦解，如清季是矣。"他还特别以清朝的灭亡来说明问题："清代考证之绝学，虽有功于《六经》，而于觉世明伦体国经野之大端尚少阐发。清末今文学兴，加以欧洲

① 邓实：《国学今论（续）》，《国粹学报》第5期，1905年6月22日，第5页。
② 邓实：《国学今论》，《国粹学报》第4期，1905年5月23日，第1-2页。

自由平等之说，传入中国，康有为因之托改制而言革命，于是忠孝节义之风，受一重大打击。故辛亥革命，岂独汉人，即满人亦无死社稷如明季之盛事矣。此非仅今文家与西学之罪，盖清代考证学派，于道德礼义，相去本远故也。"①

与邓实、张树璜的观点相似，姚光不仅视儒学为国学之真，而且认为儒学的变迁与国势之强弱、世运之隆替有相当关联。在《国学保存论》中，姚光先梳理了儒学的形成与地位的形成："至周代，诸子百家各发明新说，以与他说相竞。当时学术之竞争甚烈，故学术之发达亦以此时为最。而孔子则治六经，修六艺，能集学术之大成，神州之礼俗、政教，至此而大备矣。故孔学之正宗，即国学之真也。"随后，作者又对秦朝至清朝时期国学与国势、世运变迁之间的关系进行了仔细梳理：

> 夫暴秦无道，烧毁诗书，骊山一役，国学扫地，故传至二世而即亡。汉初尊儒术，武帝又罢黜百家，一宗孔子。然所尊者，非儒术之正，所宗者非孔学之真，惟欲假其名以尊时君而已。是以叔申通等，诚卖学之伪儒也。及后王莽篡汉，而颂莽功德者，至十余万人之多，皆因国学式微故也。光武鉴西汉之祸，极力表彰节义，及其季世，朝政昏乱，一二儒生能维持清议，遭党锢而不惧，使国学有一线之延。故东汉虽亡，而后汉能继起也。二晋六朝之时，士尚清谈，释老玄虚之学盛行，国学扫地无遗，以至五胡乱华，神州陆沉，岂不痛哉！唐鉴前代学风之坏，崇尚经术，究心于有用之学，一洗六朝浮靡空谈之弊，是以唐之国威，振于远域。宋虽科举盛行，然胡定安教授湖州时，立经义、治事二斋，以砥砺艺术，朱陆诸大儒，学派虽不同，而皆能以气节相励，以学问相敦，使国学赖以不绝，故胡元入主，而忠义之士前后相望也。有明一代，士皆趋于设科射策，学风极坏，所谓经学，非汉唐之专精性理，袭宋元之糟粕岂不然哉。然其季世，魏阉专政，杀戮禁锢，而东林诸君子能持大义以处事，临大节而不移，风雨如晦，不已鸡鸣，故其亡也，半壁江山，义旗相望，丧君有君，绵绵不绝，久而后亡。而王船山、顾亭林、黄梨州诸先生，又能伸大义

---

① 张树璜：《国学今后之趋势》，《国光杂志》第12期，1935年12月16日，第5－6页。

于天下，义不帝清，流风甚远。①

以上诸人对中国学术史的流变作如此梳理，不只在于说明以儒学为核心的国学与国势、世运变迁隆替之间的关系，更在于说明兴国学与保国之间的关系："我族之能久存于世，因有国学；而国学之盛衰，与国势之强弱，世运之隆替，有极大之关系，是以欲保国，必先保学，岂不然哉！"②兴学可以保国，这正是近代中国学人倡导国学的重要原因。关于这一点，近代国学倡导者的表述很多，如潘博就认为学存即国存："吾中国二千余年，圣哲之所贻授，诸儒之所传述，固已炳然若日星矣。虽其间中更衰乱，或至熄灭，然而二三儒生，抱持保守，卒使熄而复明，灭而更炽。故自三代以至今日，虽亡国者以十数计，而天下固未尝亡也。何也？以其学存也。"③

需要指出的是，虽说大多数近代国学倡导者强调儒学在国学中的尊崇地位，甚至有将儒学等同于国学者，但也有学者持不同看法。

如孙叔谦就反对将"一家之学"视为国学。他在对中国古代学术史进行梳理时，将中国学术分为两段。"春秋之季"为第一阶段，在这一阶段，"儒学与百家并立，各不相下。人民视之，亦无轩轾"。春秋之后的漫长历史岁月为第二阶段，在这一阶段，百家罢黜，"中国惟有儒学，而无国学"。"汉以来之六经，唐以来之诗赋，明以来之八股，以及今日之新技异能，取崇官厚禄，以为宗族交游光宠者，何一非假道于儒术？"孙叔谦何以反对"一家之学"独尊？原因在于他认为："盖睿思幽渺，灵曜精光，皆由竞争而焕发，未有专事一尊，摧挫其心思，桎梏其言语，而尚可以言学术也。"正是由此出发，孙叔谦对"国学"作出如此的定位："国学者，必萃一国之思想学术也。若以一家之思想学术为教，只得曰一家之学，而不可曰国学。"④

与孙叔谦的观点相似，希如也提倡"怀疑"，反对学术独断。他认为

① 姚光：《国学保存论》，《国学丛选》1923 年第 1、2 期。转引自桑兵等编：《国学的历史》，北京：国家图书馆出版社 2010 年版，第 96－97 页。
② 姚光：《国学保存论》，《国学丛选》1923 年第 1、2 期。转引自桑兵等编：《国学的历史》，北京：国家图书馆出版社 2010 年版，第 97 页。
③ 潘博：《〈国粹学报〉叙》，《国粹学报》第 1 期，1905 年 2 月 23 日，第 4 页。
④ 孙叔谦：《国学——致〈甲寅〉杂志记者》，《甲寅》第 1 卷第 4 期，1914 年 11 月，第 33－34 页。

"中国数千年之学术，往往限于独断、怀疑两家"。所谓"怀疑"，即对"独断"的怀疑。他对"怀疑"有这样的解释："怀疑说者，考察踌躇之意也。盖吾人之心灵，自由者也，不能长受制于独断说之下，于是激动而生他种之见地。"由此角度出发，他认为战国的诸子百家也多为"独断派"："战国之时，诸子朋兴，于时学术号称极盛，然所谓持之有故，言之成理者，实皆独断派也。故其时之学者，辄排斥异术，如恐不及。"诸子百家中的特立独行者为庄周，"庄周天资高迈，入理独深，其著书之旨，乃不主独断而务怀疑。其言儒墨之是非，全以怀疑为根据，实为思想自由之嚆矢。"秦汉之时，儒术定为一尊，自此以后，"学术之思想，靡论竺旧开新，殆无不出于独断也"。至前清中叶，士大夫多假汉学为旗帜，沉溺于名物训诂之学，"学术界之蔽塞，至是而达于极端矣"。咸同以降，学术"独断"的情形有所改变。这种改变一是表现为诸子之学的复兴，二是表现为今文经学的兴起。"学者于孔氏所述之六经，无一定不可易之观念，由此而启，实学术界由独断而趋于怀疑之现象也。"作者还提出："怀疑"并非学术发展的终点，由"独断"走向"怀疑"之后，还需"撰定""折中"。所谓"撰定"是指"以谨严之法，检核人间知识之本原与界限，而加之以判断与证明"。所谓"折中"是指"由异派之教义，节取而综合之扩大之者也"。作者之于国学研究的期待就是："用撰定、折中之法式，参之九流百家之术，以蕲进于淑世善群之学。"①

第五节　中国学术文化发展史的起源与分期问题

论及中国学术文化史的分期，首先要讨论中国学术文化的起源问题。中国学术文化的起源是中国学术文化发展分期的历史起点。

关于中国学术文化的起源，近代国学倡导者少有专门论述者，他们只是在论及国学流变时偶有提及。邓实在《国学原论》中将"天人相与之际"视为中国学术的起源："神州学术，其起原多在天人相与之际而已。"②在《国学微论》中，邓实提出了"春秋之前"这样一个看似具体而实无上

① 希如：《论国学研究之法式》，《文史杂志》第5期，1913年7月。转引自桑兵等编：《国学的历史》，北京：国家图书馆出版社2010年版，第117–119页。
② 邓实：《国学原论》，《国粹学报》第1期，1905年2月23日，第1页。

限的时间起点："春秋之前，天下之学，归于鬼神术数。春秋以降，天下之学，归于史官。是故鬼神术数者，神州学术之原也。史官者，神州学术之微也。"① 在《国学通论》中，邓实对此问题又作了进一步的阐述："神州学术，春秋以前归于神鬼术数，春秋以降归于史，汉以后归于儒，归于儒而无所复归矣。盖自汉以降，神州之教为儒教，则神州之学亦为儒学，绵绵延延，历二千余年而未有变矣。"② 通过以上三篇文章，邓实全面展现了他对儒学产生以前的中国学术发展流变过程的看法，其梳理的主旨在"归"，即在儒学产生以前，中国学术先是产生于"天人相与之际"，然后归于鬼神术数，再归于史官，最后归于儒学，然后历二千余年而未变。

与邓实将中国学术的最初兴起定在"天人相与之际"这个虚无的起点不同，姚光将中国学术的起点定在黄帝之时："神州学术，起源多在黄帝之时而已。黄帝植民于黄河流域之上，四征八讨，东至于海，南至于江，西达空桐，北逐荤粥，战胜苗民，驱除异族，遂统一神州，乃制文字，定历象，作乐律，兴医药。神州特别之语言、文字、礼俗、政教，于是起矣。故黄帝之时，神州学术胚胎时代也。"③

张树瑝则把中国学术的起点推后至尧舜之时："中国传中一贯之学，始于尧舜。"④ 倪羲抱也持类似的看法："尝论学术源流，其旨万千，明体达用，则无异道。尧以是传诸舜，舜以是传诸禹，禹以是传诸汤，汤以是传诸文武周公。至于孔子生而祖述宪章，继往开来。孟子私淑诸人，更为七篇。道用益彰，考其微言大义，有偏于爱己者乎？"⑤ 倪羲抱此处对儒道源流的看法与宋学派有关儒学"道统"传承的主张颇有类似之处。

不管是邓实的"归于"儒学说，还是倪羲抱的道统传承说，都是从中国学术史起源及流变的角度强调儒学的地位与重要性。对儒学地位的重视与强调是我们探讨近代中国国学倡导者有关中国学术史分期这一问题时必须留意的一个关键点。

关于近代中国国学倡导者对中国学术文化发展流变的具体分期，上文

---

① 邓实：《国学微论》，《国粹学报》第 2 期，1905 年 3 月 26 日，第 1 页。
② 邓实：《国学通论》，《国粹学报》第 3 期，1905 年 4 月 24 日，第 1 页。
③ 姚光：《国学保存论》，《国学丛选》，1923 年第 1、2 期。转引自桑兵等编：《国学的历史》，北京：国家图书馆出版社 2010 年版，第 96 页。
④ 张树瑝：《国学今后之趋势》，《国光杂志》第 12 期，1935 年 12 月 16 日，第 2 页。
⑤ 倪羲抱：《论爱国为研究国学之本》，《国学杂志》第 2 期，1915 年 5 月，第 1 页。

所论已多有述及。如邓实在《国学通论》中按朝代对中国学术发展流变进行划分并论述，又如梁启超在《中国史叙论》中将中国历史文化的演进分为"中国之中国""亚洲之中国""世界之中国"三段，宫廷璋、范峒诲以文化融合为标准将中国文化发展历程分为南北文化相合、中印文化相合、中欧文化相合三个阶段。限于篇幅，笔者于此对相关的种种说法并不一一列举说明，只列举以下三种具有代表性的说法。

一、按朝代顺序梳理中国学术文化流变

在论及中国学术文化发展的分期问题时，近代国学倡导者多按朝代顺序梳理中国学术文化流变，这是对中国学术文化发展史进行分期的最为简单、明了的方式。这种分期法虽是按朝代顺序梳理，但这种顺序梳理的背后往往潜藏着梳理者的学术观点、政治观点。如邓实在《国学通论》中按朝代顺序对中国学术发展流变进行划分梳理，就力图将儒学变迁与国势强弱、世运隆替联系起来，并由此凸显儒学的作用与地位。为说明问题，下面再举两例。

宫廷璋在《以科学方法整理国故其步骤若何》一文中聚焦中国学术发展史中的"整理国故"问题，并按朝代顺序对我国先贤整理国故的历史进行了系统梳理：

中国古人劳心焦思，用精整理国故者，不可胜数。如孔子删《诗》《书》，正《礼》《乐》，赞《周易》，作《春秋》，自创虽少，而尧、舜、禹、汤、文、武、周公之道，由是集大成，以为后世法。故孔子首治国故，为中国文化第一功臣。然中遭秦火，古学几绝。幸汉文景除挟书之禁，并为群经立博士，于是老师宿儒辈出。或寻坏宅古壁，或发私家秘藏。所得遗经，口授弟子，手镌竹简，厘定章句，考核名物。旧学保存，汉儒之力，曷可泯没？嗣经五胡六朝之乱，中原鼎沸，大道陵夷。赖隋唐诸贤奋臂崛起，缵汉人之余业，成注疏之巨册，其功与汉儒等。不幸五代时，天下骚扰，戎马仓皇，弦诵之声不作。又赖宋程朱、明王陈之徒起而昌明义理，探究精蕴。虽两派意见微殊，而功效同归。清代初设博学鸿词，复张汉帜，致力考据，繁征曲引，所造宏深，回顾汉儒，殆有后来居上之概。迄清末王闿运、

> 康有为等，各出新见解经，竟成政变。是故整理国故堪为后学矜式
> 者。夫国故经数千年之久，数万人之众，凤夜钻研，至死不懈，始获
> 绵延至今日。①

作者于此突出"整理国故"并以之作为主线对中国学术流变史进行梳
理，就在于他认为中华文化之所以能代代相传、弦歌不绝，主要得益于历
代先儒致力于整理国故，这种整理使中华文化能屡经外来文化的冲击而代
代相传，还能为中华文化在面临外来文化的冲击时实现中外文化的融合提
供强大的本土文化基础与思想资源，使中华文化在面临外来文化的冲击时
既不失其传统又能因时而变。

曹朴所著《国学常识》在对中国学术文化发展历程按朝代进行分期梳
理时则突出经世致用。在此文中，他将中国学术文化的发展视为一个不断
探索新路的过程，而经世致用正是推动中国学术文化不断创新发展的一个
重要动力。正是从这一角度出发，曹朴对汉以来的学术发展史作出如下
梳理：

> 汉儒解经，注重字句的解释和制度的考证，但宋儒反对汉儒的方
> 法，主张依经义而修养心性。清初学者黄梨洲、顾亭林、王船山等，
> 因宋明诸儒无补时艰，于是起而批评宋明心性之学的流弊，提倡经世
> 致用的实学。然而他们所谓实学，仍然以通经致用为中心，因此便是
> 非常留心当世之务的顾亭林，也不敢稍为懈怠他的经学研究，并由经
> 学而奠立了清代考证学的初基。颜习斋（元）李恕谷（塨）继起，提
> 倡实践，反对空言，无论性理考据，都在排击之列，但由于他们要实
> 行三代政治，最后也不得不归于考古。其后戴东原（震）出来，一方
> 面以新理学姿态批评宋明理学，一方面继承顾亭林的考证学而加以发
> 展。同时惠定宇（栋）亦标榜汉学，惠戴以后，继起有人，考证学派
> 于是占了学术界的支配地位。但正统的考证学派继承东汉经师为学而
> 学的精神，埋头研究，不谈现实政治，到道光咸丰以后，内忧外患交
> 逼而来，不允许士大夫的脱离现实，于是正统汉学又逐渐衰落了。代
> 之而兴的于是有继承西汉学者经世致用精神的公羊学派。公羊学派中
> 的康（有为）、梁（启超），最后亦不严格地遵守西汉经说，而直接以

---

① 宫廷璋：《以科学方法整理国故其步骤若何》，《民铎杂志》第 4 卷第 3 号，1923 年 5 月 1
日，第 3 页。

己意解释孔孟，以作维新运动的根据，清代思想如再进一步，就有解
脱孔孟束缚的可能。[1]

曹朴的这一段梳理有两大特点：一是时间跨度大，在所有朝代中，他
只挑选了汉、宋、清三朝。为阐释个人观点有意识地挑选具有说服力的例
证是学者常常采取的论证方式。二是他不仅强调经世致用是推动中国传统
学术不断推陈出新的一个重要动力，而且强调"摆脱孔孟束缚"是近代以
来中国文化创新的重要方向与内容。需要指出的是，曹朴所谓"摆脱孔孟
束缚"并非要抛弃乃至批判儒学，而是要将儒家的地位"回复到与诸子同
等的地位"。[2]

二、按大时代划分：高旭的八个时代说

与按朝代顺序梳理不同，有的学者将相邻的朝代整合为大时代，将整
个中国学术文化的发展历程划分为几个大的发展时代。如高旭《学术沿革
之概论》中将中国历代学术分为八个时代，即第一时代为神学全盛时代，
第二时代为官学昌明时代，第三时代为诸子竞争时代，第四时代为儒学统
一时代，第五时代为佛老混合时代，第六时代为理学发明时代，第七时代
为考据学披猖时代，第八时代为西学输入时代。高旭在对这八个时代进行
分期梳理时，力图说明文化的兼容并包是一国学术保持生命力的重要推动
力："国学之能自存于宇宙间者，在欢迎新学术以调和之、补助之耳。"[3]

按高旭的划分，神学全盛时代横跨唐尧、虞舜、夏、商，时间跨度数
千年；官学昌明时代在西周时期；诸子竞争时代在春秋战国时期；儒学统
一时代在秦汉时期；佛老混合时代在两晋南北朝时期；理学发明时代在唐
宋时期；考据学披猖时代始于清朝雍乾之时；西学输入时代始于明朝直至
近代。这八个时代中，第七时代即考据学披猖时代与第八时代即西学输入
时代在时间上实有重叠之处。在高旭看来，在明清时期，中国学术发展有
两条并行线索：一条线索是考据学的兴盛。由于文字狱大兴，清代考据学
家沉溺于声音、训诂，绝口不谈国事，"中国之学术，至弘历僭窃后，而

---

① 曹朴：《国学常识·概说》，上海：文光书店1948年第2版，第3－4页。
② 曹朴：《国学常识·概说》，上海：文光书店1948年第2版，第5页。
③ 高旭：《学术沿革之概论》，《醒狮》第1期，1905年9月，第33页。

晦盲闭塞极矣！"另一条线索则是西学的逐渐输入。值得注意的是，对于西学输入时代，他又细分为四个时期，以输入内容为划分标准。第一时期为有明之季。此时耶稣教传入，传教之徒将天文、算学等散布至中国。第二时期为嘉庆以降。地理学经"彼教中人"传入。第三时期传入的为医学、格致学、史学、兵学。第四时期传入的为政治学、社会学、哲学等。他认为，此四个时期的译书，以第四时期的影响为最大："至哲学、政治学、社会学等，译者多为思想高尚、学问渊雅之儒，故一书发行，风动中国。而民权自由主义、尚武主义、种族主义，灌溉国民之脑球，镌印国民之骨髓。"① 他在这里提出了一个值得注意的观点：即在西学输入的时代，儒学及儒士并非无所作为。近代中国的转型与发展离不开西方哲学、政治学、社会学等的传入，这个传入的任务就要由"思想高尚、学问渊雅之儒"来承担。这个观点与桐城派末代大师吴汝纶的观点颇为相近。②

三、选择性分期：钱基博的五个时期说

所谓选择性分期就是在对中国学术发展历程进行分期时只选取部分朝代或时期，如钱基博在《〈国学文选类纂〉总叙》中对中国学术发展史进行分期时就忽略了东汉以前的学术发展，直接以东汉作为划分起点。他在具体论述及划分时，重点论及春秋、汉、宋、明清、民国五个时期，对其他朝代或时期则一带而过或直接忽略。③

与高旭以中外文化交融为主线梳理中国学术发展史不同，钱基博从"人文主义"与"古典主义"分野的文化视角去梳理中国学术文化流变。所谓"人文主义"者，以为国学之大用，在究明"人之所以为人之道"，而以名物考据为琐碎；所谓"古典主义"者，以为国学之旨趣，在考证

---

① 高旭：《学术沿革之概论》，《醒狮》第 1 期，1905 年 9 月，第 35－43 页。

② 1898 年 1 月，吴汝纶在《〈天演论〉序》中提出：以桐城派古文的"文章"形式，可以译介包含西方社会学说在内的所有西学著作。他认为西方政治学说只要以"雅训"的古文表达，即可成为与儒道并列之道。在这种思想的支配下，他力倡多译西书："今议者谓西人之学。多吾所未闻。欲瀹民智。莫善于译书。"见吴汝纶：《〈天演论〉序》，施培毅、徐寿凯校点：《吴汝纶全集（一）》，合肥：黄山书社 2002 年版，第 148 页。

③ 钱基博《〈国学文选类纂〉总叙》一文在论及中国学术文化的发展历程时并未具体列出或标明五个时期，笔者于此所举钱基博有关国学发展"五个阶段说"是根据其在《〈国学文选类纂〉总叙》中所论归结。

"古之所以为古之典章文物"，而以仁义道德为空谈。由此看来，钱基博所言的"人文主义"与"古典主义"大致指义理之学与考据之学。"人文主义"者重义理之学、"古典主义"者重考据之学。一般而言，持"人文主义"者主要为宋学家，持"古典主义"者主要为汉学家。① 钱基博从"人文主义""古典主义"即义理、考据学相分相合的角度，将中国学术流变分为以下五个时期。

第一时期：春秋为国学兴起时期。这一时期兴起的百家之学重"义"，以"人文主义"为归宿。关于这一点，作者从两个方面论述：一是从国学的起源看，春秋以前，我国有政无学，春秋之时，"百官之守"变为"百家之学"。"百官之守"者谨守其"数"，而"百家之学"者则宣究其"义"，此国学之所为起，后世国学研究各种路向都是"人文主义"之遗蜕。② 二是从春秋时期的学术流变看，时儒、道两家为"一切学术之所自出"，儒、道两家虽不同学，"而同归于人文主义"。

第二时期：汉学在汉代初兴时就包含"人文主义"与"古典主义"的因素。钱基博认为，汉学有今、古文之分，今文一派以微言大义为尚，偏于"人文主义"；古文一派则重名物训诂，偏于"古典主义"。至东汉时，古学既盛而今文遽绝，"'古典主义'擅汉学后起之秀"。

第三时期：宋学初兴时虽重"人文主义"，但也不废"古典主义"。宋儒有朱陆之争，陆象山尊德性，明心乃以见性，是宋儒尤重"人文主义"的代表；朱子道问学，是宋儒不废"古典主义"的代表。

第四时期：自明中叶至清朝，"人文主义"与"古典主义"随时代变迁而"相与代兴"。明中叶，"王阳明以致良知，昌明陆学，风靡一世"，"及其敝也，士不悦学，徒长虚憍"。明亡后，清初学风又由尚空谈转向趋实，由陆、王之"尊德性"反之于朱子之"道问学"。乾隆以还，惠栋、戴震等人专注于经籍传注，考订发挥，"此由朱子之'道问学'，反本修古而为东汉之古学者也，则是'人文主义'积疴于明季，而'古典主义'于以重光焉"。晚清以后，"古典主义"又渐趋衰落，今文经学再兴，从庄存

---

① 钱基博：《〈国学文选类纂〉总叙》，钱基博：《国学文选类纂》，上海：上海古籍出版社2012年版，第5页。

② 对于"义"与"数"，钱基博有这样的表述："'人文主义'之所寓，昔人谓之'义'。'古典主义'之所陈，昔人谓之'数'。"见钱基博：《〈国学文选类纂〉总叙》，钱基博：《国学文选类纂》，上海：上海古籍出版社2012年版，第10－11页。

与、刘逢禄、龚自珍到康有为、梁启超，"言今文学者盈天下"，此由东汉之古学，又"溯而上以反诸西汉之今文者也，则是'古典主义'之渐厌于晚清，而'人文主义'相与代兴焉"。①

第五时期：民国以后，新汉学兴起，"古典主义"再次压倒"人文主义"。清朝灭亡后，治今文者仍言保皇变法，与时代潮流相悖。章太炎等古学倡导者因倡言排满革命，引领时代潮流，古学一时大盛。其时胡适在北大号召以科学整理国故，"于是言古学者，益得皮傅科学，托外援以自张壁垒，号曰新汉学，异军突起！"新汉学与东汉古学虽同其归，但也有所区别："东汉古学，欲以信古者考古，而新汉学，则以疑古者考古。"与新汉学以"疑古者考古"不同，以柳诒徵为首的"学衡派"则反对疑故，以为"古人古书，不可轻疑"。②

钱基博之所以要煞费苦心地提出"人文主义""古典主义"并由此梳理中国学术流变史，其用意之一在强调中国学术发展历程中两大学术流派之间的相争相合。在他的笔下，"古典主义"与"人文主义"是中国学术发展的两条路向，前者重"数"，后者重"义"，两者随时代变迁呈现出此起彼伏的发展态势。③ 在钱基博看来，汉学家中也有不废"人文主义"者，而宋学家中也有重"古典主义"者。两者若能并举自然是一种完美的理想状况，但这种学术兼容在现实中却难以实现，这在中国学术二千多年发展历程中"数"与"义"、"人文主义"与"古典主义"的不断相离相争中得以体现。其用意之二在突出"人文主义"。通过一系列颇为曲折复杂的梳理、分期，作者倾向于"人文主义"的态度十分清楚地表露出来。对此，他在文中时有直接表达，如他认为国学在兴起之初即以"宣究其'义'"为学术宗旨。也正是从此角度，他对宋儒五子的评价很高："国学之'人文主义'，所以昭明于有宋。"他还直接言明："'古典主义'者，

---

① 钱基博：《〈国学文选类纂〉总叙》，钱基博：《国学文选类纂》，上海：上海古籍出版社2012年版，第7－9页。

② 钱基博：《〈国学文选类纂〉总叙》，钱基博：《国学文选类纂》，上海：上海古籍出版社2012年版，第10页。

③ 钱基博在文中还引荀子《劝学篇》之语来说明"数"与"义"："昔荀子劝学，兼综'数''义'，以为：'其数则始乎诵经，终乎读礼；其义则始乎为士，终乎为圣人。'""全之尽之，然后学者也！"钱基博在引用了荀子的这段话后，还发表了一番感叹："荀子劝学，贯'义'与'数'而一之，彻始彻终，非二物也。后儒则离'义'与'数'而二之，譬如耳目口鼻，皆有所明，不能相通。有陈其'数'而疏于'义'者，有明其'义'而遗乎'数'者。"见钱基博：《〈国学文选类纂〉总叙》，钱基博：《国学文选类纂》，上海：上海古籍出版社2012年版，第5页。

国学之歧途，而'人文主义'，则国学之正轨，未可以一时之盛衰得失为衡也。诚窃以为言国学者当以'人文主义'为宜。"不过，钱基博在论及"古典主义"与"人文主义"的各自定位时又曾说"'古典主义'为途径"，而"亦以'人文主义'为归宿"者也。两者一为"途径"，一为"归宿"，说明他在提倡"人文主义"时并未完全否定"古典主义"。①

作为国学倡导者的钱基博所以力倡国学中的"人文主义"，究其深意，是试图通过倡导国学中的"人文主义"来反对胡适等人所言的欧化及相伴随的"物质主义"，以"发国性之自觉，而纳人生于正轨"。② 关于这一点，他有如下详述：

> 数十年来，海内士夫，貌袭于欧化，利用厚生，制驭物质之一切科学教学，未能逮欧人百一；而日纵亡等之欲，物质享乐，骎骎逮欧土而肩随之。物屈于欲，欲穷乎物。生人道苦，乱日方长。故曰："物质主义，今日之所患也。"然则验之当今，惟"人文主义"足以救"物质主义"之穷。稽之于古，惟"人文主义"足以制"古典主义"之宜。国学者，"人文主义"之教学也。舍"人文主义"之教学，更何所谓"国学"者！盖惟"人文主义"，为足以发吾人之自觉，亦惟"国学"，为能备"人文主义"之至德要道。舍"人文主义"而言国学，则是遗其精华而拾其糟粕，祛其神明而袭其貌也。国性之不自觉，神明不属，譬之则行尸走肉耳，其何以国于大地！③

第六节　对中国学术文化发展历程及国学衰微的反思

近代国学倡导者对中国学术文化史发展历程的种种梳理，其根本目标在以"学"激起国人对于中国历史及学术文化的自信，以保学促进保国。

---

① 钱基博：《〈国学文选类纂〉总叙》，钱基博：《国学文选类纂》，上海：上海古籍出版社2012年版，第5-13页。

② 关于"人文主义""古典主义""物质主义"三者之间的关系，钱基博有这样的表述："'人文主义'之一名词，在欧土与'物质主义'为对；在吾儒与'古典主义'相对。"在他看来，对"古典主义"的过分强调，极易导致"物质主义"的倾向。见钱基博：《〈国学文选类纂〉总叙》，钱基博：《国学文选类纂》，上海：上海古籍出版社2012年版，第10-11页。

③ 钱基博：《〈国学文选类纂〉总叙》，钱基博：《国学文选类纂》，上海：上海古籍出版社2012年版，第12页。

从这一目标出发，他们从不同角度对中国学术文化发展史进行梳理，力图证明中国学术文化具有强大的生命力。但自近代以来，中国学术文化在西学冲击之下日趋衰落，中国社会在西方列强的欺凌之下也面临亡国亡种的危机。学不保国，学、国皆面临危机。面对这一现实，近代中国的国学倡导者中不少有识之士在倡导国学的同时对国学本身进行了反思。若学能保国，为何近代以来中国面临如此大的危机？他们必须对此作出合理的阐释，否则，复兴国学的号召将难以自圆其说、难有号召力。综合起来，其代表性的观点大致有以下两类：

一是通过中国学术发展流变与国势兴衰之间互动关系的梳理，认为国学衰弱直接导致近代中国国势趋微，这种说法也可视为从学术发展视角解读近代中国衰弱状况的一种尝试。闻一多在《论振兴国学》中提出："吾国汉唐之际，文章彪炳，而郅治跻于咸五登三之盛。晋宋以还，文风不振，国势披靡。洎乎晚近，日趋而伪，亦日趋而微。维新之士，醉心狄鞮，么么古学。学校之有国文一科，只如告朔之饩羊耳。"中国学术发展至汉唐达到高峰后即渐趋萎靡，国势也随之披靡。至晚近中国，"新学浸盛而古学浸衰，古学浸衰，而国势浸危"。在闻一多看来，中国传统学术文化的流变及国势的盛衰具有互动关联、同步发展的关系。至近代，"古学"与国势均衰微到了极点，这正说明了复兴国学的必要性。为重振国势，自当"不忘其旧，刻自濯磨"。① 闻一多于此虽指出自晋宋以后古学衰微是导致中国国势渐趋衰微的原因，却未对古学为何会走向衰微的原因这一关键问题作出具体回答。

二是对国学在中国学术文化发展历程中屡屡走向衰微的原因进行检讨与反思。对这个问题的思考可谓是对上述第一个问题的回应。邓实在《国学无用辨》中将中国传统学术分为"君学"与"国学"，在中国传统君主专制制度之下，"国学"长期为"君学"所压制，难以发挥经邦济世的作用。如此，邓实也就回答了国学在传统中国屡屡受压难以兴盛的原因。在邓实眼中，"君学"虽"经历代帝王之尊崇，本其学说，颁为功令，而奉为治国之大经，经世之良谟者"，但究其本质，"君学"实为无用之学，为"用之一时之学""用之一人之学"；而"国学"坚守者，"不过一二在野

---

① 闻一多：《论振兴国学》，《清华周刊》第77期，1916年5月，第1-2页。闻一多发表此文时所用笔名为"多"。在此文中，闻一多在论及"振兴国学"这一问题时，除使用"国学"一词外，还使用了"古学""国粹"等意义相近的词汇。

君子，闭户著书，忧时讲学，本其爱国之忧，而为是经生之业，抱残守缺，以俟后世而已。其学为帝王所不喜，而亦为举世所不知"。在邓实眼中，"国学"实为有用之学，为"用之万世"之学、"用之一国"之学。在《国学真论》中，他说得更清晰：国学是"尽去其富贵利禄之学"，是不"徒斤斤于朝廷之趋向以为转移之学"，是"独立远大之学"。[①] 在《国学无用辨》中，邓实还从学术史的角度对"国学"为"君学"所压制的历史进行了梳理：

> 自周之季，学失其官，诸子蜂起，各本其术以自鸣。老子之道术，庄子之齐物，墨子之兼爱，申韩之法制，孙吴之兵谋，荀子之名学，管子之经济，用其一皆可以有裨于当世。夫诸子之多为其术，以救人国之急，可为勤矣。然而当代之君民能用其说者几何也！毋亦信仰其学而从之游者，皆其一派之弟子乎，其于全社会无与也。秦政焚书，骊山一压，不特儒术六艺，从此缺略，而百家之学，亦荡然无存。国且无学，何有于用。汉兴，诸儒收拾灰烬，抱其遗经，亦惟相与伏处于荒墟蔓草之间，私相授受，讲诵不辍耳。其时为之议朝仪、定礼乐者，叔孙通诸生之伦，假儒术以媚人主，所用者君学而非国学也。汉武号尊儒术，然申公以力行对而疾免以归，辕固生年九十矣，以诸谀儒疾毁而亦罢归，则其所用者，公孙弘曲学阿世者耳，亦君学而非国学也，汉之末造，朝政昏浊，而党锢独行之士，风潇雨晦，不已鸡鸣。……自唐代义疏之作，宋世科举之兴，明以八比取士，近世承之，其时君所乐用者，皆为君学之一面。故自宋至今，五六百年，国破家亡，外祸迭起，君臣屡易，坐令中区瓦解鱼烂而不可救者，皆君学之无用有以致之，而国学不任咎也。[②]

虽说"君学"长期占据中国传统学术的主位，但在"君学"的高压之下，"国学"仍有迹可寻："遥遥二千年，神州之天下，一君学之天下而已，安见有所谓国学者哉？虽然国无学则国不存，吾国绵绵延延以至于今者，实赖在周有伯夷，在秦有仲连，在汉有两生，在东汉有郑康成，而在晚明有黄梨洲、顾亭林、王船山、颜习斋、孙夏峰、李二曲诸先生之学为

①　邓实：《国学真论》，《国粹学报》第 27 期，1907 年 4 月 2 日，第 4 页。
②　邓实：《国学无用辨》，《国粹学报》第 30 期，1907 年 7 月 2 日，第 1−3 页。

一线之系也。"① 这些国学之士"皆思本所学以救故国，著书立说，哭告天下，而天下之人不应，漠然若毋动其中，其言不用，而神州遂至陆沉。夫使数君子之学，得以见施于时，则亭林乡治之说行，而神州早成地方自治之制；梨洲原君原臣之说昌，则专制之局早破；船山爱类辨族之说著，则民族独立之国久已建于东方矣。是故数君子之学说而用，则其中国非如今日之中国可知也。推而老、庄、申、韩、荀、墨之学用于战国，则战国非昔日之战国；伏生、申公、辕固生之学用于汉，则汉非昔日之汉又可知也。惜其学不用，乃以成此晚近衰亡之局"②。邓实于此对"君学"与"国学"的见解有几点值得注意：其一，"君学"与"国学"相互消长，"夫国学与君学不两立者也，此盛则彼衰，此兴则彼仆"。其二，"君学"无用，"国学"有用，但后者长期受前者的压制。"国学"为何受"君学"压制？邓实有这样的解释："历代帝王，宁使亡国败家相随属，而卒不肯以国学易君学者，其故何哉？夫君学者，以人君之是非为是非者也，其言顺而易入。国学者，不以人君之是非为是非者也，其言逆而难从。古今好谀之君多，而从逆之君少，此君学所由盛而国学所由衰欤。"③ 其三，"国学"虽长期为"君学"压制，但有赖历代君子坚守"国学""一线之系"，维系吾国"绵绵延延以至于今"。邓实通过这一番论述反驳了"国学"无用的观点，其复兴"国学"以图兴国的想法跃然纸上。

邓实关于"君学"与"国学"的区分及论述涉及对中国传统君主政治及学术专制问题的检讨。关于这个问题，近代国学倡导者也多有论及。与邓实观点一样，他们一般都将传统政治专制视为引发学术专制的原因，如姚光在《国学保存论》中提出："自秦以降，政体专制，而学术亦专制。"④ 黄节也言："溯吾学派之衰，则源于嬴秦。始皇烧《诗》《书》百家语，藏书博士，窒塞民智。至于汉武，立博士于学官，罢黜百家。以迄刘歆，则假借君权，窜乱经籍，贼天下后世。然则秦皇汉武之立学也，吾

---

① 邓实：《国学真论》，《国粹学报》第 27 期，1907 年 4 月 2 日，第 3 页。
② 在《国学真论》中，邓实对这一观点有类似的论述。他在此文中将二千年中国学术称为"一君学之天下"，其间又有"国学""一线之系"。见邓实：《国学真论》，《国粹学报》第 27 期，1907 年 4 月 2 日，第 1 页。
③ 邓实：《国学无用辨》，《国粹学报》第 30 期，1907 年 7 月 2 日，第 1—2 页。
④ 姚光：《国学保存论》，《国学丛选》1923 年第 1、2 期。转引自桑兵等编：《国学的历史》，北京：国家图书馆出版社 2010 年版，第 97 页。

以见专制之剧焉。民族之界夷，专制之统一，而不国，而不学，殆数千年。"①

　　近代国学倡导者一方面将专制视为阻碍传统中国学术进步的重要因素，另一方面则认为中国传统士人在政治与学术高压之下仍存有怀疑与自由精神。希如在《论国学研究之法式》一文中一方面批判学术"独断"及"专制"对中国学术发展的严重阻碍，另一方面又认为中国学术的发展就在于对"独断"与"专制"的不断冲破。这与邓实所言的"国学"在"君学"专制下"一线之系"的传承与发展有异曲同工之处。

　　"国学"的起源及流变过程是近代国学倡导者们在论及"国学"时不可回避的问题，对这些问题的论述有助于回答人们对于国学的质疑，有助于说明国学的提法能否成立及是否具有历史合理性等具体问题。近代国学倡导者们从不同角度对中国学术文化史特别是国学历史的梳理，使国学的面貌与特征得以更为清晰地呈现出来。客观地说，近代国学论者对国学流变历程的梳理是服从、配合国学思潮的需要，他们是试图通过对中国传统学术文化史的梳理来证明在中国号召国学复兴的合理性与必要性。不管是学存即国存的观点，还是国学复兴即是国家复兴的观点，还是文化交融在国学发展中的重要地位与作用的表述，无不传达出近代中国学人在国家危亡之际对于救亡图存、振兴中华道路的深入思考与探索。他们在对中国传统学术文化流变进行梳理的过程中，还时时流露出对国学及中国学术文化的无限信心。胡适曾说："我们观察这三百年的古学史，研究这三百年的学者的缺陷，知道他们的缺陷都是可以补救的。我们又返观现在古学研究的趋势，明白了世界学者供给我们参考比较的好机会，所以我们对于国学的前途，不但不抱悲观，并且还抱无穷的乐观。"② 对国学历史的观察、研究、梳理，其目的都指向"国学前途"，故对国学历史的观察、研究、梳理是关涉"国学前途"的大问题，这其中不只有努力的问题，还有对努力方向选择的问题，"国学前途的黑暗与光明全靠我们努力的方向对不对"，努力方向对了，前途光明；努力方向错了，则可能是黑暗的。胡适先生《〈国学季刊〉发刊宣言》中的这句话今日读之仍有启发与警示意义。

---

　　① 黄节：《〈国粹学报〉叙》，《国粹学报》第 1 期，1905 年 2 月 23 日，第 1 页。
　　② 胡适：《〈国学季刊〉发刊宣言》，季羡林主编：《胡适全集》第 2 卷，合肥：安徽教育出版社 2003 年版，第 1 页。

第四章 近代国学倡导者对中国传统学术文化魅力的认识与探索

　　国学思潮自 20 世纪初萌生，其早期倡导者如梁启超、黄节、邓实等人积极倡导国学以对抗西方文化的侵袭。但自近代以来，欧风美雨日炽，国学思潮在兴起之初对当时社会并未产生广泛的影响。这种情况在"一战"爆发后有所改变。"一战"的爆发及其惨状对近代中国的知识分子及学术发展走向产生了重大影响，亦在相当程度上推动近代中国国学思潮走向深入，国学受到前所未有的重视，正如顾实在《国学丛刊》发刊辞中所说"曾几何时，事异势殊"，"海宇之内，血气心知之伦，咸莫不嚣然曰：'国学'"。① 与国学思潮初兴时相较，这一时期的国学倡导者在鼓吹复兴国学的同时更加注重对中国传统文化特别是国学独有魅力的梳理与总结。② 这一状况的出现说明近代中国知识分子特别是国学倡导者在面对"一战"的爆发及惨状时，既开始重新审视西方文化的弊端，也开始重新审视与挖掘中国传统文化及国学的长处与优势。本章将重点探讨两大问题：一是"一战"爆发对近代中国知识分子及近代中国文化发展走向的影响；二是"一战"后国学倡导者对国学魅力及"独有之伟观"的认识与探索。③ 对这些问题的梳理与回答，既有助于对近代中国学术文化发展理路的理解，也可为今人整理、传承中国传统文化及国学提供借鉴与思路。

---

① 顾实：《〈国学丛刊〉发刊辞》，《国学丛刊》第 1 卷第 1 期，1923 年 3 月，第 17 页。
② 学术界对"一战"后中国社会思潮的变化及国学思潮的高涨关注较多，如郑师渠《欧洲战后中国社会思潮变动》（《近代史研究》1997 年第 6 期）一文就对这一问题进行了深入的探析。但目前学术界对"一战"后中国国学倡导者有关国学魅力的梳理与探索这一问题进行专题研究的成果尚不多见。
③ 闻宥：《国学概论》，《国学》第 1 卷第 3 期，1926 年，第 1 页。

第一节　"一战"对近代中国国学思潮发展的影响

梁启超是近代中国最早倡导国学的学者，也是"一战"爆发后较早踏入欧洲旅行考察的中国学者。他于 1918 年 6 月至 10 月在欧洲各国周游约四个月，并将所游所感写成《欧游心影录》。[①] 该书有几点值得注意：一是他认为欧洲之所以于外陷入"困难万状"，于内失去"安心立命的所在"，其"最大的原因"就是过于相信"科学万能"。二是他认为"欧洲人做了一场科学万能的大梦"后，开始将眼光投向重视"精神生活"的中国文化。正是基于以上认识，梁启超在《欧游心影录》结尾处表达了对中国文化及中国未来的无限信心："我们人数居全世界人口四分之一。我们对于人类全体的幸福，该负四分之一的责任。不尽这责任，就是对不起祖宗，对不起同时的人类，其实是对不起自己。我们可爱的青年啊，立正，开步走，大海对岸那边有好几万万人，愁着物质文明破产，哀哀欲绝的喊救命，等着你来超拔他哩。我们在天的祖宗、三大圣和许多前辈，眼巴巴盼望你完成他的事业，正在拿他的精神来加佑你哩。"[②]

近代中国相当比例的知识分子之所以主张学习西方，其主要缘由就是他们普遍认为西方文化优越于东方文化。"一战"的爆发暴露出西方文化的缺陷与不足，让目睹"一战"惨状的中国知识分子开始重新审视西方文化。梁启超在《欧游心影录》中的表述正反映出"一战"爆发后中国知识分子文化态度的变化，即对西方文化由尊崇逐渐转向怀疑，与之相对应的是，国学及中国传统文化的地位日益隆升。

关于"一战"后国学思潮高涨的原因，范丽娴在《我们怎样读中国书》中曾有一段较为详细的论述：

> 自从欧战以后，东方文明，已为世界重视。东方文明的两大部，

[①] 据笔者所查，近代中国国学倡导者感于"一战"爆发而对中西文化进行对比分析最早的学者是陈启彤。1915 年 7 月，他在《国光杂志》第 3 期发表《中国国学博大有益于人类说》。他在此文中从文化角度分析了"一战"爆发的原因，还对中国文化较之于西学的长处进行了系统梳理。关于此问题，笔者在第四章第二节有详述。

[②] 梁启超：《欧游心影录》，《饮冰室合集》专集之二十三，北京：中华书局 1989 年影印本，第 37–38 页。

一为印度文明，一为中国文明，但是印度文明之精华，久已移入中国。印度本地，差不多毁灭无余，这犹之乎希伯来文明，不在犹太，而在欧美。所以我们中国是东方两大文明的总汇，我们中国有发挥这两大发明，贡献于世界的责任。海禁既开，西方文明输入。我们抛弃一切所有的，去作无条件的欢迎。一时见异思迁的心理，把"读中国书"四字，看作迂腐不堪、当受嘲笑的一件事，而今逐渐的觉悟了。新思潮的运动，造成中国"文艺复兴"的机会。国家主义的发达，激起文化侵掠的恐惧。而且回头转来，确实见得东方文明有伟大的内容，将来在世界一定发异样的光彩。我们中国人自己不去发挥，必至像犹太、印度让给别国人来阐扬，那时的中国，何以立于天地之间呢？①

从范丽梅所论，"一战"后国学思潮高涨至少有以下两个因素：一是"一战"后对东方文明的重视推动了"回头转来"的新思潮的兴起。二是由当时国家主义的盛行所引发的"文化侵掠"的忧虑。②

正是基于"一战"后文化背景的转变，国学研究及学习在当时国内受到学界的广泛关注，当时各地纷纷举办国学讲座就是明证。1922 年 4 月至 6 月，章太炎应江苏省教育会之邀在上海讲国学，共讲十次。江苏省教育会在此次讲学的通告中说：

自欧风东渐，兢尚西学，研究国学者日稀，而"一战"以还，西国学问大家，来华专事研究我国旧学者，反时有所闻，盖亦深知西方之新学说或已早见于我国古籍，借西方之新学，以证明我国之旧学，

---

① 范丽梅：《我们怎样读中国书》，《青年进步》第 98 册，1926 年 10 月，第 32 页。

② 中国近代国家主义是在民族危亡的背景下兴起的，前后大致可分为三个阶段，即梁启超的民族主义、醒狮派的国家主义以及 20 世纪 40 年代的"战国策"派。梁启超的民族主义来源于德国政治学家伯伦知理的国家主义。"五四"以后，以李璜、左舜生、陈启天、余家菊等为代表的中国青年党人以《醒狮周报》为喉舌宣传国家主义，倡导国家主义教育思潮。国家主义思潮在当时与国内文化保守主义思潮相应和，相当程度上是对五四运动的否定。其倡导者以"国性"和民族文化相号召，冀望以此抵御西方文化侵略，求得民族上的独立。国家主义教育思潮在 1922—1925 年盛极一时，对当时的政治、经济、教育、文化都有较大的影响。此后国家主义渐趋激进，偏向西化。以林同济、陈铨、雷海宗、何永佶、贺麟等为代表的"战国策"派兴起于 20 世纪 40 年代抗日战争期间。他们在批判传统文化和民族病症的基础上，呼唤民族竞存精神，提倡国家主义和英雄崇拜。参阅高力克：《中国现代国家主义思潮的德国谱系》，《华东师范大学学报（哲学社会科学版）》2010 年第 5 期；郑大华、曾科：《醒狮派"国家至上"思想的西学来源——兼论国家主义中国化的基本特征》，《浙江学刊》2013 年第 1 期。

此即为中西文化沟通之动机。同人深惧国学之衰微，又念国学之根柢最深者，无如章太炎先生，爰特敦请先生莅会，主讲国学。①

从江苏省教育会的国学讲学通告中还可看出："一战"后，一些西方学者在对自身文化反省之余开始关注中国文化，西方文化界这种文化动向引起了当时部分中国学人的关注，促使他们愈加重视中国文化的价值，这也是引发近代中国国学运动渐入高潮的一个重要原因。当时旅欧的梁启超就注意到了西方学者对中国文化及学术的关注。他在《欧游心影录》中曾有这样一段记载："我在巴黎曾会着大哲学家蒲陀罗（Boutreu，柏格森之师）。他告诉我说：'一个国民，最要紧的是把本国文化发挥光大，好像子孙袭了祖父遗产，就要保住他，而且叫他发生功用。就算很浅薄的文明，发挥出来都是好的。因为他总有他的特质，把他的特质和别人的特质化合，自然会产出第三种更好的特质来。你们中国，着实可爱可敬！我们祖宗裹块鹿皮拿把石刀在野林里打猎的时候，你们不知已出了几多哲人了。我近来读些译本的中国哲学书，总觉得他精深博大。可惜老了，不能学中国文。我望中国人总不要失掉这分家当才好！'我听着他这番话，觉得登时有几百斤重的担子加在我肩上。又有一回，和几位社会党名士闲谈。我说起孔子的'四海之内皆兄弟''不患寡而患不均'。跟着又讲到井田制度，又讲些墨子的'兼爱''寝兵'。他们都跳起来说道：'你们家里有这些宝贝，都藏起来不分点给我们，真是对不起人啊！'"② 1925 年，曹聚仁在《国故学之意义与价值》一文中还专门引用了梁启超的这段文字。③

除梁启超外，当时国内还有不少学者注意到了西方学界对中国文化的关注。李廷玉曾说："欧洲大战以后，各国大政治家、大哲学家，倡言物质文明破产，非中国之精神文明，不足以救之。遂相与谋设中国文化学院，礼聘中国文学导师。"④"一战"后在德国留学的王光祈还列举了他所听闻的一些具体事例来说明西方学者对中国文化的关注："欧洲自大战后，……欧洲新出了许多书籍，如《欧洲之末运》等书，攻击西方文明，不遗余力，大受欧人欢迎，出版后风行一世。前几天，朋友魏时珍接着一

①　汤志钧：《章太炎年谱长编（卷5）》，北京：中华书局 1979 年版，第 668 页。
②　梁启超：《欧游心影录》，《饮冰室合集》专集之二十三，北京：中华书局 1989 年影印本，第 35－36 页。
③　曹聚仁：《国故学之意义与价值》，《东方杂志》第 22 卷第 4 号，1925 年 2 月 25 日，第 68 页。
④　李廷玉：《〈国学〉发刊序》，《国学》第 1 卷第 1 期，1937 年 4 月 1 日，第 1 页。

封介绍信，说是有一位大学教授要和他谈谈孔子之道。又有一位姓陈的朋友到乡下旅行，在一个中学校里，听见一位教师向学生讲授'己所不欲，勿施于人'的道理，并盛夸中国老子学说比孔子学说含义深奥。"[1]

王皎我对当时外国学界尤其是西方学界对中国国学的关注进行了较为全面的描述："中国的国学不仅引起了世界人们的注意，世界人们的同情，更引起了世界人们的景仰。大半深表同情于中国的外国人，甚可以说凡是深表同情于中国的外国人没有不曾花费一些时间、一些精力向中国的国学里边钻研过的。英国的罗素、美国的杜威、日本的宫崎民藏、印度的泰谷儿、西班牙的伊本纳兹，都是同情于中国的，并且也是深深通晓中国国学的，在这些人中有的是哲学家，有的是教育学家，有的是社会学家，有的是诗人，有的是小说家，从这一点上我们亦可看出中国国学的内涵及其丰富同充实了。"王皎我还特别指出，外国学者对中国国学的关注，只是中国国学在国际上新地位的表现之一，其他表现还有："美国的各大学，檀香山的各大学，均争先恐后的增添中国国学讲座；英国、法国，于东方文化讲座外特设中国国学讲座，菲力滨的各大学，及其他诸国的大学的语言系，均增设中国语言系；德国于一九二七年特别开过一次中国图书展览会；日本东京帝国大学曾与中国前北京大学（曾一度改为京师大学，现易名中华大学）磋商交换教授事宜，并聘该校国学研究院毕业生前往日本教授中国国学；中华教育文化基金的用途中（即庚子赔款的用途）亦有与中国交换讲师明文的规定。"[2]

当然，在论及西方学者在"一战"后对中国文化的关注这一问题时，不可高估、夸大中国文化对"一战"后西方的影响。王璠就认为，当时部分西方学人对中国文化的关注更多是"以为调剂"，希望以此改变西方一味重视科学的倾向。[3]

---

① 王光祈：《旅欧杂感（续）》，《少年中国》第 2 卷第 8 期，1921 年 2 月 15 日，第 63 页。

② 王皎我：《中国国学在国际上的新地位及其最近之趋势》，《青年进步》第 114 期，1928 年 6 月，第 78 − 80 页。

③ 王璠在论及此问题时说："自十八世纪科学昌明，以机器代人工，酿成产业革命后，社会纷扰不安；更因杀人利器日益精妙，世界大战的结果，杀人盈野，生产停顿，经济上、人口上、文化上，损失无算。一般悲天悯人的学者，深觉科学足以富国，不足以治国，对物质文明起了厌弃的心思，来研究东方学说，以为调剂。我们虽不能像梁启超说'欧洲人做了一场科学万能的大梦，到如今却叫起科学破产来'（《欧游心影录》），但是世界潮流所趋，中国学术到了抬头的时候，确是不可否认的事实。"见王璠：《读书声中谈谈国学研究的问题》，《学风》第 6 卷第 1 期，1936 年 2 月 1 日，第 1 − 2 页。

　　学习西方是近代中国文化发展的一条主线。自近代以来，西方文化一直是国人学习的重点，西方学者也成为当时诸多国内学者关注及仰慕的对象。"一战"后部分西方学者开始反思西方文化，并将眼光投向中国文化以寻求摆脱战争的方案，这种情况的出现相当程度上动摇了近代中国知识分子对西方文化的既有认识与仰慕。当时已有中国学者意识到"一战"爆发将对近代中国文化的发展走向，特别是对近代以来日盛一日的欧化倾向产生重大影响。1923 年，显教在《佛学是否国学》中提及："自欧战之后，彼且自怨自艾其学术之不良，行将一改其操，而唱东方文化者。则吾国之效颦欧化，将失所据，其能普及国人与否，及将受何等之变化，皆未可知也。"① 显教所言的"吾国之效颦欧化，将失所据"正道出"一战"对近代中国学术界的冲击及近代中国学者对学习西方态度的微妙变化。

　　"一战"后部分西方学者对中国文化的关注也使部分近代中国学人为之一振。成仿吾在《国学运动的我见》中就说，当时的中国学人"颇有因为外国人近来喜欢研究我们的国学而沾然自喜的"②。这种"沾然自喜"既表现为对中国文化的自信，还表现为对中国文化"救国""救世"的期待。近代中国国学思潮的兴起原本是以"救国"为重要目标，曹聚仁将之称为"国故救国观"。"一战"后部分西方学者试图在中国文化中寻找摆脱"一战"危机及物质文明破产的方案，又使国学倡导者对国学在"救国"目标之外有了一层"救世"的期待，曹聚仁将之归结为"国故救世观"："治国故者，又以精神文明自豪，欲以国故济物质文明之破产。"不过，需要指出的是，曹聚仁本人对回到国故中去寻找救国救世路径的看法并不认同。他认为："方自一荆棘满途之绝路而来，继复以为斯途乃康庄大道，兢兢焉导人以趋于此，不亦大愚乎！"③

　　"一战"后西方学者对中国文化的关注与研究也强化、激起了中国学者复兴中华传统文化及国学的责任意识。一些中国学者认为正可借西方学者关注中国文化之机抓紧向西方介绍中国文化。吴文祺在《重新估定国故学之价值》一文中对此有专门列举：

---

　　① 显教：《佛学是否国学》，《世界佛教居士林林刊》第 6 期，1923 年 8 月，第 9–10 页。
　　② 成仿吾：《国学运动的我见》，《创造周报》第 28 号，1923 年 11 月，第 2 页。
　　③ 曹聚仁：《国故学之意义与价值》，《东方杂志》第 22 卷第 4 号，1925 年 2 月 25 日，第 68 页。

如蔡子民说："西方学者极想东来研究中国文明，我们对于这等现象，应予注意。我们应该赶快整理固有的文明，供献于外人，要是让外人先来开拓，那实在是件可耻的事。"（十年十月十五日北大开学时蔡子民讲演词）北大国学研究所整理国学计划书也说："近来欧美学者已稍移其注意于吾国固有之学术，顾转虑我国固有之学术，无以供给于欧美学者之前。何则？则吾国固有吾学术，率有混沌紊乱之景象。使持是以供欧美学者之研究，必易招其误解，而益启其轻视之心。故非国人自为阐扬，必无真相以供欧美学者之研究。故阐扬我国固有之学术，本校尤引为今日更重大之责任。"王光祈说："欧洲自大战后，一般学者，颇厌弃西方物质文明，倾慕东方精神文明。……我们可以藉此机会，将中国古代学术，尽量输入欧洲。……一则使东西两文明有携手的机会，一则也可以减少欧洲人轻视中国民族的心理。"[1]

将中国文化的对外传播与国家、民族文化形象的重塑联系起来，以上所举观点其实都有一定的政治目的，故吴文祺又将之称为"政治式的整理国故论"。应该说，"一战"后西方学者对中国学术文化的重视与研究确使中国学人产生了紧迫感，时有学人曾列举了当时西方学者研究中国学术文化所取得的成绩："就考古学而言：首先发现汉晋木简的，是匈牙利人斯坦因博士（Dr. A Stein）。首先为之笺释的，是法国人沙畹教授（Prof. Chananes）。河南安阳出土古物的发现，是瑞士地质学家安特生（Anderson）。此外，对于中国的古言语学和古器物学的研究，都卓著成绩。而中国人的收获，反在外人之后，这是何等的可耻！所以国学的研究，实在迫不容缓啊！"[2]

"一战"后的困境在一定程度上宣告了西方科学主义的不足，也给近代以来一直主张学习西学的中国知识分子敲了一记警钟，若一味学习西学必将收获科学主义破产的苦果。为避免重蹈西方科学主义的覆辙，一些近代中国学人将眼光重新转向传统文化及国学也在情理之中。

值得注意的是，当时国内也有学者对西方学术界质疑科学的倾向进行

---

① 吴文祺：《重新估定国故学之价值》，《鉴赏周刊》第 1 期，1925 年 5 月 11 日，第 1 页。

② 王璠：《读书声中谈谈国学研究的问题》，《学风》第 6 卷第 1 期，1936 年 2 月 1 日，第 1－2 页。

过客观、深入的剖析。成仿吾在《国学运动的我见》一文中将当时西方反对科学、关注中国文化的学人称为"Exotics"：

> 这种外国 Exotics 不满意于科学（实是因为他们不知道什么是科学），妙想天开，以为极东的苍天之下有一块常青的乐土。他们不再想起做过他们的幻想之背景的，和在科学上做过他们的先生的阿拉伯或印度，却更很远很远地画出一个这样的 Paradise 来，虽不免出人意外，然他们这样满足他们的幻想，是谁也不能干涉的，不过我们在这极东的苍天之下的人若偏信以为真，那却是非狂即盲了。不懂什么是科学的人，我们尽可任他们胡说，然而我们当知数千年来的疲弊之后，科学不仅为我们的素养最紧要的命脉，而且是恢复我们的生命力之唯一的源泉，我们当对于科学维持我们的信仰。①

成仿吾此文对国学运动总体上虽持批评态度，但此段文字有两点值得重视：一是成仿吾在此文中表现出的对于当时西方学界的批判态度。在近代中国崇洋媚外的文化大背景之下，西方学者的观点往往是当时中国学者学习与膜拜的对象，少有中国学者去质疑西方学者的观点，即便是以复兴自我文化相号召的国学论者对西方科学主义的批判在相当程度上也是受"一战"后西方学界质疑科学主义思潮的启发与影响。从对西方的质疑这一点上看，成仿吾对当时西方学界的批判与国学论者对西方文化的质疑实有异曲同工之处，只不过两者的指向不同，前者的批判最终指向对科学的提倡，后者的质疑最终指向对国学的提倡。二是他将科学视为命脉、源泉、信仰，此种科学至上的观点虽有偏激之处，倒也提醒了近代中国学人在倡导国学时不要走向排斥科学的极端。如果说"一战"的悲剧是一味推崇科学的结果，那么近代以来中国的悲剧在相当程度上则是长期忽视科学的结果。科学是近代西学的长项，恰巧也是中国国学的短板。何键在论及此点时就曾说：国学从"精神上和心性上"说虽"高于一切，非外人所能梦见"，但国学的问题在于"我们研究国学，纵到了精微之点，还是不能解决当前的危难"。② 提倡国学与倡导科学并行不悖当为中国文化在近代以后发展与创新的不二选择。

---

① 成仿吾：《国学运动的我见》，《创造周报》第 28 号，1923 年 11 月，第 2 页。
② 何键：《要用最新的科学方法来研究国学》，《国光杂志》第 17 期，1936 年 5 月 16 日，第 48 页。

第二节　中西文化对比与对国学魅力的深入挖掘

"一战"的爆发既使近代中国学人看到了西方文化的弊端，也使国学倡导者愈加增强了对国学的自信。正是这种自信使他们能从中西文化对比的视角深入思考、挖掘国学的核心、"最特出之点"，以及国学较之于西学的优势、魅力等问题，以期弘扬中华文化并激发起国人对中华文化的信心。归结起来，当时关于这一问题有代表性的说法主要有：一是陈启彤有关中国国学的"指归"说；二是梁启超有关中国国学"最特出之点"或"至宝"的分析；三是胡怀琛有关"中国民族根本的思想"的见解；四是王皎我有关"国学的真灵魂"与"国学的真价值"的提法等。

对此问题较早展开系统探析的是陈启彤。1915 年 7 月，也即"一战"爆发后仅一年，陈启彤发表《中国国学博大优美有益于人类说》，该文对中西学进行了全面比较，比较的结果是"博大优美"的中国国学全面优于西学。该文有几点值得注意：一是对国学核心的探析；二是对中国文明"染濡"力的论述。

陈启彤认为"道"是中国国学的"指归"，是中国国学的核心。"道"是什么？在陈启彤看来，"道"为"诸科之源泉，学术之总汇"。他认为，"道"无所不包，天地鬼神、山川草木、鸟兽昆虫、王制礼仪、日用人事"莫不毕属"。与"道"相对，则为"术"："道之用为术"，"道""术"可并称，但"术之局于一隅者，为方术"。欧西之学，仅为方术而已。中国之学的核心为"道"，可谓"博大"，欧西之学为"方术"，可谓"狭"。两相对比，高下立现。仅以"莫不毕属"来概括国学之"道"似乎过于笼统、抽象。陈启彤进一步将国学之"道"具体定位为儒家的"礼教""宗法"："造成此泱泱之大国，其道又果何在乎？则所谓礼教，所谓宗法是也。盖浅演之民，天真嗜欲，杂鉴于心，为之礼所以节嗜欲，养其廉耻也。虽有导引纷华之失，实有定分遏乱之功。为之宗法者，所以启其天真，明其秩序也。斯二者乃我先哲准乎人道主义，本于经验学理，对于社会之种种方面，极深研稽而求得者也。"① 从"道"博大的角度出发，陈启彤还阐释了以下两大问题：一是关于"一战"爆发的原因。在他看来，当时的欧西尚处于中国春秋崇尚法家方术的阶段，这也正是当时欧洲战乱频仍的原因。中国在春秋之时，崇尚法家，背道德而趋功利，这种情况在秦统一中国后就发生了改变："统一之局既成，则儒术乃取而代之。法家之风靡以尽，军国之制，荡然不存，迄于二千余载，施政布教之大纲，未越于儒术（谓礼教宗法），其量广也。"此处作者特别以儒家的"礼教宗法"即他眼中的"道"之所在来为"儒术"加注，是强调中国自秦以后以"量广""博大"之"道"治国，使中国免于列国争雄之苦。相较中国以儒家之道治国，"充欧西之治，一法家而已。顾其量既狭，则其用不宏，可暂而不可久也"，若"立于局外，以清净之心，光明之眼"观察，欧西"局局于物质文明"，"偏徇功利！"二是对中国无宗教的辩护与阐释。一般认为，欧西有宗教，中国之民无教为多数。陈启彤认为这种区别恰好是中国胜于欧西之处：欧西"治术之狭"，故"其民所奉之宗教亦狭"，而"我国先哲，惟以道得民，不立宗教为自隘焉，随其宜而尊崇之焉，所谓何适而非道也。故老子曰：天下皆谓我道大似不肖。惟其大似不肖，肖则又狭已。"②

在陈启彤看来，中国国学不仅博大，较之西学还具有"优美"的特征，此突出表现在中国文字上："吾国文字，条例不繁，而含义宏深，且又富有感化情志之能力。"中国文字含指事、象形、形声、会意、转注、假借六义："以六书之义，而观天地鬼神、山川草木、鸟兽昆虫、王制礼仪、日用人事之名，其含义之宏深，实莫不各尽其致，而各臻其妙。循名而求，则天地鬼神、山川草木、鸟兽昆虫、王制礼仪、日用人事之学，可知也。启人之智，达人之慧，西方文字有如此邪？其优美而有益于人类也，固信非诬矣。"相较中国文字之优美，"西方之文字，则失之陋是也，彼不自知其陋也，乃自诩其演声之佳妙。又不知我国文字构造之原理也，乃妄以为纯乎演形而无条理，彼文明而我僿野。国之士人，炫于其谩，昧然和之，薄旧艺而珍野言，亦可喟矣！西欧文字，徒衍声耳，苟觅其义，

---

① 陈启彤：《中国国学博大优美有益于人类说》，《国学杂志》第 3 期，1915 年 7 月，第 1 – 4 页。

② 陈启彤：《中国国学博大优美有益于人类说》，《国学杂志》第 3 期，1915 年 7 月，第 2 – 3 页。

杳不可知，非习腊丁文，不详其故。有声无义，习之无味，此大敝一也。一事一物，表而明之，必须多音，而复累赘，难于记忆，多费时间，其大敝又一也。我则何如乎？声形同衍，义随之明，音单画简，含义无穷，结构之间，妙达神指。"① 中国文化除了文字"优美"外，其他如"吾国之书体诗歌，极饶旨趣，故工之者，类多出绝尘，耿介高洁之畴，以往历史，彰彰可征。其流风余韵，岂徒点缀文明而已哉？实可以扫除人类之秽浊，而助长其清明之气，培养其高尚之风，使之对于祖先之文化，爱慕流连，低徊往向，而不能自已"，作者于此还发出如此感叹："以此之故，故我国之文明历数千年而不敝，而异族之与我为缘者，莫不染濡而浸化之，以同归于我。是以政权或统于异族，而文化之滋长，则依然也。"② 通过以上一番对比，作者传达出这样一种理念：中国国学博大、优美，让人爱慕流连，对"异族"有"染濡"力，国人切不可妄自菲薄，一味贬中扬西。

与陈启彤对中国国学核心及长处的梳理思路类似，梁启超在《治国学的两条大路》中也对中国国学的"最特出之点"进行了深入的探析。

梁启超认为"人生哲学"是中国国学的"最特出之点"："我们的祖宗遗予我们的文献宝藏，诚然足以傲世界各国而无愧色，但是我们最特出之点，仍不在此。其学为何？即人生哲学是。"在梁启超看来，中西方的学术分野主要在对人生的态度上："欧人讲学，始终未以人生为出发点。至于中国先哲则不然，无论何时代何宗派之著述，凤皆归纳于人生这一途，而于西方哲人精神萃集处之宇宙原理、物质公例等等，倒都不视为首要。"③ 欧洲人在近代以来所面临的种种问题，就与他们一味重视"形而上学"，忽略人生哲学有关。西方人讲的"形而上学"："仅能够用之研究人生以外的各种问题。人，决不是这样机械易懂的。欧洲人却始终未澈悟到这一点，只盲目的往前做，结果造成了今日的烦闷，彷徨莫知所措。盖中世纪时，人心还能依赖着宗教过活，及乎今日，科学昌明，赖以麻醉人生的宗教，完全失去了根据。人类本从下等动物蜕化而来，那里有什么上帝

①　陈启彤：《中国国学博大优美有益于人类说》，《国学杂志》第 3 期，1915 年 7 月，第 4 - 5 页。

②　陈启彤：《中国国学博大优美有益于人类说》，《国学杂志》第 3 期，1915 年 7 月，第 6 页。

③　梁启超：《治国学的两条大路》，《饮冰室合集》文集之三十九，北京：中华书局 1989 年影印本，第 114 页。

创造？宇宙一切现象，不过是物质和他的运动，还有什么灵魂？来世的天堂，既不可凭，眼前的利害，复日相肉搏，怀疑失望，都由之而起，真正是他们所谓的‘世纪末’了。"① 如果说西人的"学"与"人生"相分离导致了他们"物质生活之疲惫"，那么中国的儒家之学则强调"学"与"人生"的联系。关于这一点，梁启超从三个方面予以了说明：一是儒家强调知行"一贯"，强调知、行两者的结合，学问必须自证、躬行。二是儒家视宇宙人生不可分："宇宙绝不是另外一件东西，乃是人生的活动，故宇宙的进化，全基于人类努力的创造。"三是在儒家看来，"仁"是中国文化的"至宝"，这种人生观的养成绝不能靠科学的方法而要用内省的功夫："仁之概念，与人之概念相函。人者，通彼我而始得名，彼我通，乃得谓之仁。知乎人与人相通，所以我的好恶，即是人的好恶，我的精神中，同时也含有人的精神。不徒是现世的人为然，即如孔孟远在二千年前，他的精神亦浸润在国民脑中不少，可见彼我相通，虽历百世不变。儒家从这一方面看得至深且切，而又能躬行实践，‘无终食之间违仁’，这种精神，影响于国民性者至大。即此一分家业，我可以说真是全世界唯一无二的至宝。这绝不是用科学的方法可以研究得来的，要用内省的工夫，实行体验。体验而后，再为躬行实践，养成了这副美妙的仁的人生观。"②

　　与陈启彤、梁启超两人直接指出中国国学的核心或最突出之点不同，胡怀琛、王皎我等人则是先指出探析中国国学或中国传统文化核心问题、根本思想的重要性，然后再对问题作出回答或指出解决问题的路径。相较之下，胡、王两人关于中国国学核心问题的思考更具有启迪性。

　　胡怀琛在《怎样研究国学及其基本书目》中首先提出："要了解中国一切的学术（并人情风俗等），必须先明白中国民族根本的思想。"在指出探究"中国民族根本的思想"的重要性之后，作者随即回答："中国民族根本的思想在周、秦时虽有所谓‘九流’，但其总源亦只有道、儒、墨三家，除墨子之学说在我认为是外来的思想而外（另有说），只有儒、道两家，以后再加入佛学，但墨学与佛学，影响于中国人民思想皆不及儒、道两学那样的深，所以我们研究中国一切的学术，尤须先把儒、道两家的学

----

① 梁启超：《治国学的两条大路》，《饮冰室合集》文集之三十九，北京：中华书局1989年影印本，第115－116页。

② 梁启超：《治国学的两条大路》，《饮冰室合集》文集之三十九，北京：中华书局1989年影印本，第116－118页。

说及其派别讲清楚。"① 在"中国一切的学术"中，作者将范围不断缩小，最后挑选了儒、道两家作为"中国民族根本的思想"。② 对于儒、道两家，他对其范围也有限定：就儒家而言，其学说以孔子为主；就道家而言，其学说以老子为主。胡怀琛于此只是采用了缩小范围的方法而非采取归纳的方法来提炼中国民族的根本思想。作者于此文中还特别从中西文化对比的角度来说明孔子学说、老子学说较之于西洋文化的独有优势：

> 一、中国孔子的学说，是从"以人对人"为出发点，其目的是要各个人自己克服自己的欲望，以维持他人相当的权利，人人都能如此，天下自然太平。二、中国老子的学说，自然"以自然对人"为出发点，其目的是要使人如草木，遇春而自然生长，遇秋而自然凋零，不识不知，自乐其乐。三、西洋的文化，是从"以人对物"为出发点的，其目的在战胜"物"，而这"物"字是广义的，往往把人也当物看待。③

在胡怀琛看来，对物质文化过度追求是"一战"爆发的缘由，而中国孔子之学、老子之学对"人"与"自然"的强调既有助于"止兵"，也可以纠西洋文化重物质、重科学之偏。

王皎我在《中国国学在国际上的新地位及其最近之趋势》中有"国学的真灵魂"与"国学的真价值"的提法。作者在文章中虽未对"国学的真灵魂"与"国学的真价值"究竟是什么作具体说明，但对如何去发现国学的真灵魂、真价值的看法倒很有新意：一是"国学的真灵魂""国学的真价值"终会在中国固有文化与外来文化的冲突中显现出来。他认为，"国学的真灵魂""国学的真价值"之所以在五四运动后逐渐显现、复苏，就在于"渐次的因为外来的文化与中国固有的文化发生了冲突，遂使一般真正觉悟的份子更加努力去钻研中国国学，藉以明了它们突冲的所在同突冲

---

① 胡怀琛：《怎样研究国学及其基本书目》，王新命、汪长济主编：《现代读书的方法》，上海：现代编译社 1935 年版，第 393 页。
② 中国近代学人将儒、道两家视为国学核心者不乏其人，如范丽海认为"有了老孔，方有国学"。但于老、孔之间，他认为孔子之学更为重要："老子道德五千言，在思想哲学方面自然影响中国很多，关系中国很大，但总不及孔子的更多更大。"见范丽海：《二千五百年来之国学》，《青年进步》第 106 册，1927 年 7 月，第 49 页。
③ 胡怀琛：《怎样研究国学及其基本书目》，王新命、汪长济主编：《现代读书的方法》，上海：现代编译社 1935 年版，第 392 页。

的原因，以谋适当解决的方法。当时曾为新旧的问题、东西文化的问题，整理国故与努力介绍的问题闹得很利害，但国学的真价值，即在这时候与外来的文化同时的被人们认识出来"。二是对中国固有文化的系统研究、整理有助于发现"国学的真价值"。他提出："以前外国人介绍到他们本国去的中国书，中国留学生等所翻译过去的中国书，大半是一些未曾整理过的，一些未曾研究过的，更是没有什么统系的。这样难怪外国人不能明了中国国学的真价值。"虽说这段文字主要针对中国书籍的外译问题，但也从一定侧面表达了作者这样的观点：对中国固有文化的研究与系统整理可以促进国学真价值的"明了"。①

不管是从"指归""源泉""最突出之点"的角度，还是从"根本的思想""真价值""真灵魂"的角度，基本上都是侧重从抽象层面对国学核心层面的梳理分析。也有不少学者从文字、艺术、具体学派学说等具象层面对中华传统文化及国学的精华、结晶进行梳理总结。

一般而言，学者们常常从多侧面、多角度来具体总结中华传统文化及国学的精华。如曹聚仁在《国故学之意义与价值》中视国故为"五千年间中华民族以文字表达之结晶思想"，其具体内容主要有四类：一是孔孟等哲人创导之学说；二是儒家、道家、宋明理学家等各家传授之学说；三是含有民族性、时代性之艺术作品；四是关于记载典章制度及民族生活之文字等。②

与曹聚仁这种过于宽泛的总结法不同，一些学者则从某一方面来概括、突出国学或中华传统文化的精华。如陈启彤在《中国国学博大优美有益于人类说》中以为汉文字、诗歌之美就是中国国学优美的集中体现；何键认为经学是国学的精华。"所谓国学应当包括经史子集四部在内，并不以经为限，但是中国的学问，无不以经为根据。所以研究国学，当然要以经为首"③。钱基博在《国学文选类纂》总叙中以学术为国学的核心内容。对于中国学术的范围，钱基博也有限制，如春秋时期的百家之学，"其间

---

① 王皎我：《中国国学在国际上的新地位及其最近之趋势》，《青年进步》第 114 期，1928 年 6 月，第 79 页。

② 曹聚仁：《国故学之意义与价值》，《东方杂志》第 22 卷第 4 号，1925 年 2 月 25 日，第 70 页。

③ 何键：《要用最新的科学方法来研究国学》，《国光杂志》第 17 期，1936 年 5 月 16 日，第 49 页。

可得而名家者，曰儒，曰道，曰阴阳，曰法，曰名，曰墨，曰纵横七者而已"。作者并不满足于将百家之学缩小为七家，于七家之中，他认为"独儒、道二者，囊括群流，为一切学术之所自出，而管学术之枢者"。[①] 邓实则以儒家六经为中国学术的核心："汉以后神州之学术，在乎儒者之一家而已。儒者之学术，其大者在乎六经而已。"[②] 李耀春也认为："中国自孔子提倡经籍以来，经学在中国学术上占着重要的地位。"[③] 张树瑛更是将国学精华直接归结为孔学："我民族人口最多，历史最久，古圣先贤，立政垂教，所以养成此民族者，自有其伟大之精神，与深奥之学问。其精神学问，可为全人类之模范者，不在班马文章、许郑训诂、李杜诗词、程朱义理、惠戴考证，质言之，则孔子达德达道是也。达德之用，所以立己；达道之用，所以成人，尧舜禹汤文武不外此道，即大同太平之治，亦不外此道也。"[④]

一般来说，如果持文化自卑的态度去展开中西文化对比，其对比结果自然是突出西方文化的优美与长处。与之相对应，如果持文化自信的态度去展开中西文化比较，其对比结果更多是突出自我文化的特长及优美之处。以上所举的"源泉"说、"指归"说、"最突出之点"说、"至宝"说、"根本的思想"说、"真灵魂"说、"真价值"说、"结晶思想"说等均为近代国学论者对国学及中国传统文化的核心和特色的探析。在近代中国中西文化并存的大背景下，对自我文化的特长及优美之处的挖掘，其实是对中国文化较之于西方文化的真正区别与魅力所在的深入思考与探析。这既体现出近代国学论者对中国国学及文化内在生命力的思考，也体现出他们对于中国国学及文化的自信与挚爱。

论及对中国国学及传统文化的自信与挚爱，有一个问题不可回避，即

---

① 钱基博：《〈国学文选类纂〉总叙》，钱基博：《国学文选类纂》，上海：上海古籍出版社2012年版，第12－13页。

② 邓实：《国学通论》，《国粹学报》第3期，1905年4月24日，第1页。

③ 在《国学漫谈》一文中，李耀春对六经的内容及在中国文化上的重要性有如下阐述：六经就是《易经》《书经》《诗经》《礼经》《乐经》《春秋》六部书。这六部书的内容：《易经》是讲天地、阴阳、四时、五行以及天地间一切事物的变化；《书经》是记古代君主的政事；《诗经》是记各地的山川禽兽草木及民间的风化；《礼经》是记人类的操行；乐经是记音乐；《春秋》是评论国家行政的是非。因为这六部书是古代的书籍，是古代社会上一切行政道德法制的渊源，再加以孔子的修正，所以在中国文化上，支配着两千年，使中国人钻在这六部书里变戏法。见李耀春：《国学漫谈》，《读书月刊》第1卷第2期，1931年，第77页。

④ 张树瑛：《国学今后之趋势》，《国光杂志》第12期，1935年12月16日，第6页。

如何解释文化与现实的冲突问题：中国文化既然如此优秀，为何近代中国社会又"堕落"如此呢？① 王光祈对此问题的解释很有见地，他提出，应将"中国古代文明"与"中国现代社会"分开，因为两者之间并无因果关系："中国（古代）的文明自文明，（中国现代）社会自社会，他们俩早已没有关系。……但是，外国人因为不了解中国古代的文明，只看见中国现代的社会，遂以为现代堕落的（中国）社会，便是中国文明的结晶，因而对于中国民族存一种轻视之心。"② 其实，何止是外国人，就是当时许多中国人，也常将中国现代社会的堕落归于中国古代文明，这也是中国古代文明在近代中国屡受诟病的原因。究其根本，近代中国"堕落"的原因主要在西方列强对中国的殖民侵略，不应将板子打到中国古代的文明上。

第三节　"独有之伟观"的形成原因

中国国学为何能形成"独有之伟观"？近代中国学人对此亦各有阐释，其具代表性的说法主要有两种：

一是认为与中国国家的独特性与国学的特殊性有关。闻宥以为国学之所以称为"国学"，就在于"一国"的独特性："今学而曰国，是明其为一国之所独有，而同时又必有其他国家之学术与之并峙，然后其意义乃始完全。"一国则有一国的文化，中国文化几千年来独立演进，少受异域文化的影响，故中国文化较之他国文化更具特色，自成"一种独有之伟观"。闻宥坦言自己的观点是受章太炎的启发，他论及此点时还特别引用了章太炎的论述："章太炎先生《原学》（见《国故论衡》中）论之曰：'中国印度希腊，皆能自恢弘者也。'"③

---

① 关于这一问题，笔者在第三章第六节中也有所论及。

② 王光祈：《旅欧杂感（续）》，《少年中国》第 2 卷第 8 期，1921 年 2 月 15 日，第 63 页。引文中括号内的文字为笔者根据作者上下文之意补充。王光祈的这一观点实得之于其朋友张梦九。他在文中对此有说明："朋友张梦九说：'中国古代文明与中国现代社会是两回事，不可混为一谈。'"见王光祈：《旅欧杂感（续）》，《少年中国》第 2 卷第 8 期，1921 年 2 月 15 日，第 63 页。张梦九，生于四川，原籍山西。1919 年，张梦九与王光祈、曾琦、周太玄、陈愚生、雷眉生、李大钊在北京创立"少年中国学会"。1924 年 10 月，张梦九同左舜生、曾琦、陈启天等创办《醒狮周报》，鼓吹国家主义。

③ 闻宥：《国学概论》，《国学》第 1 卷第 3 期，1926 年，第 1 页。

二是认为与中国人的智力、品质等因素有关。王易在《国学概论》导言中论及中国国学的优长时，就将中国文化特性的形成归结为汉族为主体的中华民族"气质"的独特性。他认为，中国为"四千余年之古国，而其人又华夷杂糅之民族也"，自黄帝以来，"汉族之势力日展，盖已由黄河流域而扩及于长江流域，他族则日就萎薾于荒陬绝徼之间而已。故自唐虞以迄于秦汉，汉族生存，不假他助，老孔诸子，蜂起竞翔。学术之演进，若朝霞之拥旭日也！自汉末佛法东来，番僧迻译经论，奘，窥大之，性相空有之论，超老迈孔，似外入者竟夺主矣。然世法之施，仍舍儒莫属，而大乘之教，则自东而昌。则以汉族自发力强而智慧优越也。自唐迄清，迭蒙夷祸，契丹、女真、蒙、满势力相继侵入。民族气质虽稍迁流，而性理、考据、词章之学代盛，固犹是汉族之故物。"正是基于对中华民族自发力与智慧的自信，王易认为近代以来的中国只是暂时落后于西方，他还借用英国学者韦尔斯的言论来证明自己的观点："英人韦尔斯之论中国人，曰：'中国人之心，若有相当之刺激，何尝不多才多艺如欧人！'（《世界史纲》第三十章）又斥欧人永操世界霸权之谬想，而未察亚人之平均智力初未略逊于欧人，且与欧人同其勇武、奋厉、宽大而富于牺牲精神，而有坚强之团结力。"①

不管是对国学"独有之伟观"的梳理还是对国学精华结晶的总结，都必然涉及对中国传统文化的选择、别裁的问题。近代学者在论及中国传统文化时对其常作"精华"与"糟粕"的划分。②作这样的划分自然是为文化选择与传承的方便，对"精华"要传承，对"糟粕"要抛弃。将传统文化分为"精华""糟粕"虽有值得商榷之处，但中国传统文化包罗万象，内容繁杂、体量庞大，故这种区分法在现实中也确有其合理、实用之处。类似"精华糟粕"划分法的观点在近代国学论者的相关阐述中还有不少，如曹聚仁将中国传统文化分为"中华民族之结晶思想"与"未可指为中华民族之结晶思想"两大部分，只有"中华民族之结晶思想"才称得上是

① 王易：《国学概论·导言》，王四同编：《大家国学·王易卷》，天津：天津人民出版社2008年版，第3-5页。
② 钱基博：《〈国学文选类纂〉总叙》，钱基博：《国学文选类纂》，上海：上海古籍出版社2012年版，第12页。又见于椿：《关于胡梁两先生所开国学书目》，《华声》第1卷第2期，1946年11月15日，第6页。

"国故"。① 又如闻宥将中国传统文化典籍分为两类：一类是"破碎支离，牴牾不适者"，另一类是"本末条贯，犁然自成为一统者"，且前者为多，后者为少，只有后者才可称为国学。在闻宥看来，国学本身就是从"吾国数千年文化所寄之典籍"中所筛选出的精华。如何将国学从浩如烟海的传统文化典籍中筛选出来，闻宥提出了四条选择标准：一是有特殊之色彩者；二是在历史上有重要之意义者；三是适合于今日之需要者；四是足以与他国学术相发明者。② 从这四个标准出发，闻宥将筛选出的国学"依其轻重之量"分为八类：语言文字类、哲理类、史地类、文章类、美术类、博物类、礼教类、数技类。③ 在这八类中，又以前三类为最重要，因为"语言文字、哲理、史地三种之研究，实为今日研究一切国学之前提，亦即为今日研究一切国学之要素"④。在语言文字、哲理、史地三类之中，又以"语言文字之研究，为一切国学之前提"⑤。闻宥上述对国学问题的探讨既涉及中国传统文化"精华"与"糟粕"的区分及选择，还涉及对国学核心问题的选取，即按设定标准将传统文化作"精华"与"糟粕"的划分后，再对划分出的传统文化精华按轻重主次排序。

　　需要强调的是，虽然国学思潮以倡导国学、发扬国性为宗旨，但是作为具有"世界眼光"的知识分子，近代国学倡导者与一味固守传统、排斥西学的文化保守主义者有着本质的区别。他们在梳理国学优长、讴歌国学伟观的同时对西方文化在近代中国的影响、地位与作用都持客观的评价与态度。张树璎在《西学今后之趋势》中说：

　　　西学深入，已为无可否认之事实，社会感受欧化，如日用器物、家庭卫生，虽在乡村，亦无纯守百年以前之旧者，而国家法政、文物、制度、典章之取法外人，几乎削足适履，已易旧形。在今世界环通将进大同之时，彼此摩仿，乃趋势之当然。任何国家，其经济利害，无不有世界之关系，虽欲闭关自守，仍袭先民之旧章，已不可能。今后之变迁，将更甚有往日，国家之一举一动，皆须有世界眼

① 曹聚仁：《国故学之意义与价值》，《东方杂志》第 22 卷第 4 号，1925 年 2 月 25 日，第 70 页。
② 闻宥：《国学概论》，《国学》第 1 卷第 3 期，1926 年，第 2 页。
③ 闻宥：《国学概论》，《国学》第 1 卷第 3 期，1926 年，第 22 - 23 页。
④ 闻宥：《国学概论（续）》，《国学》第 1 卷第 4 期，1926 年，第 1 页。
⑤ 闻宥：《国学概论（续）》，《国学》第 1 卷第 4 期，1926 年，第 7 页。

光。凡不知自求优胜，徒以取法外人为事者，终必同化于外人，而尽
弃其固有，甚可哀也。①

张树璜以"无可否认之事实""趋势之当然"来表述西学对近代中国
的影响，这就是一种客观、冷静的文化态度。正是基于对西方文化的客观
认识，萧公弼也提出中西学各有所长："科学者，唯物界之学也。国学者，
唯心派之学。发扬国性，振奋心志，国学之长也。"② 国学与科学不仅各有
所长，其关系还密切而不相悖害："斯二者，皆于人生社会有密切关系，
所谓不相悖害者也。是以《大学》始教曰：致知在格物，物格而后知至，
而家齐，而国治，而天下平。盖殊途同归，体用一贯，固不宜有所偏倚者
也。"③ 作者于此对中西学关系的探讨虽还未完全跳出中体西用的窠臼，但
其体用一贯、不宜有所偏倚的观点又表明作者与张之洞所言的中体西用之
论有着本质上的不同。

正是基于对西方文化的客观认识，近代国学倡导者多持中西文化应交
融会通的观点。④ 当然，作为国学倡导者，他们所主张的中西文化会通观
自有其特殊性，他们主张中国文化在中西文化的交融会通中应持积极主动
的态度并占有主体地位。近代国学论者多持中国国学优于西学的观点，他
们持有这样的观点也在情理之中。早在 1902 年，梁启超在《论中国学术
思想变迁之大势》中就说："二十世纪，则两文明结婚之时代也，吾欲我
同胞张灯置酒，迓轮俟门，三揖三让，以行亲迎之大典，彼西方美人必能
为我家育宁馨儿以亢我宗也。"⑤ 将西方文化比为美人新娘，中华文化则处
于新郎角色，以传统中国文化视角观之，梁启超眼中的中华文化自应在中
西文化交融中持积极主动的态度并占有主体地位。在目睹了"一战"的惨
状后，梁启超对中西文化交融会通的思考更加深刻。他在 1923 年所写的
《治国学杂话》中寄语预备留美的清华学校学生，指点读书方法，从中也
可看出梁启超关于中西文化交融会通的具体主张：一是他主张读书时对中
西学书籍要"同等分量"，"中国人对于中国书，最少也该和外国书作平等
待遇"。二是他认为实现中西文化的交融会通需要中西文化贯通的人才。

① 张树璜：《国学今后之趋势》，《国光杂志》第 12 期，1935 年 12 月 16 日，第 6 页。
②③ 萧公弼：《科学国学并重论》，《学生》第 2 卷第 4 号，1915 年 4 月 20 日，第 41 页。
④ 关于这一问题，笔者在第六章中将作专门论述。
⑤ 梁启超：《论中国学术思想变迁之大势》，《饮冰室合集》文集之七，北京：中华书局
1989 年影印本，第 4 页。

他希望预备留美的清华学校学生更加留意国学学习："我希望诸君对于国学的修养，比旁的学校的学生格外加功。……诸君回国之后，对于中国文化有无贡献，便是诸君功罪的标准。"① 以对"中国文化有无贡献"作为留学生回国"功罪"的判断标准，由此也可看出梁启超对中西交融中本国文化主体地位的坚守。

　　中西文化的冲突及交融是近代中国文化发展的主题，也是近代中国知识分子必须面对的文化问题。围绕中西冲突交融这一时代文化主题，近代中国不同派别、不同观点的学人提出了各自不同的见解。这些见解的不同主要在如何具体处理中学、西学的关系及中西学孰轻孰重这一问题上体现出来。"一战"爆发后，近代中国的国学倡导者对西方文化的重新审视及对中国传统文化优长的挖掘是近代以来中西文化冲突交融这一时代主题在新的历史背景下的新变化、新发展。面对西方在"一战"后暴露出的种种弊端，近代国学论者大力挖掘中国传统文化及国学的长处与"独有之伟观"，以期激发起国人的文化自信。虽说近代国学论者倡导国学与文化自信，但他们又能时时警惕文化自夸自大的趋向。"吾人固不当妄自菲薄，同时亦不当妄自务夸。"在闻宥看来，文化自满抑或自卑都是不可取的态度："自满则国学不能得他山之助，自卑则国学不能立最后之基，而国学之真，于以尽失矣。"② 正是基于这样一种既不自满又不自卑的客观的文化态度，使他们在大力倡导国学的同时，又能客观看待西学的作用与影响；也使他们在主张中西交融时，又强调中国文化在中西文化的交融中应持积极主动的态度并居于主体地位。这种文化主张在近代中国有关中西文化相争相融的各种观点中可谓独树一帜，之于今天的中国文化发展仍不乏启示与借鉴意义。

---

① 梁启超：《治国学杂话》，《饮冰室合集》专集之七十一，北京：中华书局 1989 年影印本，第 23 - 27 页。

② 闻宥：《国学概论》，《国学》第 1 卷第 3 期，1926 年，第 2 页。

第五章 近代国学倡导者关于中国文化 对外传播的思考与探索

近代中国学人对国学的倡导意在爱国保国与传承、弘扬中国传统学术。他们所言的弘扬有于内、于外两个方面，前者强调国学在国内的传承及弘扬，而后者则强调国学的对外传播及弘扬。时人在论及近代国学思潮时曾有如下评价："内而发挥国学之效用以养成东亚伟大文明之国民，外而欲使国学发扬为世界之学。"① 细查近代国学倡导者的言论，中国文化"内"与"外"的发展及弘扬始终是他们所关注的问题，他们在颂扬、倡导中国文化以增强国人自信时，也处处透露出他们对中国文化对外传播的思考。目前学界关于国学及中国文化对外传播的研究成果集中于当代，少有学者对近代国学倡导者关于中国文化对外传播这一问题的思考与探索进行系统研究。本章将就近代国学倡导者在国学及中华文化对外传播这一问题上的思考与探索进行系统梳理。

近代中国的国学倡导者在论及国学的对外传播时，关于传播对象的用词除"国学"以外，其他用词还有"国粹"② "大汉文明"③ "中国从来的文

---

① 叶秉诚：《复宋芸子论国学学校书》，《重光》第 2 期，1938 年 1 月，第 47 页。
② 闻一多：《论振兴国学》，《清华周刊》第 77 期，1916 年 5 月，第 1 页。
③ 闻宥：《〈实学〉发刊词》，《实学》第 1 期，1927 年 4 月，第 3 页。

明"①"中国古代学术"②"中国文化"③"东方文明"④"东方文化"⑤ 等。为论述的统一与方便，也为使问题的论述更具有广泛的包容性与针对性，本章除了使用"国学"这一概念外，还主要采用"中国文化""中华文化"的说法。

第一节　中国文化，比世界各国并无逊色⑥

总体来看，近代中国学人倡导国学的目标很明确：一是通过倡导复兴国学以抵御西化浪潮，所谓"有志者亟唱国学，为抵制计"⑦，正是此意。二是倡导复兴国学以图保民族、保国家。在亡国亡种的危机面前，要"图自保"，就必须光大"旧文化"⑧。在近代国学倡导者们看来，国学、国粹屹然挺立，正是中国及中华民族薪火相传数千年的重要支撑。不管是从梁启超发起国学的初衷来看，还是从近代中国学人倡导国学的目标来看，近代国学思潮在初起时主要指向国内，意在于中国范围内复兴国学，以此抵御西学侵袭，激发国民的文化自信与民族自信。

文化自信与文化对外传播具有密切联系，由提倡文化自信进而提倡文

---

① 蔡元培：《北大一九二一年开学式演说词》（1921 年 10 月 11 日），蔡元培著，高平叔编：《蔡元培全集（第 4 卷）》，北京：中华书局 1984 年版，第 94 页。

② 王光祈：《旅欧杂感（续）》，《少年中国》第 2 卷第 8 期，1921 年 2 月 15 日，第 63 页。

③ 梁启超：《治国学的两条大道》，《饮冰室合集》文集之三十九，北京：中华书局 1989 年影印本，第 119 页。又见许啸天：《朱舜水思想的研究》，许啸天编辑：《国故学讨论集（下）》，上海：上海科学技术文献出版社 2016 年版，第 857 页。与梁启超等人将"国学"与"中国文化"常常互相换用不同，谭正璧认为两者之间有所区别：因为"'文化'一义，实含言语、文学、信仰、艺术、工艺、经济的创作的全体，'国学'则仅指其表现于纸片的文字，不过是其中的一小部分"。见谭正璧编著：《国学概论新编》，北京：北京出版社 2014 年版，第 2 页。

④ 王光祈：《旅欧杂感（续）》，《少年中国》第 2 卷第 8 期，1921 年 2 月 15 日，第 63 页。

⑤ 范俪祎：《青年国学的需要》，《青年进步》第 63 册，1923 年 5 月，第 20 页。谭正璧认为"东方文化"与"国学"有所区别："'国学'所含的意义，与近时流行的名词'东方文化'不相同。因为'东方'兼指'印度''中国'而言，而'国学'则专指'中国'一词。"见谭正璧编著：《国学概论新编》，北京：北京出版社 2014 年版，第 2 页。

⑥ 梁启超：《治国学的两条大路》，《饮冰室合集》文集之三十九，北京：中华书局 1989 年影印本，第 119 页。

⑦ 显教：《佛学是否国学》，《世界佛教居士林林刊》第 6 期，1923 年 8 月，第 8 页。

⑧ 宫廷璋：《以科学方法整理国故其步骤若何》，《民铎杂志》第 4 卷第 3 号，1923 年 5 月 1 日，第 3 页。

化对外传播是一个合乎逻辑的联动及发展过程。梁启超在初倡国学时，即提出"当以保国粹为主义，当取旧学磨洗而光大之"①。所谓"光大"，有发展、显扬之意。光大国粹，其涵括范围就不应仅限于国内。1916 年，闻一多在《论振兴国学》中也有类似的表述："古学之为用，亦既广且大矣。苟披天地之纯，阐古人之真，俾内圣外王之道，昭然若日月之揭。且使天下咸知圣人之学在实行，而戒多言。葆吾国粹，扬吾菁华，则斯文不终丧。"② 闻一多发表此文时任职于清华学校，清华学校时为"预备留美学校"，此文即发表在清华学校学生主办的刊物《清华周刊》上。作者的这段文字不仅充满了对中国文化的自信，而且以一个"扬"字表达了作者对光大、发扬中国优秀文化的期待。"扬"在此处当作"传播"解，闻一多于此虽未指明"扬"的范围是否包括中国之外，但联系作者发表此文时的任职背景及发表刊物背景，显然不能将"扬吾菁华"之"扬"的范围局限于国内。"葆吾国粹，扬吾菁华"，闻一多这两句话很好地将文化自信与文化对外传播之间的因果、互动关系展现出来。

近代中国早期国学思潮的倡导者邓实曾在《古学复兴论》中疾呼："学者乎！梦梦我思之，泰山之麓，河洛之滨，大江以南，五岭以北，如有一二书生，好学信古，抱残守缺，伤小雅之尽废，哀风雨于鸡鸣，以保我祖宗旧有之声明文物，而复我三千年史氏之光荣者乎。则安见欧洲古学复兴于十五世纪，而亚洲古学不复兴于二十世纪也。"③ 欧洲文艺复兴的影响不只限于欧洲，还对整个世界的发展产生了深远影响。以欧洲文艺复兴来类比、期待中国的国学复兴可以看出邓实等国学论者的视野绝非局限于国内。他们对复兴中华文化充满期待，更希望复兴后的中华文化能走出去，"复我三千年史氏之光荣"。在近代国学论者的笔下，中华文化历史的悠久绵远，中华文化具有独特魅力，中华文化具有种种优长。我们由此看到近代国学论者对中华文化的无比自信，亦可看到他们倡导中华文化对外传播的底气与原因所在。

（1）在近代国学倡导者看来，中国历史绵远悠久，中国文化也长期领先于世界，有裨于世界文明。历史与文化两者之间具有相辅相成的关系，

---

① 黄遵宪：《致梁启超书》，吴振清等编校整理：《黄遵宪集（下卷）》，天津：天津人民出版社 2003 年版，第 495 页。
② 闻一多：《论振兴国学》，《清华周刊》第 77 期，1916 年 5 月，第 2 页。
③ 邓实：《古学复兴论》，《国粹学报》第 9 期，1905 年 10 月 18 日，第 4 页。

凡一国历史绵远悠久者，其文化多璀璨夺目并为他国所关注。顾实就认为："盖凡一国历史之绵远，尤必有其遗传之学识经验，内则为爱国之士所重视，外则为他邦学者所注意。"① 作者所言的"遗传之学识经验"主要指精神文化，精神文化具有强大的对外影响力。中国文化特别是精神层面的文化在古代就久为外国学者注意，这种注意其实也是一种文化传播，只不过这种文化传播是由他国学者的注意所引发的，并非文化主体的主动行为，是一种非主动的文化传播。某种程度上看，这种由自身文化魅力所引发的文化传播更有力量，有更为持续深远的影响。与顾实仅从精神文化层面展开不同，有学者从物质文化、精神文化两个层面来论述问题："夫中国之历史，绵延四千余载，国之精华，焉敢云无。以言形上之学，若周秦之学术，两汉之政治，宋明之理学，皆可超越一世，极历史之伟观，较诸希腊罗马未或下也。迨及物质文明之发明，若指南针、经纬度、锦、印刷器、火药、磁器等，则大裨于全世界之文明，虽在今日，西人犹多艳羡之者。"② 中华传统文化"大裨于"全世界文明的过程其实就是中华文化向外传播与影响的过程。近代国学论者对中国文化颇为自信。在许啸天看来，中国文化裨于世界，还可做"世界的导师"："中国的文化，开辟在三千年以前，那六经全是中国文化的记录；再加周秦时期思想的发展，种种发明，种种经历，都可以充得世界的导师，而与以无上的教训。"③

（2）中华文化具有相当的文化独特性，在世界文化舞台上是"独有之伟观"。曹聚仁曾说，"中华民族之艺术、风俗及政治组织，皆迥然与他民族不同。"④ 闻宥也曾说，中华民族文化历经数千年发展，逐渐发展"成为一种独有之伟观"，这种"独有之伟观"，正是中华文化"足以与他国学术相发明者"。⑤ 所谓"与他国学术相发明者"，就包含着文化输出、文化输入两者兼有的文化互动。当然，也有学者并不认同学术文化因国不同而具有特殊性的观点，如曹朴就认为："学术没有国界，当代各国都没有特殊

---

① 顾实：《国立东南大学国学院整理国学计划书》，《北京大学日刊》，1924 年 3 月 15 日，第 2 版。

② 反：《国粹之处分》，《新世纪》第 44 期，1908 年 4 月 25 日，第 1 页。

③ 许啸天：《〈国故学讨论集〉新序》，许啸天编辑：《国故学讨论集（上）》，上海：上海科学技术文献出版社 2016 年版，第 4 页。

④ 曹聚仁：《国故学之意义与价值》，《东方杂志》第 22 卷第 4 号，1923 年 2 月 25 日，第 71 页。

⑤ 闻宥：《国学概论》，《国学》第 1 卷第 3 期，1926 年，第 1 页。

的国学，而我们所谓国学，从内容上看，也就是哲学、文学、史学等等的东西，都是可以作为世界学术的一部分的。"①

（3）中西文化各有所长所短，中华文化之长正可补西方文化之短。关于中西文化的各自短长，梁启超从哲学角度有如下论述：

> 欧洲哲学上的波澜，就哲学史家的眼光看来，不过是主智主义与反主智主义两派之间互相起伏。主智者主智；反主智者即主情、主意。本来人生方面，也只有智、情、意三者。不过欧人对主智特别注重；而于主情、主意，亦未能十分贴近人生。盖欧人讲学，始终未以人生为出发点。至于中国先哲则不然。无论何时代何宗派之著述，凤皆归纳于人生这一途，而于西方哲人精神萃集处之宇宙原理，物质公例等等，倒都不视为首要。②

梁启超此处要表达的其实就是：西方的长处即"客观的科学"，我们应该要学习；中国文化的长处即"人生哲学"，正可补西方文化之短，可以"救他们西人物质生活之疲惫"。正是基于中西文化各有所长与所短的认识，梁启超宣称"我们的祖宗遗予我们的文献宝藏，诚然足以傲世界各国而无愧色"，还特别强调"中国文化，比世界各国并无逊色。那一般沉醉西风，说中国一无所有的人，自属浅薄可笑"。③

由上所论，可以看出近代国学论者倡导文化自信绝非井底之蛙的自负，而更多是基于中外文化对比的宏大视野，正是这种宏大视野使他们在倡导国学之时就开始思考中华文化对外传播的相关问题。

在论及近代国学论者强调中华文化对外传播的原因时，除了上述内因之外，还需提及"一战"这一外因对当时中国国学论者所产生的影响。近代中国屡受西方列强侵略，国弱民穷导致近代国人普遍的文化自卑，这种情况在"一战"爆发后有所改变。

"一战"的爆发对近代中国知识分子震动较大，对近代中国社会与文化发展方向也产生了较大影响。细查"一战"后国学倡导者的有关言论，会发现他们当时对国学的倡导与前期有所不同。近代国学思潮兴起之初，

---

①　曹朴：《国学常识·概说》，上海：文光出版社1948年第2版，第1页。

②　梁启超：《治国学的两条大路》，《饮冰室合集》文集之三十九，北京：中华书局1989年影印本，第114页。

③　梁启超：《治国学的两条大路》，《饮冰室合集》文集之三十九，北京：中华书局1989年影印本，第114页、119页。

其主要目的是通过倡导复兴国学以"抵制"西化浪潮，"抵制"一词正体现出当时中学在西强中弱文化格局下的一种守势。守势之下何谈中国文化的对外传播？"一战"爆发后，不管是目睹"一战"的惨状，还是"一战"后部分西方知识分子对西学的反省及对中学的重新认识，都极大地增强了近代中国知识分子特别是国学倡导者的文化自信。这种文化自信的增强也正是当时国学倡导者主张文化对外传播呼声渐高的一个重要原因。

　　笔者在第四章论及"一战"爆发与中国国学思潮的高涨这一问题时，已经述及梁启超是"一战"爆发后较早踏入欧洲旅行考察的中国学者。他在随后写成的《欧游心影录》中系统分析了欧洲于外陷入"困难万状"的原因，还特别指出了西方学者对重视"精神生活"的中国文化的关注，借此表达了对中国文化的无限信心。① 王皎我在《中国国学在国际上的新地位及其最近之趋势》中也特别提及："一战"后，"中国的国学不仅引起了世界人们的注意，世界人们的同情，更引起了世界人们的景仰"。他还认为，中国国学要保持在国际上所取得的地位，有赖于国学研究者的研究，"只要中国研究国学的人们肯努力去奋斗，永久不懈的去钻研，中国国学在国际上所获得的新地位是不会失去的"。②

　　正是注意到了"一战"后西方学者对中国文化的关注，当时的一些国内学者提出要抓住这一机会向西方乃至全世界介绍中国文化。范蓖海说："东方文明之幽光，已为西方人所望见。"一战"以后，不但望见，而且非常企慕之、欢迎之。然则以我人所有之瑰宝，贡献于全世界，而增加其幸福，非今日千载一时之机会乎？"③ 马叙伦在《国立北大国学研究所整理国学计画书》中更是敦促北大同仁抓紧"阐扬吾国固有之学术"，努力发掘"吾国固有学术"之"真相以供欧美学者之研究。"④

　　从目标上看，近代国学论者之所以主张文化对外传播，其原因当主要有以下三点：一是要通过国学的倡导与传播担当起为"人类"应尽的责任。梁启超在《欧游心影录》中谈及这份责任时强调："不尽这责任，就

---

　　① 梁启超：《欧游心影录》，《饮冰室合集》专集之二十三，北京：中华书局1989年影印本，第7页、19页。

　　② 王皎我：《中国国学在国际上的新地位及其最近之趋势》，《青年进步》第114期，1928年6月，第78、80页。

　　③ 范蓖海：《国学研究社缘起与简章》，《青年进步》第69册，1924年1月，第85页。

　　④ 马叙伦：《国立北京大学国学研究所整理国学计画书》，《北京大学日刊》，1920年10月19日第2版。

是对不起祖宗，对不起同时的人类。"二是通过国学的倡导与传播提升国学在国际上的影响与地位，如王皎我《中国国学在国际上的新地位及其最近之趋势》一文重点关注的就是如何保持"中国国学在国际上取得的新地位"。三是对扩张"国力"的期待："发扬我们中国的文化，扩张我们中国的国力。"① 许啸天的这句话虽说得直白，但也将近代国学论者倡导文化传播的用意清晰地表达出来。

关于中华文化的对外传播，许啸天在《朱舜水思想的研究》中曾有一段颇有意味的论述：在清军入关，清朝汉臣称奴称子，人格堕地的时候，独有先生把中国人固有的礼教，移植到海外去，使中国文化的价值，不因一班无耻的二臣而堕落，这也是中国人应该感谢先生的地方。② 这就使中华文化的对外传播又多了一层文化保存的意味。

第二节　中国文化的整理与对外传播

文化本身的魅力是文化对外传播的根本与基础。要推进中华文化的传播，扩大中华文化的影响，对中华文化的整理研究就是一项基础性的文化工作与紧迫任务。只有对中华文化进行系统整理，中华文化才易于被世界接受，中华文化才能更顺畅地汇入到世界文化的洪流中。1921 年 10 月 15 日，蔡元培在北大开学演说中就特别提醒北大学人要注意"西洋各国，对于中国从来的文明，极想知道，正从事搜集中国的典籍，供他们研究"这一现象，他由此呼吁"我们一方面注意文明的输入，一方面也应注意将我固有的文明输出"。要实现文明的"输出"，就有必要对"我固有的文明"进行整理。在演说中，蔡元培除强调"本校国学研究所"要担任起"整理贡献"的工作，他还冀望学校师生"性近于此者，多尽些责任研究"。③

如何整理中国传统文化是一个很具体的问题，近代中国学人关于这一问题所论甚多。探讨的重点并非在探析近代国学论者对中国传统文化整理问题的理解与论述，而是从与文化对外传播相关的角度去梳理、分析近代

① 许啸天：《王阳明思想的研究》，许啸天编辑：《国故学讨论集（下）》，上海：上海科学技术文献出版社 2016 年版，第 788 页。
② 许啸天：《朱舜水思想的研究》，许啸天编辑：《国故学讨论集（下）》，上海：上海科学技术文献出版社 2016 年版，第 857 页。
③ 蔡元培：《北大一九二一年开学式演说词》（1921 年 10 月 11 日），蔡元培著，高平叔编：《蔡元培全集（第 4 卷）》，北京：中华书局 1984 年版，第 94 - 95 页。

国学论者有关中国传统文化的整理问题。近代国学论者对此问题的系统论述虽不多，但归其要者，主要观点有四：

（一）从原因上考察，近代国学论者之所以主张中华传统文化的整理，大致有以下几个方面

一是希望借此推动中华文化走向世界。许啸天在论及中国传统学术文化的整理时说："倘然中国的学者，不甘自弃，还希望把中国的学术扶持出来，和世界的学术见面，非但见面，还要和世界的学术合并，使中国老前辈留下丰富而伟大的学术，使世界学术界得到一种伟大的帮助，那非努力于整理六经诸子的工作不可。"① 这就将文化整理与文化对外传播联系了起来。其实，若从世界文化的大视野来看，学术是没有国界的，整理、传承自我文化就是对世界文化的贡献。吴文祺就认为："中国古代的有价值的学术思想，因了种种关系，差不多埋没在瓦砾堆里了。我们现在应该用新眼光来研究它，替她补苴罅漏，替她发扬光大。这是谋今后学术进步的必经阶级。学术是没有国界的，一国学术上的发明，各国胥受其赐，所以这种研究，不特有益于中国的学问界，就是外国的学术界，也可以得益不少。如中国文字学上的新发现，使欧洲学者得着了不少的有价值的史料；南画入西洋，使欧洲艺术界上变一新色彩。"②

二是认为对中国固有学术的系统整理既可展现中华文化的面貌与真相，也利于外国学者对中华文化的研究。马叙伦在《国立北大国学研究所整理国学计画书》中就强调要"自为阐扬"，发掘整理出中华文化的"真相以供欧美学者之研究"，如此也可避免欧美学者对中华文化的"误解"与"轻视"。③

三是将传统文化整理出来并"公诸世界"，既是为了向世界介绍中国文化，也是为了向世界证明中国文化的价值。时人在论及此点时曾说："假如我们用缜密的方法，抽取精华，排出糟粕，重新估价，一方面使祖宗传下的产业，不致抛弃，一方面使中国文学在世界学术上，占一个位

---

① 许啸天：《〈国故学讨论集〉新序》，许啸天编辑：《国故学讨论集（上）》，上海：上海科学技术文献出版社 2016 年版，第 5 页。

② 吴文祺：《重新估定国故学之价值》，《鉴赏周刊》第 1 期，1925 年 5 月 11 日，第 2 页。

③ 马叙伦：《国立北京大学国学研究所整理国学计画书》，《北京大学日刊》，1920 年 10 月 19 日，第 2 版。

置，教欧美人民知道中华民族的优越和文化的发达。这种工作，非常要紧，民族的兴衰，在此一举。"① 近代中国国弱民衰，连带中国文化的价值也受到外国质疑。王皎我在《中国国学在国际上的新地位及其最近之趋势》中曾说："一些外国人以为中国的国学全是纸老虎，及至纸老虎戳穿了，什么也没了！"② 为了改变、打破外国对中国文化的轻视与质疑，将中国文化进行系统整理并对外传播就成为一项紧迫的文化任务。即便是对国学思潮持反对意见的何炳松也主张："学术是世界人类的公器，我们中国在国际地位上，常常以毫无供献受人责备，我们正应该急起直追，取学术公开的态度，把自己的学术整理起来，估定他的价值，公诸世界。"③

（二）从整理的具体方法上看，他们多主张以西方的现代学科分类法对中国传统文化进行分类整理

近代中国知识分子深受西方文化影响，国学论者在思考传统文化的整理这一问题时也多取法西方。宫廷璋就说：近代以来，"欧洲科学近益精明，不特自然科学为然，即人文科学之成严密科学，亦方在突飞猛进中。我国古籍本多人文科学材料，欲整理之，莫若取法近代泰西之科学家。首为分科之研究"④。许啸天也认为，要借用西方的科学分类法对"一个囫囵的国故学"进行分类分科整理，使整理后的中国传统文化能一一"归并"到世界学术文化中。⑤ 如此，既彰显了中国文化的价值，又推动了世界学术的发展。以上学者所论虽重在国学的整理方法，但对中国文化的传播却有启发意义。以古籍形式存在的中国文化精华，若不加整理，以原有形式加以传播，其传播效果会大打折扣。若能以西方科学方法予以分类整理，更有利于中国文化的对外传播。当然，要将中国文化整理出来传播于世，最主要的还是要把中国文化之"长"整理出来，正如南扬所言：我们要将

　　① 王璠：《读书声中谈谈国学研究的问题》，《学风》第 6 卷第 1 期，1936 年 2 月 1 日，第 3 页。
　　② 王皎我：《中国国学在国际上的新地位及其最近之趋势》，《青年进步》第 114 期，1928 年 6 月，第 79 页。
　　③ 何炳松：《论所谓"国学"》，《小说月报》第 20 卷第 1 号，1929 年 1 月，第 4 页。
　　④ 宫廷璋：《以科学方法整理国故其步骤若何》，《民铎杂志》第 4 卷第 3 号，1923 年 5 月 1 日，第 5 页。
　　⑤ 许啸天：《〈国故学讨论集〉新序》，许啸天编辑：《国故学讨论集（上）》，上海：上海科学技术文献出版社 2016 年版，第 4 页。

国学"整理出一个头绪来",要"以其所长昭示于世界,使知我泱泱大国灿烂的文化"。①

(三) 我们应根据外国的需要主动而非被动地对外进行文化整理与文化传播,主导权应掌握在我们手里而非欧洲学者的手里

自我传统文化的整理与对外传播,还涉及文化主动权与主导权的问题。吴文祺对民国时期国故整理中存在的唯欧洲学者是从的倾向有过颇有见地的分析:"他们以为整理国故的目的,只是要减少外人的轻视中国的程度,只是要抬高中国民族的人格,只是要予'研究东方文明的西方学者'以便利!……他们以整理国故为国际政策,视国故学者为欧洲学者的丫头!这种即不是奴隶或至少是政治式的国故论,实在有些不敢闻命!我们应该明白,要不要整理国故是一件事;外国学者研究不研究中国的学问,又是一件事。如果国故有整理的必要,那末虽然外国学者不来研究,我们也是要整理的;如果国故没有整理的必要,那么无论外人怎样的赞美,怎样的颂扬,我们也不该盲从。"②

(四) 整理成果应符合一定的要求。整理的目的是为对外传播,整理的成果自然要利于文化的对外传播

如在上文已经论及,为让整理出的文化成果能和"世界的学术见面",许啸天提出,整理出的成果一是"要精当而有统系",二是"要适于人生实用"。③ 前者强调整理成果的简洁与系统,后者则强调成果的实用性。如果说前者解决的是容易学且学得完整的问题,后者解决的则是让外人愿意学的问题。胡适在《再谈谈"整理国故"》中特别强调整理出的成果要容易让人接受、理解。他在分析当时中国的青年不喜读旧书的原因时就认为与旧书未经整理有关,他还以莎士比亚、弥尔顿等人的作品为例来说明问题。他认为莎士比亚的《莎士乐府》与弥尔顿的《失乐园》等作品的原本都"很难懂",但"现在英、美人个个能读",这并不是"英、美人爱读古书",而是因为这些作品的原本经过"整理",有"很通俗、最易解的读本罢了!"胡适在这里虽未论及中国文化的对外传播问题,但其所论对中

① 南扬:《漫谈国学》,《战时中学生》第2卷第9期,1940年9月20日,第22-23页。
② 吴文祺:《重新估定国故学之价值》,《鉴赏周刊》第1期,1925年5月11日,第1页。
③ 许啸天:《〈国故学讨论集〉新序》,许啸天编辑:《国故学讨论集(上)》,上海:上海科学技术文献出版社2016年版,第5页。

国文化的整理与对外传播颇有启发意义。中国的旧书若不整理，中国人自己都不喜欢阅读，遑论让外国读者接受呢？书籍是文化传播的重要媒介，要扩大传统文化的影响力，就应该对承载中华传统文化的"旧书"进行系统整理，把"难读难解的古书一部一部的整理出来"，使之"明畅易懂"，"人人能读"。①

第三节　中国文化对外传播须有"世界眼光"

在谋划文化对外传播时，有必要深入分析中外文化之间的各种差异，尤其是要尽力找到本国文化之"长"与他国文化之"短"或"不足"。如此，文化对外传播才能做到有的放矢，易于为他国所接受，起到应有的传播效果。取长补短是每个国家吸取他国文化时的自然倾向。关于取长补短，张煊在《驳〈新潮·国故和科学的精神篇〉》一文中形象地将其表述为"借外说以补己说之不足"②。具体到各个国家而言，"借"或"取"的一方是文化接受者，而被"借"或被"取"的一方则是文化传播者。

中国近代国学倡导者身处 20 世纪初叶，由于时代的局限，他们对于中外文化异同及各自所长等问题的认识与探索并不系统、深入，但在这一问题上的探索已经具有"世界眼光"，于今天而言仍有借鉴之处。

（一）从"世界眼光"的角度去考察中外文化的差异

张树瑝在《国学今后之趋势》中提出"世界眼光"的问题："在今世界环通将进大同之时，彼此摩仿，乃趋势之当然。任何国家，其经济利害，无不有世界之关系，虽欲闭关自守，仍袭先民之旧章，已不可能。今后之变迁，将更甚于往日，国家之一举一动，皆须有世界眼光。"与世界眼光相对，自然应是中国眼光。以中国眼光观察问题，在文化观上易趋于自大、保守。以世界眼光看问题，将中国视为世界的一个部分与他国并列，文化观上多趋向于开放、兼容。正是基于"世界眼光"去考量中西学，张树瑝提出："西学之优长者，既为世界所公认，即非吾人所能摈斥，

---

① 胡适：《再谈谈"整理国故"》，季羡林主编：《胡适全集》第 13 卷，合肥：安徽教育出版社 2003 年版，第 52－55 页。

② 张煊：《驳〈新潮·国故和科学的精神篇〉》，《国故》第 3 期，1919 年 5 月，第 3 页。

中学之平实者，自有不易之定则，亦非西人所能拒绝，中西学术会合，镕铸而成一种新文化。"① 仔细推敲，作者所论不只意在思考中西学术会合的问题，还意在寻找中西文化的差异并由此找出中国文化"非西人所能拒绝"之处，此即中国文化适于对外传播的关键点。"中学之平实者"是什么？根据作者所论，应该是"孔子之学"。结论虽是旧调重弹，但其从"世界眼光"看问题的角度却充满新意。以"世界眼光"观照中国文化还有助于避免对自我文化的疏漏或忽视。张煊就认为，中国知识分子身处中国文化的包围之中，很容易对"国故"熟视无睹乃至"蔑视"。若跳出中国的局限，以"世界眼光"考量，就会发现"国故"正是中国文化较之于他国文化的特殊之处。从这个视角来看，整理国故除了具有整理中华传统文化的价值，还是为"贡诸世界学术界"："在世界学术方面观之，与其得一抄拾欧化之人，毋宁得一整理国故之人。抄拾欧化，欧化之本身不加长也，整理国故，以贡诸世界学术界，世界反多有所得。"②

（二）从各国各民族文化差异性的角度去思考文化对外传播的问题还体现出近代国学论者对文化传播与文化交融的深刻理解

从世界范围来看，正是文化差异引发了各国各民族之间的文化传播，文化间的相互传播又促进了世界范围内的文化交融。黄节认为："析六洲黄色白色黑色铜色棕色人种，而成一社会。一社会之独立，而成一国家。一国家有一国家之土地之人民之宗教政治，于是其风俗气质习惯遂各有特别之精神焉。夫有特别之精神，则此国家与彼国家，其土地人民宗教政治与其风俗气质习惯相交通相调和，则必有宜于此而不宜于彼，宜于彼而不宜于此者。"③ 与黄节的观点类似，范罍诲认为，世界文化分为东西两大系，西方文明以巴比伦、埃及及希腊、罗马为代表，东方文明以华夏与印度文明为代表。在范罍诲看来："东西两系文明之性质不同，而同为人类精神命脉之所寄，于历史上初无轩轾，各自传衍，经过五千余载，而光华不灭。忽焉相遇于今日，自外方之形势观之，阳刚阴柔，西系之动性的文明，与东系之静性的文明，暂时间不无强弱之分。而自内涵之精神观之，

---

① 张树璜：《国学今后之趋势》，《国光杂志》第 12 期，1935 年 12 月，第 6－8 页。
② 张煊：《驳新〈潮·国故和科学的精神篇〉》，《国故》第 3 期，1919 年 5 月，第 3 页。
③ 黄节：《国粹保存主义》，《政艺通报》壬寅第 2 期，1902 年 12 月 30 日。引自邓实辑：《光绪壬寅（廿八年）政艺丛书·上篇（一）》，沈云龙主编：《近代中国史料丛刊（续编第二十七辑）》，台北：文海出版社 1976 年版，第 180 页。

则互相灌溉，互相调剂，将为孕育世界将来大同新文明之预备。"① 性质不同、互有长短的东西文明之间的"互相灌溉，互相调剂"其实就是东西文明之间的相互传播与交融，这就将文化传播视为不同文化之间的双向互动而非单向流动，这种文化传播的受益者不单单是某个具体的国家或民族，而是整个世界文明。与范甗海"互相灌溉，互相调剂"表述类似的还有宫廷璋"相摩相吸"与"蔓延"说："文化以相摩相吸而后能结奇葩，放异彩。昔希腊与希伯来之文化合，而产中古之欧洲文化，然又加以条顿文化而后成今日之西方文化，其结果蔓延于欧美各洲。中国周末南方与北方之思潮合，而产秦汉以后之中国文化，后又与印度文化合，而成今日之东方文化，其结果蔓延于东亚各国。今东西文化又相交接矣，整理中国文化以与欧洲文化调和混合，则世界文化必将焕然一新。"② 宫廷璋所言的"相摩相吸"就是不同文化之间的相互传播及相互兼容吸收。宫廷璋的文化"蔓延"说很有新意，在他看来，相邻区域或国家之间的文化在"相摩相吸"之后会产生一种新文化，这种新文化因具有强大的文化影响力而不断传播、"蔓延"。中古欧洲文化与条顿文化"相摩相吸"而成西方文化并不断"蔓延"至欧美各洲；秦汉后中国文化与印度文化"相摩相吸"而成东方文化并不断蔓延至东亚各国。进入近代以后，东方文化与西方文化的交接、"相摩相吸"正在发生之中。在这样一种文化发展大趋势之下，作为东方文化主体之一的中国文化应主动整理自我文化以与西方文化调和兼容。不管是范甗海所言的要让中华文化在"世界将来大同新文明"中占有一席之地，还是宫廷璋所言的东西文化调和混合后让"世界文化必将焕然一新"，都包含着他们对中华文化走出去并推动世界文化发展的深深期待。

一般来说，近代中国的学者多是从理论角度去论述中西文化的差异及各自短长，少有学者从方法或具体途径的角度去论述如何发现中西文化差异与各自短长。1920年，王光祈在《旅欧杂感》中倒是提出了一种具体可行的方法，他建议中国学者"离开中国社会，到外国去留学或作工"。他还陈述了自己的理由："我希望在短时期内，应该设法到外国去换一换空气。因为我们自身终日居住中国旧社会中，所谓入鲍鱼之肆，久而不闻其臭。若一到外国，看见他国社会的好处，便联想到中国社会的坏处；看见

---

① 范甗海：《我之国粹保存观》，《青年进步》第 26 册，1919 年 10 月，第 12 页。
② 宫廷璋：《以科学方法整理国故其步骤若何》，《民铎杂志》第 4 卷第 3 号，1923 年 5 月 1日，第 3 页。

他国社会的堕落，便联想到中国社会的特长；看见他国社会与中国社会的共同弱点，便联想到人类的全体改造。"① 跨出国门去看世界，这本身就是近代中国倡导国学的学人具有"世界眼光"的最直接体现。

第四节　中国文化对外传播的主要内容

以上所论仅涉及近代国学论者对文化差异与文化对外传播的关系、文化传播与文化交融等问题的思考与探索。在思考与探索中国文化对外传播这一宏大文化问题时，除了理论层面的探讨外，更需要对中华文化之"长"，亦即中国文化对外传播的主要内容进行分析与梳理。

在探讨中国文化对外传播的内容时，首先要思考对中国文化核心的把握问题。中国文化的核心是中国文化之"长"最根本、最集中的体现，对这个问题的思考也直接关涉在对外文化传播中如何把握中国文化核心的问题。关于这个问题，王皎我、梁启超、陈启彤等近代学人的观点较有代表性。②

王皎我在《中国国学在国际上的新地位及其最近之趋势》一文中有两个观点值得注意。一是他将国学从中国文化中抽取出来，视国学为引起世界关注的文化精华："中国能引起世界注意的，同情的，不是什么景泰蓝、丝绸、茶，亦不是什么海港、矿产，更不是什么风景人物，因为那些只能使世界人们注意，却不能得到它们极充分的同情，惟有中国的国学不仅引起世界人们的注意，世界人们的同情，更引起了世界人们的景仰。"二是他对国学进一步抽取、凝炼，提出"国学的真灵魂"与"国学的真价值"。他认为，国学的真灵魂、真价值终会在外来文化与中国固有文化的冲突中显现出来，加强中国文化的研究整理及对外传播也有助于让外国人"明了"国学的真灵魂与真价值。③

---

① 王光祈：《旅欧杂感》，《少年中国》第 2 卷第 5 期，1920 年 11 月，第 33 - 34 页。

② 关于陈启彤、梁启超、王皎我等人在这一问题上的相关观点，笔者在第四章第二节中已有详述。为保持本章论述上的完整性，笔者于此对相关问题再稍作陈述，部分内容有重叠之处，但笔者于此主要围绕"中国文化对外传播的主要内容"这一主题展开论述，特此说明。

③ 王皎我：《中国国学在国际上的新地位及其最近之趋势》，《青年进步》第 114 期，1928年 6 月，第 78 - 79 页。

　　国学的真灵魂、真价值究竟是什么，王皎我并未作清晰的说明。与王皎我仅仅提出问题不同，梁启超直接指出"人生哲学"是中国国学的"最特出之点"。梁启超还由此提出，中国文化重"人生"，重"精神生活"，而西方则重在宇宙原理、物质公例、"物质生活"。① 梁启超所论其实就是将中西方文化分别归为物质文明与精神文明。从物质文明、精神文明的角度对中西方文化进行划分是近代以来中国知识分子普遍采用与认同的一种文化划分法。梁启超在《欧游心影录》中不管是对西方"科学万能之梦"的破灭还是对"一战"后"物质文明破产"的描述，还是对中国青年应该负起人类全体对幸福责任的期待，无不指明精神文明为中国之长。在梁启超看来，中国青年要担当起"超拔"西方的责任，② 向西方传播以"人生哲学"为核心的中国文化，就应该是"超拔"西方的主要途径。

　　与梁启超的观点相类似，陈启彤在《中国国学博大优美有益于人类说》一文中提出"道"是中国国学的核心。他认为，西方所长是"物质文明"，所短则为精神文明。西方所短的精神文明恰好就是中国之"道"。如此看来，中华文化要"有益于人类"，在对外传播尤其是向西方传播时应以儒家"礼教""宗法"为核心的中国之"道"作为传播的核心与主要内容。③ 陈启彤还认为，中国国学的长处不只体现为"道"的博大精深，较之西学，中国诗文等具体文化还具有"优美"的特征，在对外传播中更具"染濡"力与"浸化"。④ 如果说陈启彤对"道"的探析是从文化核心的理论角度探讨问题，那么他关于中国诗文的看法更多是从文化的具体体现及对外传播的具体层面来探讨问题。前者关注的是中华文化对外传播时核心思想的定位问题，后者关注的则是中华文化对外传播时具体内容的选取问题。

　　不管是陈启彤所言的"道"，还是梁启超所言的"人生哲学"，都显得较为抽象、玄虚。故陈启彤最后将国学之"道"落脚到儒学的礼教、宗法上，梁启超也将他所言的"人生哲学"具体定位到儒家学说上面。在梁启超看来，中国文化对"人生哲学"的重视主要在儒家学说上得以集中体

---

　　① 梁启超：《治国学的两条大路》，《饮冰室合集》文集之三十九，北京：中华书局 1989 年影印本，第 114－117 页。

　　② 梁启超：《欧游心影录》，《饮冰室合集》专集之二十三，北京：中华书局 1989 年影印本，第 10、38 页。

　　③ 陈启彤：《中国国学博大优美有益于人类说》，《国学杂志》第 3 期，1915 年 7 月，第 1－4 页。

　　④ 陈启彤：《中国国学博大优美有益于人类说》，《国学杂志》第 3 期，1915 年 7 月，第 5－6 页。

现。梁启超对儒家之"仁"评价尤高，他认为"仁"的社会，为儒家理想的大同社会，这份"家业"是"全世界唯一无二的至宝"，比"世界各国并无逊色"。①

将中国传统文化或国学的核心或精华最后归结到儒学上是近代国学论者比较一致的看法。如范皕海就认为："国学的大部分是儒家，儒家的大宗旨，是要人实行道德伦理，做一个躬行的君子。"他将《论语》视为"四千年来国学的总汇"，并认为："研究国学，请先把《论语》读熟了，配合在你的行为上，你的人格自然高等了，这不是有很大的益处么？"② 张树璜则将国学精华直接归结为孔学并认为："孔子之为圣，世界各国罔不推尊，不独中国而已。"为说明问题，他还举出当时欧美各大学对孔子之学的重视："闻欧美各大学，皆有汉学专科或专系之设备，推尊中国学术，尤崇拜孔子，称为人类唯一之福星。"③ 李廷玉在《〈国学〉发刊序》中也曾特别提及日本对孔学的尊崇："日本与我同文同种，更观感兴起，尊崇圣学，研讨圣经，且不惜动用国库重金，为宣圣重修殿宇。而《论语》一部，尤认为人人应读之书。"④

关于中华文化对外传播时核心思想与具体内容的选取虽说是仁者见仁、智者见智，但在选择时若失之偏颇，极易使中华文化在对外传播的过程中受到曲解。是否有一种相对合理、全面的方法呢？关于这一问题的解决之道，近代国学论者并未给出令人信服的答案，直至今日仍值得我们深思。

第五节　中国文化对外传播的具体途径与方式

论及中华传统文化的对外传播，涉及文化对外传播的具体途径与方式。对于通过何种途径、方式向外传播中华传统文化，近代国学倡导者有一些零星论述，以下列其要者。

---

① 梁启超：《治国学的两条大路》，《饮冰室合集》文集之三十九，北京：中华书局1989年影印本，第118－119页。

② 范皕海：《谈国学》，《青年友》第4卷第2期，1924年2月1日，第6－7页。

③ 张树璜：《国学今后之趋势》，《国光杂志》第12期，1935年12月，第6－7页。

④ 李廷玉：《〈国学〉发刊序》，《国学》第1卷第1期，1937年4月，第1页。

（一）整理并翻译中国传统文化典籍

一个国家的传统文化要向外传播，整理并翻译本国经典是一条重要途径。邓实早就注意到了书籍在中华文化传播中的重要地位："夫经欧美之藏书楼，无不广贮汉文之典册；入东瀛之书肆，则研究周秦诸子之书，触目而有。"① 邓实此处所论主要指西方、日本对中华文化典籍的收藏及研究，由此也可看出中华文化典籍的出版及输出在文化传播中的重要性。只不过我们要变被动为主动，不要等着别人来收集、研究，而是要主动向外出版中华文化典籍供其购买、收藏及研究。"一战"后，随着欧洲学者对中国文化的重视，一些国学倡导者更加意识到了整理并翻译国学经典的紧迫性与重要性。范砳海曾说：

> 欧战以后，他们的物质文明破产，所以渴望尤甚，要把我们的国学移译过去，作为他们研究东方文化的资料。若然我们不整理自己的，却待他们来整理好了，我们想凑现成，不晓得这时候还有我们存在吗？今天我们把自己所有的整理出来，做世界学术上的贡献，表显东方民族的光荣，在世界需要这种文化时，是一个最好的机会。②

范砳海这段话有两点值得注意：一是要抓住文化对外传播的有利时机。西方物质文明在"一战"后受到质疑之时就是传播中华文化的有利时机。

二是指明了"译"为文化对外传播中的一种重要途径。"译"的工作主体既包括中国学者也包括外国学者。孙德谦曾叙及当时德国汉堡大学欲翻译其所著《太史公书义法》一事："法国伯希和，是法之有中国学问者，前岁至旧都，购余已刻四种，如《六朝丽指》五册，归储其国图书馆。而德国汉堡大学，属其国哲学博士颜复礼，贻余书，并寄十金。盖复礼余之及门也，谓彼校中文部，愿得余《太史公书义法》译成课本。"③ 有关中华文化的书籍的出版，除了上述直接输出中文书籍及翻译出版中文典籍两种主要方式外，以外文撰写、出版介绍中华传统文化的书籍并在海外发行，其效果当更加直接，影响更为深远。闻宥曾论及辜鸿铭所著《春秋大义》在西方的影响："自罗叔言刻《雪堂群籍》，辜汤生著《春秋大义》，扬我

---

① 邓实：《古学复兴论》，《国粹学报》第 9 期，1905 年 10 月 18 日，第 4 页。
② 范砳海：《青年国学的需要》，《青年进步》第 63 册，1923 年 5 月，第 20 – 21 页。
③ 孙德谦：《国学研究法（续）》，《大夏周报》第 10 卷第 30 期，1934 年 6 月 24 日，第 148 页。

国光，被之西土，而大汉文明，昭烂四裔，来学有遣子之请。"① 《春秋大义》为辜鸿铭用英文所著，英文名为 *The Spirit of the Chinese People*，中文名为《原华》，又名《春秋大义》。该书主要阐发中华文化的博大精深及其永恒价值，该书出版后，改变了部分西方人对中国的偏见，在当时西方产生了较大影响。② 除了上述书籍的出版工作外，定期刊物的编辑发行也不失为向国外介绍中华文化的一条有效途径。王皎我在论及民国以后中国文化在世界的影响时曾说：

> 到中国留学的外国学生一天比一天多起来。外国大学多增设了中国语言系，自然慢慢的能有不少的外国大学生可以直接阅读中文的书籍，实即与中国国学行初次的握手礼，在外国各书局所发行的中文书籍（如《中国语自修读本》等）、中文定期刊物或关于中国文化的定期刊物日有所增，这样不就是渐渐的修冶钻研中国国学的工具么？③

作者于此主要论述当时中国文化在国际上的影响，却也指出了中华文化对外传播的几条路径：一是招收外国留学生；二是在国外出版中文书籍及定期刊物等。

（二）派遣中国学者，特别是"通儒名宿"参加国际东方学及汉学会议，是传播中华文化的重要途径之一

早在 1905 年，邓实在《古学复兴论》中就叙及国际东方学会议并认为参加这样的国际会议能促进中国文化的发展与传播。第一届国际东方学会议于 1873 年在巴黎召开，以后每隔三四年在欧洲各大城市召开一次，至1905 年，已召开十三次。这个会议以"讲求东方古今政教、俗尚、语言、文字"为主题，赴者"多半学界中人，由政府派员代表，各携带著作呈会品评"。邓实在文中对中国政府派员、学者参加东方学会议的情况有所记载：

---

① 闻宥：《〈实学〉发刊词》，《实学》第 1 期，1927 年 4 月，第 3 页。

② 当时在德国留学的王光祈曾谈及辜鸿铭在欧洲的影响："欧洲人急欲知道中国文明，但是要找一本介绍中国文明的著作终不可得。找来找去，只找着一位辜鸿铭先生。于是欧洲报纸、杂志、书籍上常常都有'辜鸿铭'三字出现，称他是欧洲人的先知先觉，说他的著作是介绍东方文明的杰作。"见王光祈：《旅欧杂感（续）》，《少年中国》第 2 卷第 8 期，1921 年 2 月 15日，第 63 页。

③ 王皎我：《中国国学在国际上的新地位及其最近之趋势》，《青年进步》第 114 期，1928年 6 月，第 80 页。

中国政府向不留心此事，从前曾未闻有派人前往之事。惟千九百零二年汉堡之会，由驻德使署派那晋、李德顺、思诂三人赴会。并未携有著作，不过逐队观光，藉资游览而已。今年阿尔日之会，则由驻法孙慕韩星使派同文馆学生唐在复赴会，闻亦未必携有著作。……中国将来派员赴会，当先知该会著重之点，而遣派通儒名宿，则中国虽弱，而往古教化文学之盛，庶不至亦因之而澌灭也。①

（三）经贸往来是文化对外传播的重要途径

当时曾有学者举"锦"为例说明商贸往来对于中华文化对外传播的促进作用："中国在西汉时，已由中央亚细亚与罗马开贸易之端，中国之锦由是震名于西方。据余意测，今日法人称中国为 Chine，亦本诸拉丁语，其音为震。时人有释为震旦者，非是，当仍锦之原音。西汉之际，华人西渡售锦，人问之曰：'你卖的是什么？'答曰：'我卖的是锦。'西方之人遂因物而指其国为锦国矣，后世遂因之。若英人之曰 China，亦锦之转音。"②在国学倡导者看来，对外经贸输出的不只是一件件商品，同时输出的还有中国文化与中国精神。许啸天对此曾有一段很有意思的记载："前年我听印度诗人泰戈尔说，他幼年的时候，住在恒河岸畔，偶然看到一面绣旗，又看到绣旗下面的流苏，随风飘荡着，便想起这流苏是丝做成的，丝是中国的特产品，看到流苏的飘荡，很可以看得出中国人浪漫的特性。因此他未到中国以前，便早已企慕中国人的浪漫生活。这浪漫的生活，便是诗的生活。"③

王皎我在《中国国学在国际上的新地位及其最近之趋势》一文中曾列举了当时中国国学在国际上新地位的种种表现，这些表现正是当时中国国学在国外传播的具体方式的生动呈现，如在国外大学推动中国国学教育；又如在国外举办中国图书展；再如中外大学互换教授、学生等，④ 以上种种方式均可为今天的中国文化传播提供借鉴与思路。

---

① 邓实：《古学复兴论》，《国粹学报》第 9 期，1905 年 10 月 18 日，第 4 页。
② 反：《国粹之处分》，《新世纪》第 44 期，1908 年 4 月 25 日，第 1 页，
③ 许啸天：《〈国故学讨论集〉新序》，许啸天编辑：《国故学讨论集（上）》，上海：上海科学技术文献出版社 2016 年版，第 1 页。
④ 王皎我：《中国国学在国际上的新地位及其最近之趋势》，《青年进步》第 114 期，1928 年 6 月，第 79 页。

近代国学论者在 20 世纪初叶倡导国学，试图在学习西方的时代主流之外寻找救亡图存的新路径。一定程度上可以认为，国学思潮的兴起是对中国近代以来西化倾向的一种矫正。"一战"的爆发既使近代中国学人看到了西方文化的弊端，也使国学倡导者增强了对国学的自信。正是这种自信使他们从中西文化对比的视角深入思考、挖掘国学较之于西学的长处与魅力，对这些问题的梳理也正可以回答如何具体选取对外文化传播的内容的问题。难能可贵的是，他们还对中华文化对外传播的方式与途径进行了诸多思考与探索，这些思考与探索在今天看来也颇有启发与借鉴意义。

中华文化的发展史同时是一部文化对外传播史，中华文化的对外传播不仅惠及近邻，还对包括欧洲在内的世界文化产生了重大影响。[1] 但自鸦片战争以来，面临西方列强的侵凌，中国社会与文化的发展都暂时跌入低谷。在学习西学成为社会思潮主流的时代，文化自信多被文化自卑所代替，中华文化对外传播更是成为奢谈。当世人多醉心欧风之时，近代国学论者大力倡导古学复兴，力图推进中华文化的对外传播，谋求以国学为核心的中华文化在世界范围产生更大的影响。不管是从他们号召国学的初衷来看，还是从他们复兴国学的目标来看，都显示出他们在中华文化处于发展低谷时对中华文化的自信与坚守，也体现出他们对于复兴中华文化的远见卓识。近代国学倡导者对中华文化的复兴昌明充满信心，正如王皎我在《中国国学在国际上的新地位及其最近之趋势》中所言："设使中国的国学研究者能以永恒的努力，不懈怠的去钻研，中国国学在世界上必有更大昌明的一日。"[2]

---

[1]　参见冯天瑜等编：《中国文化史》，北京：高等教育出版社 2007 年版，第 32 页。
[2]　王皎我：《中国国学在国际上的新地位及其最近之趋势》，《青年进步》第 114 期，1928 年 6 月，第 82 页。

第六章　近代国学倡导者关于中西学调和兼容的思考

中西兼容是近代中国文化发展的一条主线。从鸦片战争前后兴起的经世致用思潮，到洋务思潮，再到随后兴起的维新思潮、民主革命思潮、新文化思潮，近代中国发生的每一次重大社会思潮都涉及中西文化调和兼容的问题。近代中国的国学倡导者虽以"国学"相号召，但其中的有识之士在论及国学时对中西文化兼容这一时代主题也多有回应。只不过在国学复兴这一主题之下的中西交融是以中国传统学术文化为主体的文化交融，而非以迎合西学并以西学为主体的文化交融。

近代中国文化主要面对欧美文化的冲击，故中国近代学人在论及中外学术交融时一般都指中西交融，所谓"西"一般是指欧美。例外的情形有两种：一是视印度为西，如范啬诲在《我之国粹保存观》中将"印度哲学"视为西方文化①。二是并不将"外"的范围仅限于欧美。宫廷璋所言："合古今中外为一炉而治之"中的"外"所包范围就绝非仅指欧美。② 顾实曾言"庶几学融中外，集五洲之圣于一堂"③，这实际上是将"中外"等同于"五洲"，"外"即除中国以外的所有国家与地区，也即梁启超所说的除中国之外的"各国民族"④。但从总体来看，近代中国学人所言的中西交融或中外交融多是指中国文化与欧美文化的交融问题，这是由近代中国文化主要是面临欧美文化冲击的时代特征所决定的。

---

① 需要指出的是，范啬诲只是在论述中印文化的调和时将"印度哲学"视为西方文化："吾国文化，周秦以来，为南北之大调和。六朝以来，为东西（指印度哲学）之大调和。"见范啬诲：《我之国粹保存观》，《青年进步》第26册，1919年10月，第11－12页。

② 宫廷璋：《以科学方法整理国故其步骤若何》，《民铎杂志》第4卷第3号，1923年5月1日，第15页。

③ 顾实：《〈国学丛刊〉发刊词》，《国学丛刊》第1卷第1期，1923年3月，第2页。

④ 梁启超：《新民说》，《饮冰室合集》专集之四，北京：中华书局1989年影印本，第6页。

第一节　近代国学首倡者对中西文化冲突交融
问题的思考

梁启超在《五十年中国进化概论》中将近代中国学习西学的进程分为三期：第一期，先从器物上感觉不足；第二期，是从制度上感觉不足；第三期，便是从文化上根本上感觉不足。① 梁启超将鸦片战争以来的中国文化进程分为器物、制度、思想文化三个阶段的分期方式自其提出以后即成为解读近现代中国文化发展轨迹的一种重要模式。这一解读模式将国人对于中国文化"不足"的焦灼视为近代中国文化演进的内在推动力。梁启超所谓"不足"就是中学相较于西学的不足之处，既有不足，就要向西方学习。由此看来，近代中国诸多学人所倡导的中西兼容在相当程度上就是主张学习西学以补中学之"不足"。因对"不足"程度的看法不同，不同学人对中西学的态度也就多有不同。认为中国文化较之于西学稍有"不足"者，强调中学的主体地位，中体西用就是其中代表性的观点；认为中国文化较之于西学多有"不足"者，则主张对西学广泛学习，其极端者甚而主张全盘西化。

梁启超在《五十年中国进化概论》中将 1922 年前半个世纪中国文化进化的主线归结为对西学的学习及中西文化的兼容并收。若按他在此文中对近代中国文化发展历程的分期，由他所倡导而兴起的国学思潮大致处于近代中国文化进化的第三期，即在"文化上根本上感觉不足"的阶段。近代国学思潮处于近代中国文化进化的时代大浪潮中，也应对近代中国的时代主题即中西文化兼容问题作出相应的回答。梳理近代中国国学思潮的发展理路，会发现近代国学倡导者在国学思潮初兴之时就已开始思考中西学如何取舍的问题。

梁启超于 1902 年致信黄遵宪谋创《国学报》，在信中提出："养成国民，当以保国粹为主义，当取旧学磨洗而光大之。"② 单从此语来看，似乎

---

① 梁启超：《五十年中国进化概论》，《饮冰室合集》文集之三十九，北京：中华书局 1989年影印本，第 43 - 44 页。

② 黄遵宪：《致梁启超书》，吴振清等编校整理：《黄遵宪集（下卷）》，天津：天津人民出版社 2003 年版，第 495 页。

梁启超倡导国粹的目标仅仅指向光大"旧学"。其实，细究双方观点，不管是梁启超首提国学，还是黄遵宪对此问题的回复，都可看出他们当时对于中国中西文化冲突及兼容问题的高度关注。

（一）梁启超首倡国学受到了近代日本国学思潮的影响，如何处理中西学的关系是近代中国国学倡导者在国学兴起之初就思考的一个关键问题

1902 年，客居日本的梁启超致信黄遵宪欲倡导"国学""国粹"。黄遵宪在回信中对梁启超谋创《国学报》的提议发表看法后，随即论及近代日本"国粹之说"的兴起并比较中日两国在学习西学上的不同。① 仔细分析，黄遵宪的说法中隐含这样两层意思：一是指明当时客居日本的梁启超所倡议的国学思想的源头是对近代日本国学思潮的借鉴学习。二是建议梁启超在借鉴日本国粹之学时要清楚中日在学习西学程度上的不同之处，日本的经验有可能暂时还不适用于当时的中国。近代日本国粹思潮的兴起是对当时日本欧化主义的反思，从文化角度看，其涉及的关键问题就是如何处理本国文化与西方文化之间的矛盾冲突。梁启超对日本国粹思潮的关注并欲倡导国学，从一个侧面反映出他对中西文化冲突交融问题的高度关注与思考。

与梁启超差不多同时倡导国粹的黄节对日本国粹思潮也多有关注。他在《国粹保存主义》中对此曾有论及：

> 夫国粹者，国家特别之精神也。昔者日本维新，欧化主义浩浩滔天，乃于万流澎湃之中，忽焉而生一大反动力焉，则国粹保存主义是也。当是时，入日本国民思想界而主之者，纯乎泰西思想也。如同议一事焉，主行者以泰西学理主行之，反对者亦以泰西学理反对之，未有酌本邦之国体民情为根据而立论者也。文部大臣井上馨特倡此义，大呼国民，三宅雄次郎、志贺重昂等和之。其说以为，宜取彼之长，补我之短，不宜醉心外国之文物，并其所短而亦取之，并我所长而亦弃之。②

① 黄遵宪：《致梁启超书》，吴振清等编校整理：《黄遵宪集（下卷）》，天津：天津人民出版社 2003 年版，第 495 页。

② 黄节：《国粹保存主义》，《政艺通报》壬寅第 2 期，1902 年 12 月 30 日。引自邓实辑：《光绪壬寅（廿八年）政艺丛书·上篇（一）》，沈云龙主编：《近代中国史料丛刊（续编第二十七辑）》，台北：文海出版社 1976 年版，第 180 页。

从其所论可以看出，近代日本国粹思潮的兴起虽与反对欧化主义浪潮有关，却并非排斥西学，而是在学习泰西之学的前提下强调本国文化与西方文化的交融；强调弃泰西之短而扬我之长；强调将西学融入本国文化之中。黄节对日本国粹思潮的关注及论述清晰地体现出他对当时中国所面临的中西文化冲突交融问题的关注。黄节主张学习日本倡导国粹，其目标不只在保存旧学，还意在养成"国家特别之精神"，这与梁启超倡国学以"养成国民"有近似之处。

（二）黄遵宪与梁启超在是否倡导国粹这一问题上的观点虽有不同，但两人关于中西学交融的看法其实无多少差异

黄遵宪不支持梁启超的观点，他认为中日两国情形不同，不可生搬硬套日本经验：

> 持中国与日本较，规模稍有不同。日本无日本学，中古之慕隋、唐，举国趋而东；近世之拜欧美，举国又趋而西。当其东奔西逐，神影并驰，如醉如梦，及立足稍稳，乃自觉己身在亡何有之乡，于是乎国粹之说起。若中国旧习，病在尊大，病在固蔽，非病在不能保守也。今且大开门户，容纳新学。俟新学盛行，以中国固有之学，互相比较，互相竞争，而旧学之真精神乃愈出，真道理乃益明，届时而发挥之。彼新学者或弃或取，或招或距，或调和，或并行，固在我不在人也。国力之弱，至于此极，吾非不虑他人之挽而夺之也。吾有所恃，恃四千年之历史，恃四百兆人之语言风俗，恃一圣人及十数明达之学识也。[1]

黄遵宪的这段文字内涵丰富，至少有这样几层意思：一是中日两国情况不同，日本无日本学，这种文化特性使日本知识分子对欧化主义十分警惕，故提倡国粹，唯恐日本陷入"亡何有之乡"的境地。中国则有"固有之学"，文化根基深厚，没有类似日本的担忧。在当时中国提倡国粹反易导致国人妄自尊大、故步自封。二是近代中国的文化大门已经洞开，在这个文化大趋势下，国人的主要任务是学习西学而非提倡国粹。若要提倡，

---

[1]　黄遵宪：《致梁启超书》，吴振清等编校整理：《黄遵宪集（下卷）》，天津：天津人民出版社 2003 年版，第 495 页。

"略迟数年再为之，未为不可"①，即当在西学的输入与学习都较充分之后才考虑国学的提倡。三是中西之学完全可以同台平等竞争，在这种文化比较及竞争中我国文化的真精神不会被淘汰，反而会"愈出""益明"。四是文化、学术选择的主动权在"我"不在他人，在中西学术竞争中，中国不可一味自卑，而应有文化自信，其自信的根本就在中国有"四千年之历史""四百兆人之语言风俗""一圣人及十数明达之学识"。

其实，黄遵宪并未理解梁启超倡导国学背后的深意。他显然将梁启超所言的"国学"等同于"中国固有之学"或"旧学"。梁启超在致黄遵宪的信中所言的"国学"是要"养成国民"，是自"旧学磨洗而光大"而来，显然与"中国固有之学"或"旧学"保持着距离。② 但仅凭黄遵宪《致梁启超书》中所转述的这两句话很难对梁启超所言的国学作更深入的阐释。在与黄遵宪通信探讨创办《国学报》之后仅两年，即1904年，梁启超发表《新民说》。在这篇文章中，他对"国民"应具有的特质及养成进行了详细的论述，可谓他对自己两年前"养成国民"及倡导国学想法的深入阐述。尤其他在此文中提出"淬厉其所本有而新之""采补其所本无而新之"这两大养成国民的途径，可谓他对如何"磨洗""光大"旧学的具体方式的颇为精辟的注解。③ 为说明这一问题，我们来看看他在《新民说》中从中西学两个方面塑造"今之世"我国民的文化构想。

在梁启超看来，"今之世"我国民首先须具有"其国民独具之特质"，以自立于世界。如何打造这种特质，方法就是"淬厉"：

> 凡一国之能立于世界，必有其国民独具之特质。上自道德、法律，下至风俗、习惯、文学、美术，皆有一种独立之精神。祖父传之，子孙继之，然后群乃结，国乃成；斯实民族主义之根柢源泉也。我同胞能数千年立国于亚洲大陆，必其所具特质，有宏大高尚完美，厘然异于群族者。吾人所当保存之而勿失坠也。虽然，保之云者，非任其自生自长，而漫曰"我保之，我保之"云尔！譬诸木然，非岁岁有新芽之苗，则其枯可立待。譬诸井然，非息息有新泉之涌，则其涸

① 黄遵宪：《致梁启超书》，吴振清等编校整理：《黄遵宪集（下卷）》，天津：天津人民出版社2003年版，第495页。
② 黄遵宪：《致梁启超书》，吴振清等编校整理：《黄遵宪集（下卷）》，天津：天津人民出版社2003年版，第495页。
③ 梁启超：《新民说》，《饮冰室合集》专集之四，北京：中华书局1989年影印本，第5页。

不移时。夫新芽新泉，岂自外来者耶？旧也而不得不谓之新。惟其日新，正所以全其旧也。濯之拭之，发其光晶；锻之炼之，成其体段；培之瀹之，厚其本原，继长增高，日征月迈。国民之精神，于是乎保存，于是乎发达。世或以守旧二字为一极可厌之名词。其然岂其然哉？吾所患不在守旧，而患无真能守旧者。真能守旧者何？即吾所谓淬厉其固有而已。①

梁启超于此提出了一个很值得思考的问题：什么是真正的"守旧"？按其所论，真能守旧者才能传承祖先精神财富；才能保持一国之独具特质。真正意义上的守旧不是固守，而是以旧为本，如新芽新泉之"日新"。梁启超的这段文字可谓为"守旧"正名，发人深省。

梁启超还认为，"今之世"我国民欲立于强国之林还须博考各国之长。如何博考？方法就是"采补"："故今日不欲强吾国则已，欲强吾国，则不可不博考各国民族所以自立之道，汇择其长者而取之，以补我之所未及。今论者于政治、学术、技艺，皆莫不知取人长以补我短矣，而不知民德、民智、民力，实为政治、学术、技艺之大原。不取于此而取于彼，弃其本而摹其末，是何异见他树之翁郁，而欲移其枝以接我槁干？见他井之汩（汩）涌，而欲汲其流以实我智源也？故采补所本无以新我民之道，不可不深长思也。"②

总之，在梁启超看来，要打造"今之世"的国民，一须继承本民族独具的特质，二须博考各国之长。本民族独具的特质为我国民"所本有"，各国之长为我民族"所本无"，对前者要"淬厉"，对后者要"采补"。需要注意的是，不管是"淬厉"还是"采补"，均是一种文化方法或途径，两者的目标都指向"新之"，指向对"国民"或"新民"的塑造。

综上所论，可将梁启超有关国学、国民的相关论述归结为："淬厉"中国传统学术文化，"采补"世界各国学术文化之长，两者交汇而成的国学将最终促成"今之世"国民的养成。

相较而言，黄遵宪是从文化学习（特别是向西方学习）的角度考虑问题，梁启超则是从"养成国民"，提升国民素质与培养国民精神的角度考

---

① 梁启超：《新民说》，《饮冰室合集》专集之四，北京：中华书局1989年影印本，第6页。
② 梁启超：《新民说》，《饮冰室合集》专集之四，北京：中华书局1989年影印本，第6—7页。

虑问题。如果单纯从学习西方文化的角度看待问题，提倡国学很容易与保守、排斥西学联系起来，这也正是黄遵宪建议梁启超暂缓提倡国学的原因，毕竟学习西学是近代中国所面临的一项颇为急迫的任务。若从培养国民素质与精神的角度考量，提倡国粹与博考外来文化都是为"养成国民"，由此角度也可将梁启超所言的"国学"理解为"养成国民之学"。① 梁启超欲倡导国学以养成国民，这一构想本身就内含了中西文化调和兼容的重要内容。

当然，近代国学思潮的兴起确实与对西学救国作用的怀疑有关。关于这一点，曹聚仁有如下阐述："晚清而后，政局之兀突不宁，社会之畸形发展，外人之土地侵掠，国人大梦初醒，怒焉不安于旧时之现状，以为非改造不可。始而采取西人之坚甲利兵，继而采取欧人之政治制度，继而采取欧人之伦理思想，终至欧人所有学说无不在我国作一度之接触。……然环顾国内，政局之兀突如故，社会之颠危如故，而人民所受之苦痛，益甚于前。用是咨嗟叹息，以为西方文化仍不足以拯国危，惟有重振国故，以先哲之学说拯生民于涂炭。"② 当近代中国学人认识到西学"不足以"救国时，"中国固有之学"又重新回到中国学人的视野之中。

"重振国故"思潮的出现虽与对西学救国作用的怀疑有关，但这并不意味着对西学的彻底排斥。曹聚仁所言的"不足以"就是一种有分寸、有保留的表达，它一方面指西学救亡作用的下降，另一方面也含有西学仍不可或缺之意。既然西学不可或缺，那么国学倡导者在提倡国学时就要对中西学的交融问题作出自己的回答。

① 从"养成国民"角度去观察近代国学思潮，是理解其有关中西文化兼容主张的一个关键点。国学思潮的目标既然是指向国民的养成，则不管是中学还是西学，只要能达成此目标者皆可兼收，只要能为我所用、为我所吸收者皆可视为国粹，正如黄节所认为："我国之所有者为国粹""取外国之宜于我国，而吾足以行焉者，亦为国粹也"。见黄节：《国粹保存主义》，《政艺通报》壬寅第2期，1902年12月30日。转引自邓实辑：《光绪壬寅（廿八年）政艺丛书·上篇（一）》，沈云龙主编：《近代中国史料丛刊（续编第二十七辑）》，台北：文海出版社1976年版，第180页。
② 曹聚仁：《国故学之意义与价值》，《东方杂志》第22卷第4号，1925年2月25日，第67页。

第二节　今之言国学者，不可不兼求新识

自梁启超提倡国学以来，近代中国学人在提倡国学时，都将西学或新学视为国学发展不可回避的一个关键问题。"今之言国学者，不可不兼求新识"①，发表于《民报》1906 年第 7 号的《国学讲习会序》中的这句表述可谓直白清晰。

在倡导国学时何以要主张中西文化调和兼容？近代倡导国学的学人对此问题还多有阐述，其具代表性的主张主要有以下几种。

（一）从国民养成的角度主张中西调和兼容，这种主张以梁启超为代表

梁启超认为要养成"伟大国民"必须兼取调和中外之学：

> 世界上万事之现象，不外两大主义：一曰保守，二曰进取。人之运用此两主义者，或偏取甲，或偏取乙；或两者并起而相冲突，或两者并存而相调和。偏取其一，未有能立者也。有冲突则必有调和，冲突者，调和之先驱也。善调和者，斯为伟大国民，盎格鲁撒克逊人种是也。譬之跬步，以一足立，以一足行；譬之拾物，以一手握，以一手取。故吾所谓新民者，必非如心醉西风者流，蔑弃吾数千年之道德、学术、风俗，以求伍于他人。亦非如墨守故纸者流，谓仅抱此数千年之道德、学术、风俗，遂足以立于大地也。②

正是基于文化调和的立场，梁启超对一味心醉西风或一味墨守故纸的文化态度皆持反对态度。

（二）从国家精神生命传承的角度主张中西交融

范皕诲认为："国粹保存者，即一国精神命脉之保存也。国粹保存，无伤于进化，且保存之界限，决不至拒绝他文化之采用。深一层言之，非采用他文化，亦无以保存其国粹。"为了说明这一点，他还从人生命传承

---

① 国学讲习会发起人：《国学讲习会序》，《民报》第 7 号，1906 年 9 月 5 日，第 25 页。
② 梁启超：《新民说》，《饮冰室合集》专集之四，北京：中华书局 1989 年影印本，第 7 页。

的角度予以论证，"夫血肉的生命，必得他血统的调和，而后嗣续勿绝"，个体生命传承如此，一国"精神的生命"欲"求其永远之延长"，也不能是"纯一的、孤另的"。他还将中国历史文化传承的发展看成一部文化融合流变史。在《我之国粹保存观》中，他将中国文化兼容并收的历程分为三个阶段：第一阶段为中国内部南北文化的交融，其文化融合的硕果是两汉经学；第二阶段为中印文化的交融，其文化融合的硕果为宋之理学；第三阶段为中欧文化的交融，这一阶段的文化融合正在进行中，其结果将为"最新中国之文化"。①

（三）从国学自存及传承的角度主张中西文化交融

如高旭就提出："顾国学之能自存于宇宙间者，在欢迎新学术以调和之。"他还从学术应随国家时势迁移的角度进行了深入论证："专讲保存国学，亦安能立国哉？国因时势而迁移，则学亦宜从时势而改变。夫惟其能改变也，故学可为珍，而学乃可以常存。不然，国势已变迁矣，而犹死守固有之学，不稍变动，势必为强外族闯入而制其命，而尽废其学。"②

（四）主张以国学为手段去输入西学

这种主张本身就内含了文化交融的文化倾向。持这种观点的学者一方面支持西学的输入，另一方面又认为西学的输入与新学的构建都离不开国学的支撑与参与。黄节认为，要使西学输入真正得以输入，担当文化输入的人必须"深通国学"③。梁启超也认为："今日欲使外学之真精神，普及于祖国，则当转输之任者，必邃于国学。"④ 由深通、邃于国学者担当起输入西学的任务，这个文化输入的过程自然也就是中西文化交融的过程。

（五）从学无新旧、学无中西的角度主张中西学的并立相融

王国维在《〈国学丛刊〉序》中就认为"学无新旧也，无中西也，无

① 范丽诲：《我之国粹保存观》，《青年进步》第26册，1919年10月，第11页。
② 高旭：《学术沿革之概论》，《醒狮》第1期，1905年9月，第33页。
③ 黄节：《游学生与国学——东京国学图书馆之设置所望于留学生及留学生监督》，《新民丛报》第26号，1903年2月。录自《癸卯新民丛报汇编》（上编），第424页。
④ 梁启超：《论中国学术思想变迁之大势》，《饮冰室合集》文集之七，北京：中华书局1989年影印本，第104页。

有用无用也"。既然学无中西、新旧，中西之学自应相融并进，"互相推助"。王国维在此文中关于"学无中西"的论述颇为翔实，现转引如下：

> 何以言学无中西也？世界学问不出科学、史学、文学。故中国之学，西国类皆有之；西国之学，我国亦类皆有之。所异者，广狭疏密耳。即从俗说而姑存中学、西学之名，则夫虑西学之盛之妨中学，与虑中学之盛之妨西学者，均不根之说也。中国今日实无学之患，而非中学、西学偏重之患。京师号学问渊薮，而通达诚笃之旧学家，屈十指以计之，不能满也。其治西学者，不过为羔雁禽犊之资，其能贯串精博，终身以之如旧学家者，更难举其一二。风会否塞，习尚荒落，非一日矣。余谓中、西二学，盛则俱盛，衰则俱衰，风气既开，互相推助。且居今日之世，讲今日之学，未有西学不兴而中学能兴者；亦未有中学不兴而西学能兴者。特余所谓中学，非世之君子所谓中学；所谓西学，非今日学校所授之西学而已。治《毛诗》《尔雅》者，不能不通天文、博物诸学；而治博物学者，苟质以《诗》《骚》草木之名状而不知焉，则于此学固未为善。必如西人之推算日食，证梁虞劌、唐一行之说，以明《竹书纪年》之非伪，由《大唐西域记》以发见释迦之支墓，斯为得矣。故一学既兴，他学自从之，此由学问之事，本无中、西，彼鳃鳃焉虑二者之不能并立者，真不知世间有学问事者矣。[①]

在近代国学倡导者看来，中西文化的并立相融、"相摩相吸"必能"结奇葩，放异彩"。[②] 这种文化相融所绽放的"奇葩"与"异彩"有两种可能：一是从世界文化的未来发展来看，当东西方文化碰撞以后，"将来世界"必将产生新文化。如张煊提出："今之论学者，莫不分东西洋文明为二，且谓将来世界之文明，必为二者配合而产生者。"[③] 王光祈提出，若东西方文明相携手融合，可以"产出第三文明"[④]。二是就中国或东方文化的发展未来看，东西文化的冲突交融必将在"东方文化"里面催生出新文

① 王国维：《〈国学丛刊〉序》，谢维扬、房鑫亮主编：《王国维全集（第十四卷）》，杭州：浙江教育出版社 2010 年版，第 129－131 页。

② 宫廷璋：《以科学方法整理国故其步骤若何》，《民铎杂志》第 4 卷第 3 号，1923 年 5 月 1 日，第 3 页。

③ 张煊：《驳〈新潮·国故和科学的精神篇〉》，《国故》第 3 期，1919 年 5 月，第 2 页。

④ 王光祈：《旅欧杂感（续）》，《少年中国》第 2 卷第 8 期，1921 年 2 月 15 日，第 63 页。

化。范丽海在《青年国学的需要》一文中提出："由现在推将来，西方文化，既和东方文化接触，在我们东方文化里面，必能产生一种异样的新文化。"为了迎接这一"新文化"的到来，应积极"发展东方旧文化，预备与西方文化梳剔融洽，以创造将来的新文化"①。多少有些遗憾的是，近代中国的国学倡导者虽论及中西兼容及其催生的"新文化"的问题，但对这种即将产生的"新文化"的具体内容却少有学人讨论。对文化未来方向及各种发展可能性具体展望的难度显然超过了对已经过去的旧文化的总结。

第三节　中西学兼容的途径与方式

中西学如何兼容汇通，对于近代倡导国学的学人来说是一个必须面对又不易解决的难题。其时的明达之士在面对此一难题时也"无左右偏袒之道""无舍一取一之方""二者之迷离错杂，不知所划"。② 尽管如此，近代中国倡导国学的学人还是就中西兼容的具体途径与方式提出了种种方案，归结起来，大致有以下六种。

（一）以中学为主体去融会贯通西学

论及中西交融，自然有何者为主何者为次的问题。近代中国倡导国学的学人在思考中西交融时，多将中学放在文化交融的主体地位。姚光在论及中西学问题时曾说："今日欲保我种族，必先保存国学。而保存者，非固守不化之谓也，当光大之，发挥之。至于泰西学术，为我学所未及者，亦极多焉。当取其精华、弃其糟粕，融会而贯通之。"这段文字所表述的中西交融显然是以中学为主体的中西交融。有意思的是，与近代中国学人一般将传统中学分为精华、糟粕不同，姚光将泰西学术分为精华、糟粕。对于传统中学，他则以真、伪区别。他认为"国学"有真伪之辨，"孔学之正宗"即"国学之真"，而非"伪儒之学"。③

---

① 范丽海：《青年国学的需要》，《青年进步》第 63 册，1923 年 5 月，第 20 页。
② 国学讲习会发起人：《国学讲习会序》，《民报》第 7 号，1906 年 9 月 5 日，第 25 页。
③ 姚光：《国学保存论》，《国学丛选》，1923 年第 1、2 期。转引自桑兵等编：《国学的历史》，北京：国家图书馆出版社 2010 年版，第 96 - 97 页。

（二）中西学各有所长，两者"不相悖害""不宜有所偏倚者也"①

虽说近代中国倡导国学的学人在思考中西交融时多将中学放在文化交融的主体地位，但也有部分学者持中西学并重的观点。萧公弼在《科学国学并重论》一文中提出"科学与国学并重"，通观该文，科学大致指西学，故作者所言的"科学与国学并重"其实就是中西学兼容并重的问题。作者之所以持中西"并重"的观点，是因为在他看来，科学为"唯物界之学"，国学为"唯心派之学"，故两者各有所长：国学之长在"发扬国性，振奋心志"，科学之长则在"覈核群伦，推察物理"。作者还用了两段颇为生动传神的文字来描述国学之长与科学之长：就国学而言，"览帝王之宏规，诵圣哲之嘉言，睹卿相之谋猷，缅英雄之慷慨，以及流连美人名士，涉猎草木鸟兽，未尝不神飞色舞，目悦心愉，令人向往崇拜，思欲翱翔追逐于其间也"；就科学而言，"探赜索隐，惊宇宙之奇妙，钩深致远，知物竞之奥秘，又未尝不浮白拍案，距跃曲踊也"。② 与萧公弼从"唯物"与"唯心"的角度来区分中西学之别类似，近代中国也有学者从"精神"与"物质（形质）"的角度来区分中西学之别。如许守微就将中学视为"精神之学"，将西学视为"形质之学"，两者之间是并列且相互依存的关系："无形质则精神何以存，无精神则形质何以立。"在他看来，精神上的内在坚守与物质上的对外借鉴并不冲突，两者并立不悖。对此，他有如下表述："国粹以精神而存，服左衽之服，无害其国粹也。欧化以物质而昌，行曾史之行，无害其欧化也。如理弓然，弛而不张则蹶，张而不弛则折。如鼓琴然，独弦不能操缦，一音不能合乐。"③ 在近代中国，主张从物质、精神角度区别中西学的学者不乏其人，从具体情形看，持这种观点的学者极易将中（国）学与西学特别是与科学对立起来，以为国学的发展研究可以完全不依傍科学。曹聚仁对此曾有论及："谈国学者大都痛恶科学，以为科学乃物质文明，国学为精神文明，于是治国学不必藉手于科学方法，惟直觉的武断论是依。"④

既然中西学各有所长，就应以一种平等的态度去看待中西方文化，文

---

① 萧公弼：《科学国学并重论》，《学生》第 2 卷第 4 号，1915 年 4 月 20 日，第 41 页。
② 萧公弼：《科学国学并重论》，《学生》第 2 卷第 4 号，1915 年 4 月 20 日，第 41 页。
③ 许守微：《论国粹无阻于欧化》，《国粹学报》第 7 期，1905 年 8 月 20 日，第 4 页。
④ 曹聚仁：《春雷初动中之国故学》，许啸天编辑：《国故学讨论集（上）》，上海：上海科学技术文献出版社 2016 年版，第 52 页。

化自满与文化自卑皆不足取。闻宥在《国学概论》中曾论及文化自满与文化自卑的问题：

> 今日之研究国学者，大率可分二派。其第一派之特点，曰抱残守缺。凡学之属于古者，不问其精粗美恶而一切珍视之，甚至其说之已与常识相违背者，亦竟不欲弃置。其第二派之特点，曰舍己从人。视我一切学术，皆若为西洋学说之附庸，甚至其说之万不可合者，亦竟曲加比附。此两者之态度，适成为两绝对，而其误乃相等。由前之误，在乎自视过满，由后之误，在乎自视过卑。自视过满者，固不欲引人以自广，自视过卑者，亦不惮尽弃而从人。自满则国学不能得他山之助，自卑则国学不能立最后之基，而国学之真，于以尽失矣。①

（三）"吸收与保存"并行

所谓"保存"是针对中国传统学术文化，"吸收"是针对近代以来传入中国的世界各国文化尤其是西方文化。高旭在《学术沿革之概论》一文中认为"吸收与保存两主义并行"才是文化发展应取之道。一味"开新"或一味"守旧"均不足取。

为何要兼取"吸收"与"保存"之道，高旭有详细的阐述："夫我国之学，可尊守而保持者固多，然不合于世界大势之所趋者亦不少。故对于外来之学，不可不罗致之。他国之学固优美于我国，然一国有一国之风俗习惯，夏裘而冬葛，北辙而南辕，不亦为识者所齿冷乎？然则对于我国固有之学，不可一概菲薄，当思有以发明而光辉之。对于外国输入之学，不可一概拒绝，当思开户以欢迎之。"对于如何"吸收""保存"，高旭还提出了"客观主义"与"主观主义"之法："对于内有之学，其惟用主观主义乎！对于外来之学，其惟用客观主义乎！我国之学，其至精至微者，经历代君主专制之威权，铲削催排，几丧尽矣。然古籍中，时复露其一二，吉光片羽，宜如何珍重保护之，拾其精英，弃其糟粕，此主观主义之作用也。主观主义者，其殆保存主义乎。至于外来之学，其有大利益于我国者，则掠取之，以为补助之资料。其学虽善，而于我国现势不合者，则无宁舍之而勿顾焉。譬人之饮食然，既欲物之适口，又必欲不妨害于卫生。

---

① 闻宥：《国学概论》，《国学》第 1 卷第 3 期，1926 年，第 3 页。

若以多多益善，物物而噉之，急不暇食，必罹腹胀垂毙之患，此客观主义之作用也。客观主义者，殆即吸收主义乎。"高旭此处所提的"客观""主观"并无哲学上的意味，所谓"主观主义"就是在"保存"我国之学时要做到"拾其精英，弃其糟粕"；所谓"客观主义"就是以"合"为标准去判断、选择外来之学，合于我国者，则"掠取"，不合于我国者，则舍去"勿顾"。从是否"合"用的角度去筛选外来文化，其"合"用的具体标准是什么？高旭在论述时并未具体说明。对于"保存"下来的中国传统文化与"吸收"而来的外来之学，两者还需"调和"。① 至于如何"调和"，高旭在文中也未展开详细论述。

（四）中西方文化都是供"吾人"参考、改造的材料

这种说法是将中、西方文化都视为待加工的材料。张煊就提出：不管是"欧化"还是"国故"，都是"供吾人参考，备吾人改造之材"，都是制造新的文化的材料。他还以造纸为例予以说明：

> 今日之所谓欧化者，与所谓国故者，在学者视之，不过供吾人参考，备吾人改造之材，二者皆未有当于绝对之真理。譬诸造纸，将来之新文明为新纸，国故犹败布，欧化犹破纸，为造新纸故，破纸固不可弃，败布亦所当宝，败布与破纸，其能改造为新纸则一也。②

作者此处所言的"败布""破纸"不可理解为垃圾，而应从制造"新纸"即新文明的原料的角度去理解。由此角度，作者认为国故、西学皆有价值：凡学无论其属于国故，抑属于欧化，皆有研究之价值，皆当尽力发挥，收拾国故与输入欧化，皆为拾败布收破纸之事业。张煊的"败布与破纸"说独树一帜，颇有新意，但不足的是，中学、西学这些材料置于一体的时候如何加工、如何再造，对这些具体问题其并未作出解答。

在张煊看来，中、西方学术均是再造新文明的材料。整理国故一派的观点则有所不同，他们仅将国故视为材料，而将西学视为加工整理国故这个材料的工具。许啸天对此有颇为形象的说法："国故，是各种物质的原

---

① 高旭：《学术沿革之概论》，《醒狮》第 1 期，1905 年 9 月，第 44 页。
② 张煊：《驳〈新潮·国故和科学的精神篇〉》，《国故》第 3 期，1919 年，第 2 页。

料；科学，是从国故原料里提出成分来制成的器皿。"① 钱玄同在倡导整理国故时也有类似的提法："最初做尝百草的神农，最后做配西药的药剂师。"② 宫廷璋的观点更进一步，在他看来，把国故用"科学方法"整理出来，并非最后的目的，还需将整理出来的中国文化与西方文化"调和混合"，以推动"世界文化"的新发展。③

（五）从中体西用角度探索中西交融的路径

近代中国的先进分子对中西文化交融会通有过种种思考，中体西用观就是其中一种较有代表性的观点。近代中国倡导国学的一些学人对中西文化交融这一问题的思考也深受中体西用观的影响，如杨卓新在《国学与西学》中就提出："诚以西学明其用而略其体，中学存其体而忽其用，二者兼而有之，庶乎其可矣。"此文发表于 1933 年，可见中体西用观对近现代中国的深远影响。作者在此文中对"中体"的阐发有一定新意，即认为中体有"大体小体"之分。他认为，自近代以来，中国虽濒衰亡，但"大体犹存"，故民族仍存兴盛强大之期望。对这一问题他还比附《孟子》的人爵、天爵之说展开论述：

> 凡耳目之所及者，谓之小体，而心灵之所通者，谓之大体。从其小体为小人，语其极不过公卿大夫之流，盖人爵之谓也。至大人之事，必先有以制其小，乃能立乎其大，由是不勉而中，不思而得，溢漾夫中和胞与之怀，优游夫仁义忠信之域。天地位焉，万物育焉，盖天爵之所归也。今夫天下之一治一乱，国家之一盛一衰，固有史以来所习见之事。惟其既乱而能治，既衰而能盛者，非必有循环往复之理存乎其间，自有其不可灭不可亡者在也。诚于其群，大体犹存，天爵未去，虽逢纷乱之世，濒危亡之机，必能扶大命于将倾，挽狂澜于既倒。细征往事，默察来兹，莫能渝此。吾国今日之学术思想，不为不庞杂矣。以言国运，且有岌岌不可终日之势，然尚有人焉，循剥极必复之义，怀否去泰来之思，谓自今以往，天将未丧斯文，国学有昌明

---

① 许啸天：《〈国故学讨论集〉新序》，许啸天编辑：《国故学讨论集（下）》，上海：上海科学技术文献出版社 2016 年版，第 5 页。
② 钱玄同：《汉字革命与国故》，《晨报五周年纪念增刊》，1923 年 12 月 1 日，第 30 页。
③ 宫廷璋：《以科学方法整理国故其步骤若何》，《民铎杂志》第 4 卷第 3 号，1923 年 5 月 1 日，第 3 页。

之会，民族有强大之期。①

当然，国学倡导者对中体西用之弊也多有认识，发表于 1906 年的《国学讲习会序》就有言："有主张体用主辅之说者，而彼或未能深抉中西学之藩，其所言适足供世人非驴非马之观，而毫无足以餍两方之意。"② 虽说中体西用论确有非驴非马之嫌，但客观而论，在近代中国那个特定的"过渡时代"，中体西用观迎合了近代中国人的文化心理，对于推动中西文化的交融产生了重大而深远的影响。时至今日，在有关对中西文化交融的种种探讨中仍时能窥见中体西用观的影子。

（六）从实践层面探索中西文化交融的具体路径

近代中国倡导国学的学人除了在理论层面对中西兼容展开思考与探索外，也试图在实践层面上探索中西兼容的具体路径与方案。其代表性的说法大致有以下几种：一是主张翻译西书。此处所言翻译当然是由"能治国学者"主刀。许守微就认为，中国自古以来即有融会外来文化的传统，从孔子直至近代均是如此。外来文化要融入中国，需要采取合乎中国的途径与方式。如西方书籍的翻译，要想得到国内读者的认同，就要采取国内民众认同的翻译方式："今译学又然矣。其国学无本，满纸新名者，曾不值通人之一盼，而能治国学者，新译脱稿，争走传诵，奉为瑰宝。"③ 二是主张设立图书馆收藏中、西图书以促进中西学交融。高凤谦在论保存国粹之道时就建议"宜于各州县先设一小图书馆"，其书籍收藏，"固以收藏旧学之书为主，而新学各书，亦不可不备"。④ 三是主张兴办中西学兼备的学堂以培养中西合一的专才。1905 年，宋恕为此曾上奏清廷请办"粹化学堂"："拟请奏创一堂，名以'粹化'，招英俊之书生，施特别之教育，以博览方闻为日课，融国粹、欧化为一炉，专造异材，以备大用。"宋恕还认为："国粹愈微，则欧化之阻力愈大，而欧侮之排去愈难；国粹愈盛，则欧化之阻力愈小，而欧侮之排去愈易。"⑤ 认为兴国粹与促欧化之间相互促进，

---

① 杨卓新：《国学与西学》，《船山学报》第 4 期，1933 年 12 月，第 23 – 25 页。

② 国学讲习会发起人：《国学讲习会序》，《民报》第 7 号，1906 年 9 月 5 日，第 25 页。

③ 许守微：《论国粹无阻于欧化》，《国粹学报》第 7 期，1905 年 8 月 20 日，第 3 页。

④ 高凤谦：《论保存国粹》，《教育杂志》第 1 年第 7 期，1909 年 8 月 10 日，第 82 页。

⑤ 宋恕：《上东抚请奏创粹化学堂议》，邱涛编：《中国近代思想家文库·宋恕卷》，北京：中国人民大学出版社 2014 年版，第 281 – 282 页。

在 1905 年左右能提出如此观点实在难得。四是编纂各类国学讲义丛书以促进中西交融。近代中国学人编纂国学讲义者众，在国人竞相追随西学的时代，他们编纂国学讲义之意不仅在于传播国学，也许更在于促进中西学的交融。1905 年，江起鹏编写《国学讲义》，书中开篇写道："定教育之方针，为今我国民一大问题。识者谓莫妙于欧化主义与国粹主义相持并进，庶学于人而不至役于人，不失为我国民之教育。"① 欧化主义与国粹主义相持并进，推进国学教育自能促进中西学的交融，看来江起鹏编撰国学讲义与宋恕兴萃化学堂在目的上也不无相通之处。

以上所列近代国学倡导者对中西兼容的种种思考与探索虽观点各异，但这些思考与探索都是试图"合古今中外为一炉而冶之"，都是试图为中国文化在新时代的发展探索新的路径。这种不"以中庸相标榜"的文化变革之道也自有其合理之处。②

作为倡导国学的知识分子，他们所主张的中西交融自然有不同于其他学人的特点，其最显著的一点就是他们多主张以国学为主体而非以西学为主体去展开中西交融，即便是以西方科学来改造中学，亦须坚持这一原则。宫廷璋在论及对西学的学习、兼容时特别强调："贵以人益己而匪舍己从人。"③ 客观而论，近代中国倡导国学或国故的学人也有对中西兼容持质疑乃至批判态度的，这种态度在部分国故论者那里表现得尤为明显。这种质疑，一是表现为对中学在现代社会中是否还有作用的质疑，二是表现为对中西兼容可能性的质疑。毛子水的表述很有代表性，他认为西学高于中学，"东洋文明和西洋文明，无论在程度上面或在分量上面，都不是立于对等地位的"。他还据此质疑中学的现实作用："中国古代的学术思想里面，有什么东西是适应现在中国民族的生活的？有什么东西能够适应将来世界人类的生活的？"他还以医学为例，认为若要坚守中医五藏五行的原理，"恐怕一万年也达不到医术的究竟"，而西医科学才是"正当的轨道"。正是基于以上的观念，毛子水对中西学兼容持质疑的态度："将来世界的

---

① 江起鹏：《国学讲义》，上海：上海新学会 1906 年第 2 版，第 1 页。
② 宫廷璋：《以科学方法整理国故其步骤若何》，《民铎杂志》第 4 卷第 3 号，1923 年 5 月 1 日，第 15 页。
③ 宫廷璋：《以科学方法整理国故其步骤若何》，《民铎杂志》第 4 卷第 3 号，1923 年 5 月 1 日，第 14 页。

文明，是否为东西洋文明配合而产生的，非等到将来不好说。"① 毛子水虽
然对国故在现代社会的作用持怀疑甚至否定的态度，但是主张借西方科学
梳理总结国故，这在相当程度上也体现出他对中西文化交融的认可。

　　中西文化交融是一个宏大而深远的问题，这个问题自产生以来直至今
天都还在不断推进中。这个问题的解决其实也没有什么时间表，任何一个
国家或民族要想永葆文化活力，就必须不断汲取与兼容外来新文化。钱基
博在《〈国学文选类纂〉总叙》中论及近代中国的中西文化冲突时，曾提
出"深求"一说，即对传入的西学要"深求"而非"浅尝"。其实，不管
是对西学还是对中学皆须"深求"，这是真正寻得解决中西文化冲突与中
西文化交融之道的前提与基础。若对中、西学皆无深入研究，就"辄捃摭
所闻"以"自矜诩"，甚至"遂欲有所施行"②，其结果是什么自然不言而
喻。近代中国在学习西方、继承传统文化及寻求中西兼容方案时所出现的
种种偏差，某种程度上都与未对西学、中学"深求"有相当关系。

---

① 毛子水：《驳〈新潮·国故和科学的精神篇〉订误》，《新潮》第 2 卷第 1 号，1919 年 9
月，第 44 – 46 页。
② 钱基博：《〈国学文选类纂〉总叙》，钱基博：《国学文选类纂》，上海：上海古籍出版社
2012 年版，第 5 页。

第七章 近代学人关于复兴国学 与民族兴亡关系的思考

后世学人在论及近代中国的国学思潮时，容易将注意力集中到"国"上，认为近代中国学人倡导国学意在爱国保国与传承中国传统学术。这种理解与近代学人倡导国学的本意虽无太大偏移，却在一定程度上忽略了近代学人倡导国学还有意在振奋中华民族的一面。近年来，也有一些研究者注意到倡言国学与兴起中华民族之间的关系，但其研究重点一是从文化民族性的角度去研究近代国学的民族性特征，二是对复兴国学与中华民族精神家园构建问题的研究，对近代中国学人关于国学与民族兴亡关系的思考这一问题展开系统论述的研究成果尚不多见。①

第一节 "学""国""族"之间的相互关系

梁启超作为近代中国"国学"首倡者，其相关阐释对于本章主题的论证具有相当重要的参考意义。前文已多次提及：梁启超谋创《国学报》，

---

① 如魏义霞在《近代国学研究的几个重要问题》中就从文化的民族性论及近代国学兴起的缘由："近代国学的初衷和目的"在于"彰显中国本土文化的民族性，旨在通过对中国本土的认同唤醒中国人的身份认同和民族认同。在民族危机的刺激下，近代国学家认识到了民族存亡与本土文化之间的血脉相连，将传统文化和中华民族的自我认同和民族救亡联系起来。"见魏义霞：《近代国学研究的几个重要问题》，《江西社会科学》2013 年第 8 期，第 35 页。陈文殿则从近代中华民族生存困境的角度论及国学意识的产生："明确的国学意识与国学观的出现，则是同历史的近现代转向以及中华民族的生存困境联系在一起的。"此文的侧重点在于研究当代中国的国学重建。见陈文殿：《国学及其论争思潮的民族生存论沉思》，《吉林大学社会科学学报》2011 年第 6 期，第 32 页。李宗桂在《国学与中华民族精神家园》一文中论及国学与中华民族精神家园构建地位问题，其论述时段也集中在当代中国。见李宗桂：《国学与中华民族精神家园》，《中山大学学报（社会科学版）》2009 年第 3 期，第 137－145 页。

其手段就是"当以保国粹为主义，当取旧学磨洗而光大之"，目标是"养成国民"。① 在梁启超这里，"养成国民"中的"国民"特指"我国民"即中国之国民，它应是一个与"中华民族"相近的概念。这可以从他在同年发表的《论中国学术思想变迁之大势》一文中得到印证。《论中国学术思想变迁之大势》一文共七章，自 1902 年 3 月起在《新民丛报》上连载。作为文章主体的前六章在 1902 年发表，第七章直至 1904 年下半年才发表。此文发表前后跨度达两年，但由于是一篇文章，自然有思想上的整体性与连续性。此文有两点值得注意：

一是梁启超于此文中首次提出"中华民族"的概念。② 在该文中，梁启超除了使用"中华民族"以外，类似的提法还有"中国民族""我中华有四百兆人""我国民""伟大国民"等，这些都是对作为整体上的"中国人"的称呼。③ 可见在梁启超笔下，"国民"与"中华民族"基本上是两个意义对等的概念。梁启超在文章中对"我国民"充满了自豪："中国者，大国也。其人也，伟大之国民也。"④ 他还为自己身为中国人而无限自豪："伟大哉我国民，吾当草此论之始，吾不得不三熏三沐，仰天百拜。谢其生我于此至美之国，而为此伟大国民之一分子也。"⑤

二是梁启超在此文的第七章结尾处反复提及"国学"一词，并将"国学"与"祖国"联系起来："今日欲使外学之真精神普及于祖国，则当转输之任者，必邃于国学，然后能收其效。"⑥ 欲以"国学"担当起将"外学"引入中国的重任，可见梁启超对"国学"的自信与底气。需要注意的是，梁启超这段文字不管是对"邃于国学"的阐述，还是对传播"外学"的强调，其落脚点实在"祖国"上面，这就将"国学"与"祖国"即

---

① 黄遵宪：《致梁启超书》，吴振清等编校整理：《黄遵宪集（下卷）》，天津：天津人民出版社 2003 年版，第 495 页。

② 梁启超：《论中国学术思想变迁之大势》，《饮冰室合集》文集之七，北京：中华书局 1989 年影印本，第 21 页。

③ 梁启超：《论中国学术思想变迁之大势》，《饮冰室合集》文集之七，北京：中华书局 1989 年影印本，第 1、31、32 页。

④ 梁启超：《论中国学术思想变迁之大势》，《饮冰室合集》文集之七，北京：中华书局 1989 年影印本，第 31 页。

⑤ 梁启超：《论中国学术思想变迁之大势》，《饮冰室合集》文集之七，北京：中华书局 1989 年影印本，第 1 页。

⑥ 梁启超：《论中国学术思想变迁之大势》，《饮冰室合集》文集之七，北京：中华书局 1989 年影印本，第 104 页。

"学"与"国"的关系凸显了出来。

综上，如果将 1902 年梁启超致黄遵宪的信函与其同年发表的《论中国学术思想变迁之大势》一文结合起来考察，梁启超在倡导国学之初关于"国学"的倡言，其实包含了对"学""国""族"三者关系的思考。

"学""国""族"之间的相互关系是近代学人倡导国学时屡屡论及的一个问题。近代中国较早倡言国学的黄节在《〈国粹学报〉叙》中就曾论及"学""国""族"三者之间相互依存的关系："学亡则亡国，国亡则亡族。"从黄节所论来看，"学"即"黄帝尧舜禹汤文武周公孔子之学"；"国"的范围则在"帕米尔高原而东，喜马拉山脉而北，滔滔黄河，悠悠大江，熙熙乎田畴都市"；"族"则是"巴克之族"也即"吾民族""中国民族"，与之相对的则是"外族"。①

需要强调的是，近代中国学人在论及国学问题时，多认为在"学""国""族"三者之间，"学"处于最为基础的层面，无学则无国无族，黄节所言的"学亡则亡国，国亡则亡族"正是此意。既然"国学"亡可引发"中国""中国民族"俱亡，反之，"国学"兴则"中国""中国民族"俱兴。有学者甚至将复兴国学的影响范围从中国扩展至"世界"，如张树璜就提出要复兴国学，直求先贤之精义，"以振起民族之精神""以基我邦家丕基，而树世界大同之风声"。②

如果将"学"视为"国"或"族"兴起的基础，就必须回答这样一个问题，即一国之"学"为何如此重要？为何它能成为"国""族"的支撑？

一些学人认为"国学""国故"中反映了或潜藏、"寄托"着一个国家的"民族特性"。③ 王璠认为："一个民族，各有他的特殊民族性。民族的保存，常常寄于文学作品中。我国数千年，能够屹立于世界而为大国的原因，我敢说，不全在土地的广博，而在这一堆故纸的遗产。"④ 正是因为"国学""国故"中反映了一个国家的"民族特性"，故"国学""国故"

---

① 黄节：《〈国粹学报〉叙》，《国粹学报》第 1 期，1905 年 2 月 23 日，第 1 页。

② 张树璜：《国学今后之趋势》，《国光杂志》第 12 期，1935 年 12 月 16 日，第 2 页。

③ 宫廷璋：《以科学方法整理国故其步骤若何》，《民铎杂志》第 4 卷第 3 号，1923 年 5 月 1 日，第 3 页。

④ 王璠：《读书声中谈谈国学研究的问题》，《学风》第 6 卷第 1 期，1936 年 2 月 1 日，第 3 页。

在相当程度上就是一个国家及民族得以存在并区别于其他国家及民族的关键。因此，国学、国故不可抛弃，否则，国家、民族有衰灭之虞。宫廷璋就曾说："尽弃国故，则其民族非浸至衰灭，则必同化于人而自丧其特性。世固有民族亡而文化尚遗于他民族中者，未有国故湮没而民族尚能自存者。"宫廷璋在此所论为"国故"，在近代国学论者的笔下，"国学""国故""国粹"等提法虽不同，但含义多大同小异。宫廷璋于此还由中国历史的发展引出一个结论："中国立国数千年，时受外来文化之鼓荡激动，而国粹屹然未蹈危机。"① 国粹、国学屹立不倒，这正是中国之所以为中国并能立国数千年的重要原因。

与上述观点类似，有学者认为国学能培养"民族之自觉心"，有利于"民族精神"的振兴与团结。如王光祈就认为："国人饱受物质主义影响，多以自然科学为现在中国唯一需要之品，而不知自然科学，只能于吾人理智方面有所裨益，只能于吾国生产方面有所促进，而不能使吾民族精神为之团结。因民族精神一事，非片面的理智发达或片面的物质美满所能相助者，必须基于民族感情之文学艺术，或基于情智各半之哲学思想为之先导方可。尤其是先民文化遗产，最足引起'民族自觉'之心。"② 正是认识到复兴国学与民族精神振兴之间的关系，陈文彦认为国学研究社的创办"即以发挥旧时文化，振兴民族精神为宗旨"③；中国国学会章程也以"励进国有文化，发扬民族精神为宗旨"④。

还有一些学人认为国学之所以重要，是缘于"学"中有"立国精神"，是"立国根基"。如黄节认为：一"国"之立必有"立国之精神"，而此种精神即蕴含在"国学"之中。故欲灭一国，不仅要灭其族，还要灭其学。黄节对此有详论："立乎地圜而名一国，则必有其立国之精神焉，虽震撼掺杂，而不可以灭之也。灭之则必灭其种族而后可。灭其种族，则必灭其国学而后可。"⑤ 雄健则认为："一国之立，端赖有独立之学术文化，

---

① 宫廷璋：《以科学方法整理国故其步骤若何》，《民铎杂志》第 4 卷第 3 号，1923 年 5 月 1 日，第 3 页。

② 王光祈：《〈中国音乐史〉自序》，王光祈编：《中国音乐史》，桂林：广西师范大学出版社 2005 年版，第 2 页。该序结尾处标有"中华民国二十年二月二十六日王光祈序于柏林国立图书馆。"

③ 陈文彦：《述国学研究社艰难缔造之概况》，《国学》第 1 卷第 1 期，1937 年 4 月，第 37 页。

④ 《中国国学会章程》，《卫星》第 1 卷第 4 号，1937 年 4 月 30 日，第 47 页。

⑤ 黄节：《〈国粹学报〉叙》，《国粹学报》第 1 期，1905 年 2 月 23 日，第 2 页。

以植其根基，为国民者，乌可不对此立国根基，有确切之认识，又乌可不因此而发扬之、光大之。"① 钱基博也持相似的观点，他提出："国于天地，必有与立"，而"国学"正是国、族得以立的核心要素，倡导国学能"发国性之自觉，而俾吾人以毋自暴也"；国学还是一国国民"精神意志之契合"的纽带，能"抟捖一国之人，而不致有分崩离析之事也"。②

论及国学与民族精神之间的关系，有一个问题很是关键，即中华民族的"民族精神"究竟是如何通过"国学"表现出来的？关于这个问题，近代中国学人偶有论及，如张树璜将"我民族"之"伟大之精神"具体化为"孔子达德达道"③；又如傅佛崖在《国学研究之宗旨》中则认为"民族之精神"是通过文学具体体现出来的。关于这一观点，他有如下表述：

> 文学者，国学之一部，为表现情感之工具，与夫民族之精神者也。夫民族为自然力形成之团体，其蕴藏于民族之意识，各有不同，而表现情感之文学，自亦有异。故民族文学之名词，于兹以起。民族文学，既因民族名异而有别矣。而时间环境之变迁，亦有影响焉。……而为文以抒发其精神者，不外书愤、励志、雄壮、愉快诸端。盖因民族之受侮，而书愤之文生焉；因国家之衰微而励志之文生焉；因战斗之劳苦，而雄壮之文生焉；因武功之伟大，而愉快之文生焉。如燕丹之《易水歌》；陆游之《书愤诗》；孔尚任《桃花扇》之沉江、余韵两出，皆书愤之文也。诸葛武侯之《出师表》；岳飞武穆之《满江红》；文信国之《正气歌》；史阁部之《复多尔衮书》，皆励志之文也。屈原之《国殇》；陆游之《梦招降诸城》，皆雄壮之文也。诗六月之美吉甫；采芑之美方叔；江南之美召虎；汉高祖之平定海内，而秦之大风歌，明太祖之恢复中原，而有北伐之诏，皆愉快之文也。凡此文学，壮怀激烈，真可振聩觉聋，泣鬼神惊风雨者矣。若夫清初践位，荼毒中原，重税严刑，压抑异己。扬州十日，嘉定三屠，具载史乘，伤心惨目，于是明末大儒，寄其民族思想于著述中，如王船山之《黄书》《俟解》《噩梦》，黄梨洲之《明夷待访录》，顾亭林

---

① 雄健：《国学论》，《天籁季刊》第 24 卷第 1 号，1935 年秋季，第 51 页。

② 钱基博：《〈国学文选类纂〉总叙》，钱基博：《国学文选类纂》，上海：上海古籍出版社 2012 年版，第 3 - 4 页。

③ 张树璜：《国学今后之趋势》，《国光杂志》第 12 期，1935 年 12 月 16 日，第 6 页。

之《日知录》等书，固皆有大义存乎其中也。……时值今日，国势危急，外寇冯陵，民族式微，莫此为甚。研究国学者，乌可于民族文学，不特加注意乎？①

傅佛崖这一段文字通过生动的文学笔法将民族精神在文学作品中的表现形式十分具体地展现出来，这较之于空泛地论述国学及民族精神更显生动、形象，更具感染力与说服力，有助于读者更好地理解民族精神，把握国学及民族精神之间的关系。

在近代国学倡导者们看来，国学、国粹屹然挺立，正是中国及中华民族薪火相传数千年的重要支撑，正如钱穆在《国学概论》中所言："学术不熄，则民族不亡。"② 但自近代以来，面对西学的冲击，国学"屹然未蹈危机"的态势发生了根本性的扭转。关于近代以来中国所面临的西化冲击，时人有很多形象的描述，如"今日西化，如潮东渐"③，"自欧化东来，骎骎欲举吾国固有之文化，一扫而空之"④。在西学大量传入的同时，西方学者对中国学术文化的研究也不断深入，大有超越中国学术界之势。在这样一种态势之下，中国学者对国学的研究就不单纯是一个学术问题了，而是与"国家""民族前途"密切相关了。南扬曾感叹："现在西洋学者研究中国国学，成绩极佳。我们倘自己再不努力，因循下去，则不但科学不如人，要到外国去留学，国学亦将不如人，亦要去留学了，这岂不是大笑话。试想我们中国还成个国家吗？民族前途还有希望吗？"⑤

进入民国以后，传统国学面临的不只是被西化威胁的问题，还面临在教育体制及文化体制中被"废除"的现实问题。1912 年 1 月 19 日，中华民国临时政府教育部公布《普遍教育暂行条例》，规定"小学读经科一律废除"。1914 年，蔡元培提出将经学分别归入文科与史科，不另立一科。1918 年，钱玄同在《新青年》第四卷第四号上撰文号召"废孔学"。1920年，小学语文课本改用白话文。以上所举均是近代中国历史上具有标志性的文化事件，在当时中国社会产生了巨大影响并引发部分学人的忧虑。他们忧虑废经废孔之举将使我国国学"一扫而空之"，还将使中华民族就此

---

① 傅佛崖：《国学研究之宗旨》，《正中》半月刊第 1 卷第 7 期，1935 年 3 月 1 日，第 3－4 页。
② 钱穆：《国学概论》，北京：商务印书馆 2023 年版，第 343 页。
③ 宫廷璋：《以科学方法整理国故其步骤若何》，《民铎杂志》第 4 卷第 3 号，1923 年 5 月 1 日，第 3 页。
④ 显教：《佛学是否国学》，《世界佛教居士林林刊》第 6 期，1923 年 8 月，第 8 页。
⑤ 南扬：《漫谈国学》，《战时中学生》第 2 卷第 9 期，1940 年 9 月 20 日，第 23 页。

沦为"禽兽""冥蛮"。李廷玉在《〈国学〉发刊序》中论及此点时曾说"民三废经,民七废孔",致使"五千年来之优秀民族,大多数近于禽兽,而不自知其误入歧途"。① 在作者眼中,中华民族是"优秀民族"还是"近于禽兽",全在于坚守还是放弃传统经学与孔学。近代学人持类似观点者不少,如孙世扬就认为,国学不讲,必致"国乱俗说,邪说横行,六经之道,既坠于地,而炎黄姬汉之裔,亦终沦为冥蛮而已"②。对中华民族可能沦为"禽兽""冥蛮"的忧虑正是近代部分学人倡导"复兴国学"的重要缘由。③

国学包含的内容很多,可谓浩如烟海。相较而言,何种学问之于爱国心的培养最为重要呢? 学者一般都认为是史学,他们认为,作为一国的国民,必须对本国历史有所了解,不然怎么算是此国之民呢? 其爱国、爱族之心又从何谈起呢? 范皕诲在《我们怎样读中国书》中对此问题曾有很形象的论述:

> 一国的国民,不知道本国的历史,是极大的羞耻。有多少在社会上自命为一个很漂亮的人,提起本国历史的大概,连朝代的先后都弄不清楚。也有于西方,则希腊、罗马之故事,如数家珍。拿破仑、华盛顿之美谭,津津乐道,但一讲到中国,那就"不知有汉,无论魏晋",和住在桃源洞里的一样。可以算是中国的国民吗? 更有丧心病狂,强不知以为知,竟骂"中国在古代那里有什么历史上的人物值得研究?"这不但"数典忘祖",真是侮辱其先人,诬蔑其祖国。这种人还能指望他爱国吗? 所以要激起国民爱国之心,必定先从读史始。他读了本国的历史,方晓得这国的所以可爱。俄国灭波兰,英国灭印度,日本灭高丽,都不许其本国人读本国的历史,却以俄英日本的历史代之,使他一心的爱俄爱英爱日。可见,一国的历史,在国民的心中亡了,那国度的结果,也可想而知了。④

---

① 李廷玉:《〈国学〉发刊序》,《国学月刊》第 1 期,1937 年 4 月 1 日,第 1 页。
② 孙世扬:《国学通论》,《华国月刊》第 1 卷第 1 期,1923 年 9 月 15 日,第 2 页。
③ 张树璜:《国学今后之趋势》,《国光杂志》第 12 期,1935 年 12 月 16 日,第 1 页。
④ 范皕诲:《我们怎样读中国书》,《青年进步》第 98 册,1926 年 10 月,第 35 页。在此文中,他将中国学问分为文学、史学、哲学三种。这三种学问作用不同:"我们研究文学,明白作中国文的法子,兼练习文笔,能作好的文字,增加我们人生的力量,这是第一椿。其次,要通知古今,晓得历代治乱兴亡的源流,发展我们的见识和爱国的热忱,在于史学。其三,中国文化的要点,存于古世圣贤所发明的哲学,这是东方的一个百宝箱,我们开发出来,不但表明自己的富足,也可以分给世界,所以中国哲学的研究价值尤高。"见范皕诲:《我们怎样读中国书》,《青年进步》第 98 册,1926 年 10 月,第 33 页。

第二节　国学是中国之学，亦是中华民族之学

一般而言，近代中国学者所言的"国学""国故"是特指"中国"的"国学""国故"。曹聚仁在论及"国故"的定义时就特别强调："中华民族所组织之国家，曰中国。故'国故'之'国'，乃专指'中国'而言，而非泛称也。"① 故近代国学论者在论及国学问题时，特别强调"国学"作为中国之学的特殊性、独立性。叶恭绰认为："盖一国必有其特殊或专长之学术，为民族所寄。……对于本国之一种结晶，必须加以褒爱，发挥光大，布之无垠，传之无极，以扬我国光。"② 闻宥在辨析国学概念时曾说："今学而曰国，是明其为一国之独有，而同时又必有其他国家之学术与之并峙。"③

既然近代国学论者所倡言"国学"的"国"特指作为整体的"中国"，那么"中国"境内之国民就应被视为一个整体的国民或民族。梁启超在 1923 年所著《治国学的两条大路》一文中曾说："我们是有五千年文化的民族。我们一家里弟兄姊妹们便占了全人类的四分之一。"④ 梁启超于此对中国境内各民族并不作区别，而是用"一家里弟兄姊妹们"来指称我们这个"有五千年文化的民族"。他此处所言的"民族"就是对生活在中国疆域内的整体的中国人的总称。梁启超作为近代中国最早提出"中华民族"概念的学者，他的说法颇具代表性。自近代以来，关于"中华民族"或"中国民族"范围的界定问题众说纷纭。总体来看，近代倡言国学的学人在论及我国的"民族"时，多是泛指中国境内所有民族。即便有学者如王易认为"中国之文化大率汉族之文化也"，但也认为"中国者，四千余

---

① 曹聚仁：《国故学之意义与价值》，《东方杂志》第 22 卷第 4 号，1925 年 2 月 25 日，第 70 页。

② 叶恭绰：《北京大学国学研究馆开学演词》，《退庵汇稿（下编）》，上海：上海书店 1990 年影印版，第 66 页。

③ 闻宥：《国学概论》，《国学》第 1 卷第 3 期，1926 年，第 1 页。

④ 梁启超：《治国学的两条大路》，《饮冰室合集》文集之三十九，北京：中华书局 1989 年影印本，第 110 页。

年之古国，而其人又华夷杂糅之民族也"。① 王易在此所提出的"杂糅"其实就是指中国各民族的大融合。在民族大融合的过程中，汉族文化逐渐成为中华文化的主体。对此，王易在其所著《国学概论》导言中曾有论及："自唐迄清，迭蒙夷祸，契丹、女真、蒙、满，势力相继入侵。民族气质虽稍迁流，而性理、考据、词章之学代盛，固犹是汉族之故物，异族之同化于我。"② 王易于此所用的"异族""夷祸"等说辞显然含有大汉族主义的成分，但其中所提出的文化"同化"之说也在相当程度上道出了"华夷杂糅"并最终促成中华民族形成的文化缘由。

梁启超以"家"来界定中华民族的范围，其范围多少显得有些模糊。曹聚仁在《国故学之意义与价值》中直接从疆域的角度界定中华民族："在亚东大陆为文化中心之民族，曰中华民族。"他由此进一步提出："中华民族所组织之国家曰中国。"他还对中华民族生存的时间、空间都进行了具体界定："此民族在空间上渐由黄河流域扩展至长江流域、珠江流域、黑龙江流域以及蒙古、青海、西藏等区，在时间上有五千年长期的显著史迹。"③

如果仅强调某一地区的人民或某一民族，则不足以代表一国之国民或民族。同样，如果仅强调一个或几个民族之学，也不足以称为"国学"。梁启超在《治国学的两条大路》一文中所以要将中国疆域以内的中国人视为"一家里弟兄姊妹们"，就是强调所治的"国学"是"吾华族"而非某家某族的学问。国学作为"吾华族"独有的学问，是"我们的祖宗世世代代在'宇宙进化线'上头不断的做他们的工作"，替"全人类积下的一大份遗产"，这份遗产"从五千年前的老祖宗手里一直传到今日没有失掉"。④

不管是对国学是中国之学的说明，还是对国学是中华民族之学的论述，都包含着中国近代国学论者对国学特殊性的强调。在近代国学论者看

① 王易：《国学概论·导言》，王四同编：《大家国学·王易卷》，天津：天津人民出版社2008年版，第3页。

② 王易：《国学概论·导言》，王四同编：《大家国学·王易卷》，天津：天津人民出版社2008年版，第4页。

③ 曹聚仁：《国故学之意义与价值》，《东方杂志》第22卷第4号，1925年2月25日，第70页。

④ 梁启超：《治国学的两条大路》，《饮冰室合集》文集之三十九，北京：中华书局1989年影印本，第110–111页。

来，基于中国及中华民族的国学自有其"独有"性。关于这种文化独有性的养成原因，不同学者有不同的看法。

（1）将之归结为种族、民族不同。王易在《国学概论》的导言中就认为，种族、民族不同，则"文化不同"，中国作为"四千余年之古国，而其人又华夷杂糅之民族"，其学术文化自有其特殊性。①

（2）将之归结为中华民族的"自守"。闻宥在《国学概论》中认为："吾华族有文化数千年，向惟从事于自守，除印度哲学接触而外，其余国家关涉殆少。既或有之，亦不过渺小之邻邦，仰我以求余沥，其孳生长茂，蔚然自成为一种独有之伟观。"②

（3）将之归结于中华民族精神的独特性与生命力。曹聚仁在论及此问题时曾说："国故中所含蕴之中华民族精神，与他民族完全异其趋向，与世界三大文化——希腊、希伯来、印度——亦无相似之点。"同时他还提出，中华民族之精神蕴含于国故之中，故循国故之途辙可寻中华民族思想，"欲舍国故以谋窥此民族思想，其道无由"。③

近代国学论者从国家、民族的角度论述国学的特殊性，字里行间充满了对国学及中华文化的自豪感，洋溢着"昂然自得"之情④。不管是闻宥称国学为"独有之伟观"，还是梁启超直言我们中国文化"诚然足以傲世界各国而无愧色"⑤，都深深透露出发自内心的文化自豪感。

值得注意的是，面对近代以来勃兴的国学思潮，亦有不少学者对倡言国学"以振起民族之精神"的观点并不以为然，其中以何炳松的观点较有代表性。

何炳松一方面认为"中国还没有灭亡，中国民族还没有灭种"，另一方面又认为提倡国学"绝无补于我们的中华民族的生存与发展"。他甚至提出"推翻国学"的口号并举出若干理由，其中数条与国家、民族相关。

---

①　王易：《国学概论·导言》，王四同编：《大家国学·王易卷》，天津：天津人民出版社2008年版，第3页。

②　闻宥：《国学概论》，《国学》第1卷第3期，1926年，第1页。

③　曹聚仁：《国故学之意义与价值》，《东方杂志》第22卷第4号，1925年2月25日，第75、77页。

④　王璠：《读书声中谈谈国学研究的问题》，《学风》第6卷第1期，1936年2月1日，第1页。

⑤　梁启超：《治国学的两条大路》，《饮冰室合集》文集之三十九，北京：中华书局1989年影印本，第114页。

一是他认为"民族能够有长足的进步",就必须"鼓吹西洋科学的科学精神和客观态度",而提倡国学只是"天天培养自夸自大的精神";二是因为"国学的国字,显然表出一种狭小的国家主义的精神";三是因为所谓"国学"如"大坛场",无所不包,"中国几千年多少天才"均将精力耗费于此,不能专攻一术而"毫无所得",这将"是我国民族的大损失"。需要指出的是,何炳松对于中华传统文化并非持否定的态度,他只是不赞同对国学的提法及当时国学倡导者们所主张的研究方法。他认为国学的提法广泛模糊,界限不清,"最是违反现代科学的精神"。他主张对于中国学术应采取分工进行和分析研究的方法,也即将中国学术分解为"史学、文学、哲学"等学科展开研究。在具体的分析研究方法上,则是要对这些具体学科"加以三大步研究的工夫。第一步先研究某一科的特质怎样,第二步再用现代科学的眼光去估定他的价值,第三步再把他和世界学术中同一科作一个比较,来断定他对于世界的学术有何等程度的贡献"。①

与何炳松倡言国学"无补于"中华民族发展的观点相近,郑振铎也认为国学的提倡"不仅无用,且还有阻碍于中国民族的进步与发展"。他得出如此结论,主要原因在于他对国学的判断,即国学在"今日的中国是一无所用的废物了",未来中国的"生路是西方科学,与文化的输入与追求"。正因为视国学为一无所用的废物,所以他认为如果一味倡言国学,将"有阻碍于中国民族的进步与发展"。这种阻碍体现在以下四个方面:一是易"使志趣不坚定的少年受了煤毒似的古书的诱害";二是国学包罗万象的观念易使"我们"这个"今日方有些觉醒的社会,重复走入迷途";三是倡言国学"会使我们的社会充满了复古的空气,而拒却一切外来的影响,这种的阻拒,在文化与国家的生长上是极有妨害的";四是倡言国学只会使学者"仍逃不出古书圈子范围以外去研究古书,则这种研究不会有什么好结果"。当然,郑振铎也未彻底否定国学,他只是认为传统中国的"古书与古代文化的整理与研究,是最少数人的最专门的工作,不必责之于一般人、一般青年"。② 对于郑振铎的激进观点,也有学者不表赞同。钟应梅就如此反驳:

① 何炳松:《论所谓"国学"》,《小说月报》第20卷第1号,1929年1月,第1-6页。
② 郑振铎:《且慢谭所谓"国学"》,《小说月报》第20卷第1号,1929年1月10日,第8-13页。

不错！中国的生路是西方科学，但是，郑先生忘记了择学要以其人的能力和兴趣为标准吗？国学不必人人来研究，西方科学也不能人人去研究。为什么郑先生不在铁路学校里毕业，却要跳出编辑什么小说，钻进旧书堆里去写什么读书杂记呢？这不是"浪费了有用的工作力"吗？况且一个民族的存在，是不是要以固有的文化为骨干呢？说中国学术不必人人来研究，是对的；说大多数的人可以且慢谈国学，也是对的。至若说完全抛弃，等到一百年一千年后再来着手，恐怕到了那时候无从着手，也无人着手了。[1]

钟应梅于此提出两个反驳理由：一是从能力与兴趣的角度提出总会有人对国学感兴趣；二是从文化传承的角度提出总应有人去研究、传承国学。应该说钟应梅举出的这两个反驳理由还是有一定说服力。

何炳松、郑振铎等人之所以提倡西洋科学而不赞成复兴国学，一个重要原因是出于爱国救国、兴起"中华民族"之心。在近现代中国内忧外患日趋紧迫的大背景之下，西方科学在一些国人眼中成为挽救民族危亡的唯一现实选择。古史辩派的顾颉刚引用对手的一句话对此说得很清楚："现值国家多难之秋，正国民赴汤蹈火之时，你们还要玩物丧志，……国学是弄不得的，弄了就要甘心做亡国奴了！"[2] 如果说鼓吹西学者的宗旨在爱国救国，其实倡言国学者的宗旨又何尝不在爱国救国？"国学与爱国心相倚者也"[3]，黄节的这句感叹就将国学与爱国的关系清晰地表现出来。

近代中国学人在中西学的评判取舍这一问题上往往各执一词，争论不休，但争执各方在爱国救国、挽救民族危亡这一个核心问题上其实并无太大分歧。无论是倡言国学者，还是倡言西洋科学者，无不怀抱拳拳爱国之心。但近代以来的中国既面临西方列强的欺凌又面临西学的冲击，在亡国亡种的现实压力下，西方科学在近现代中国自然大行其道，中华传统文化甚至一度被视为"妖孽""谬种"而被横加批判。近代以来的中国及中华

---

① 钟应梅：《读了何炳松、郑振铎二先生讨论所谓"国学"的文章以后》，《厦大周刊》第206期，1929年5月25日，第5页。

② 顾颉刚：《一九二六年始刊词》，《北京大学研究所国学门周刊》第2卷第13期，1926年1月6日，第5页。

③ 黄节：《游学生与国学——东京国学图书馆之设置所望于留学生及留学生监督》，《新民丛报》第26号，1903年2月。录自《癸卯丛报（上编）》，第424页。

民族的振兴，虽然离不开对西学的学习，但是这种学习并不意味着对自身文化的放弃。客观而言，学习西学为救国救民族之一道，倡言国学亦为救国救民族之一道。以国学为中心的中华传统文化是凝聚中华民族的重要精神纽带，在近代中国面临亡国亡种的危难之际，自应大力弘扬国学，凝聚人心以共赴国难。从近代以来中国社会的发展轨迹来看，正是无数学人于西化浪潮中仍挺身倡导国学，以国学的提倡"维系"起"一国之人心"①，才使"中国数千年立国的根基"未在西学的冲击下分崩离析，使中华民族在历经坎坷后仍能"自立于天地之间"。②

---

① 钱基博：《〈国学文选类纂〉总序》，钱基博：《国学文选类纂》，上海：上海古籍出版社2012年版，第3页。

② 范皕诲：《青年国学的需要》，《青年进步》第63册，1923年5月，第20页。

第八章　近代学人关于国学书目开列的探索及具体方案

在近代中国，随着西学的传入，与西学有关的课程在中国各级学校教育中所占的比例越来越大，与之相应，与中国传统文化的相关课程在各级学校教育中所占的比例也因受到西学课程越来越大的挤压而缩小。为引导青少年学子学习国学，应对中国传统文化教育与传承的危机，近代国学倡导者纷纷开列国学书目，以为学生指点学习中国传统文化的路径。他们所开列的国学书目往往涉及各个年龄段及不同学习层次，他们在中国近代教育起步阶段从书目角度对国学教育及中西学课程兼容并包的探索具有开创性的意义。

笔者在本章除主要论及吴汝纶、胡适、梁启超三位所开的书目外，还将对李笠所编《国学用书撰要》及汤济沧所编《中小学国学书目》等相关国学书目稍作介绍分析，以期较为全面地展现近代中国学人在国学书目开列及中西学课程兼容协调问题上的思考与探索。

第一节　吴汝纶在《学堂书目》中的设想与规划

1898 年 7 月 3 日，京师大学堂成立，这意味着近代中国国立高等教育向前迈出了关键一步。随着近代意义上的大学的不断成立，在大学教育中如何安排、协调中西学课程就成为当时教育界人士需要直面的紧迫问题。曾任京师大学堂总教习的桐城派古文大家吴汝纶就对这一问题有过深入的思考与具体规划。

京师大学堂的创办虽可溯自百日维新，但并未正式开学。1898 年 12 月 3 日，京师大学堂正式开课，旋因八国联军侵华而被迫停办。1902 年，清政府重办京师大学堂。莲池书院院长吴汝纶被管学大臣荐举为京师大学堂总教习。吴汝纶随即自请赴日本考察教育,在完成了为期四个月的考察后,吴汝纶编成《学堂书目》。这份书目不仅包含大学堂阶段乃至大学堂阶段后的"中国专门学"阶段的学习书目,还包含了小学堂阶段、中学堂阶段的中西学书目。这份书目可谓吴汝纶对当时中国各级学堂教育如何兼容中西文化的具体实施方案。

近代中国的学人围绕中西文化的冲突兼融这一问题争论不休,但不管持有哪种观点或理论,具体到各级学校教育的实践层面就是中学、西学课程的取舍、开设及比例协调问题,再具体到学生的学习书目上,就是要为不同学习阶段、不同层次的学生开列相应的中学及西学书目。这些问题看似简单,在实践层面的操作难度却不小。一方面是学制时间有限,学生"脑力"也有限,另一方面则是浩如烟海的中学及西学知识。中学、西学书籍各自应选什么?具体选多少?各自比例如何确定?这些都并非简单的选择问题,其背后既涉及中华传统文化的传承,又关涉对中西学的兼容等重大文化问题。有长期实践教育经验的吴汝纶对如何安排、协调中西学课程的问题十分关注,他的日本教育考察之行,可谓带着问题去考察。在日考察期间,他常就在教育中如何具体处理中西学兼习取舍的问题咨询日本学界的相关人士。

在《长尾槙太郎笔谈》中,吴汝纶记录了自己与日本学者长尾槙太郎就"西学"与"国学"课程安排问题的一段谈话。在谈话中,他首先提出问题:"此来欲取法贵国,设立西学。其课程过多,若益以汉文,则幼童无此脑力。若暂去汉文,则吾国国学,岂可废弃?兼习不能,偏弃不可,束手无策,公何以救之?"长尾槙太郎的回答是:"今时当路,皆知西学之为急,而汉学则殆不省。盖学徒脑力有限,姑择其急者耳。然其弊则至忘己审彼,为国家百年计,不能无疑。"①

在《大槻如电问答》中,吴汝纶记录了自己与日本学者大槻如电关于"教育之法"的对话。在见面时,他开门见山地提出自己的想法与疑虑:"教育之法,全用欧学,似尽弃汉文,亦未免过甚。敝国今开办学堂,不能全废本国旧学,但欧洲科学已多,再加本国旧学,学童无此脑力。若删

① 按吴汝纶此文中所记,长尾槙太郎曾任职日本"文部,今教授于高等师范学校"。吴汝纶:《长尾槙太郎笔谈》,施培毅、徐寿凯校点:《吴汝纶全集(三)》,合肥:黄山书社2002年版,第764–765页。

减汉字，即与贵国无异，将来能汉文者亦少。若删减西学，若何删法？又汉学读书，必须倍诵，缘经史文理过深，不如是不能成诵，殊无益处。若倍诵温习，不能与西学同时并讲，且恐欲求两全，转致两失，如何而可？"吴汝纶于此关注的主要问题还是本国旧学、西学如何取舍、兼容的问题。对于吴汝纶提出的问题，大槻如电先是介绍了日本的做法："现在学制，除小学外，他学皆修汉文，我国竟不能弃汉文也。夫国史以下，皆由汉文传之，尽弃汉文，前言往事，何以究之？只欲弃无用文字耳。欧学又只行之中学、大学，如小学不过授罗马数字，及横文二十六字。"在介绍了日本的做法后，大槻如电随后还对中国"旧学"该"弃"什么，"西学"该"采"什么提出了具体建议。关于"旧学"，他建议："至贵邦旧学，其可弃者颇多，如科举重八股，却是徒费脑力，明太祖曾禁之，闻贵朝圣祖亦停之。然而旧染积习，用力骈俪，所谓无益世道人心者，今而不废，恐不能新人智识也。贵邦新设学堂，宜斟酌内外，以定教科法。"对于西学的学习，他则建议："西学可采者，算数、物理、医疗、机工，此四学宜全用，如医学，贵邦目下急务，一日不可忽之，但法律、经济，可供参照，不必全依"。①

仔细阅读吴汝纶与长尾槙太郎、大槻如电的对话，不难看出：吴汝纶所说的"汉学""汉文""国学""本国旧学"等应是意义基本相同、可以互换的同义概念，与这些提法相对应的概念则是"欧学""西学"。吴汝纶作为晚清桐城派古文大师，自然清楚国学、汉学在传承中国传统文化中的重要地位。"岂可废去"一语，就清楚表明了他对国学相关课程不可废弃的鲜明态度。与这种态度密切相关的一个现实问题就是：在西学传入已成燎原之势的情况下，如果不弃"本国旧学"，如何在各级学堂协调、安排"本国旧学"及"欧洲科学"相关的学习书目与课程？吴汝纶在日本考察临近结束之时所撰的《学堂书目》就是他在遍访日本教育界人士后对中国各级学堂学生学习中、西学课程及书目的具体设想与规划。

从阶段划分上看，吴汝纶在《学堂书目》中将各级学堂分为小学堂、中学堂、大学堂、"中国专门学"共四个阶段，其中，小学堂阶段为"七八岁入"，中学堂阶段为"十二三岁入"，大学堂阶段为"十六七岁入"，

---

① 吴汝纶：《大槻如电问答》，施培毅、徐寿凯校点：《吴汝纶全集（三）》，合肥：黄山书社 2002 年版，第 802－803 页。

"中国专门学"阶段为"廿岁以后入"。① 这四个阶段与现代学制中的小学、中学、大学、研究生四个阶段大致相对应。

从书目分类上看,《学堂书目》中开设的书目大体包含国学与西学两大类。为说明问题,现将《学堂书目》中各阶段学生应学的国学书目列于下。

(一) 小学堂阶段应读的国学书目

《学堂书目》为小学堂阶段的学生安排的国学书目包含经、子史、诗三个部分。

(1) 经部的应读书目为《论语》《孟子》。吴汝纶还特别强调《大学》《中庸》二书勿遽读。

(2) 子史部的应读书目为《韩非子》《国策小品》。其中《韩非子》只读《难一》《难二》《难三》《难四》。《国策小品》只选每章的百余字或数十字读之。

(3) 诗部的应读书目主要为唐诗、汉魏乐府。其中唐诗主要阅读"唐人五七言绝句,如'床前明月光''松下问童子''少小离家老大回''独在异乡为异客'之类,凡意深者勿读"。至于元白歌行、张王乐府,则"皆取其易上口者"学习。汉魏乐府主要学习"'日出东南隅''孔雀东南飞'之类,难解者勿读"。②

除以上所举经、子史、诗三部分的学习内容外,吴汝纶还特别列出"学写字"一项。总体来看,吴汝纶设计的小学堂阶段与传统的蒙养学堂相当,故对这一阶段学童的学习要求也以启蒙为主,这也是吴汝纶在文中反复强调凡意深者勿读、难解者勿读的原因所在。

(二) 中学堂阶段应读的国学书目

《学堂书目》为中学堂阶段的学生安排的国学书目包含经、史、文、诗四个部分。

(1) 经部应读书目有《左传》《公羊》《穀梁传》《礼记》。在推荐这些书目后,吴汝纶还特别说明资性钝者皆选读。

---

① 吴汝纶:《学堂书目》,施培毅、徐寿凯校点:《吴汝纶全集 (三)》,合肥:黄山书社2002 年版,第 376 - 378 页。

② 吴汝纶:《学堂书目》,施培毅、徐寿凯校点:《吴汝纶全集 (三)》,合肥:黄山书社2002 年版,第 376 页。

（2）史部应读书目有曾选《通鉴》诸篇、陈文恭公所编《纲鉴正史约》。另外，日本人所编《清国史略》亦简明。对于《纲鉴正史约》一书，吴汝纶还附有说明："此书简而不陋，又有句读。村塾袁了凡、王凤洲《纲鉴》及《易知录》等书，不可用。"

（3）文部应读书目只选"姚姬传氏所选《古文辞类纂》"。由于《古文辞类纂》篇章较多，故只选读部分："先读论辩类中欧、曾、苏、王诸论及奏议下编两苏诸策，后读贾、马、韩、柳诸论及汉人奏疏对策。"[1]

（4）诗部应读书目有王士祯所编《古诗选》及姚鼐所编《今体诗选》。

（三）大学堂阶段应读的国学书目

由于吴汝纶拟定《学堂书目》时正以京师大学堂总教习身份在日本考察教育，故大学堂阶段的国学书目当是其考虑与规划的重点。《学堂书目》为大学堂阶段的学生开列的国学书目包含经、史、文、诗四个部分。

（1）经部应读书目有《诗》《书》《易》《周礼》《仪礼》。在推荐这些书目后，吴汝纶还特别说明：资性钝者，去《仪礼》；更钝，去《周易》；更钝，去《周礼》。

（2）史部应读书目有《史记》、《汉书》、《通鉴》、《大清通礼》、简本《会典》、蒋氏《东华录》、《圣武记》、《湘军志》、《淮军平捻记》、《先正事略》、朱仲武撰《中兴将帅传》、《海国图志》、《通商约章类纂》、正续《瀛寰志略》等。对于上举书目，吴汝纶也有按"资性"程度选择性阅读的说明，如对于《史记》《汉书》，他特别说明"资性钝者，选读各数十篇或十余篇"。又如《通鉴》，他认为，资性钝者，阅《通鉴辑览》，讲授胡文忠公所辑《读史兵略》。

（3）文部应读书目也只列姚选《古文辞类纂》。大学堂阶段对《古文辞类纂》的学习是对中学堂相关学习的延展，此一阶段主要学习《古文辞类纂》中的序、跋、书、说、赠、序、杂记诸门。

（4）诗部应读书目为王、姚诗选（五古读阮公、二谢、鲍，七古读李、韩、黄诸公，五律读杜，七律读小李、杜及宋诗）。[2]

---

① 吴汝纶：《学堂书目》，施培毅、徐寿凯校点：《吴汝纶全集（三）》，合肥：黄山书社2002年版，第376－376页。

② 吴汝纶：《学堂书目》，施培毅、徐寿凯校点：《吴汝纶全集（三）》，合肥：黄山书社2002年版，第377－378页。

（四）"中国专门学"阶段应读的国学书目

在分别列举了小学堂、中学堂、大学堂三个阶段的学习书目后，吴汝纶还特别列出"中国专门学"阶段的学习书目。按其在《学堂书目》中的设计，"中国专门学"阶段的学生年龄在二十岁后。这一阶段与前三阶段最大的不同是：前三个阶段都是中、西学兼修，这一阶段则是大学堂阶段之后对"中国专门学"的专修阶段。现将"中国专门学"阶段的国学书目分类列于下：

（1）经部应读书目有：《十三经注疏》，《易》（李鼎祚《集解》、欧阳公《易童子问》《程传》《汉上易传》），《书》（吴文正公《纂言》、阎氏《尚书疏证》、孙氏《今古文注疏》），《诗》（欧阳公《诗本义》、吕氏《读诗记》、陈硕甫《毛诗传疏》），《仪礼》（朱子《经传通解》《钦定义疏》、胡竹邨《仪礼正义》），《周礼》（王荆公《周官新义》《钦定义疏》），《礼记》（卫正叔《集解》《钦定义疏》、夏氏《训纂》），《左传》（顾氏《杜解补正》、顾氏《春秋大事表》、李氏《贾服注辑述》），《公羊》（孔氏《通义》），《穀梁》（钟氏补注），《尔雅》（郝氏义疏），《论语》（古注集笺、朱子集注），《孟子》（朱子《集注》、焦氏《正义》），《大戴礼》（孔氏补注），《逸周书》（卢氏校本），《说文》（段氏注、朱氏通训定声），《广雅》（王氏疏证），《韵学》（《广韵》《集韵》，吴才老《韵补》、顾氏《唐韵正》、《佩文广韵汇编》），《群经》（秦氏《五礼通考》、王氏《经义述闻》）。

（2）史部应读书目有：《后汉书》《三国志》《新唐书》《新五代》《明史》《通鉴纪事本末》，李焘《续通鉴长编》，毕氏《续通鉴》，《明纪》《宋名臣言行录》《贞观政要》《唐鉴》《国朝开国方略》《三朝实录》《十朝东华录》《国朝名人碑传集》《三通》《大清会典》《两汉纪》《唐六典》《开元礼》《唐律疏议》《明律》《大清律例》。

（3）子部应读书目有：《老子》《庄子》《荀子》《楚辞》《韩非子》《吕览》《管子》《淮南子》《法言》《太玄》。

（4）集部书目有："《文选》，《古文辞类纂》（读碑志、词、赋、哀祭），曾文正公《经史百家杂钞》，《十八家诗钞》，王姚诗选、（增杜韩五言古、韩致尧元遗山五七律。）韩集、柳集、李习之集、欧集、王集、曾集、三苏集、归太仆集（以上文）；曹子建集、陶集、杜集、李太白集、李义山集、杜牧之集、黄集、陆放翁集、元遗山集；（以上诗，韩、柳、欧、苏等诗已具文集中。）陆宣公奏议，程、朱、陆、王集。"①

中华传统文化源远流长、博大精深，对其传承就有必要培养专门的研究人才。在大学堂阶段之后设置"中国专门学"阶段，让有志于学习中华传统文化的青年学子接受系统、深入、专业的国学教育与研究，这种设想显示出吴汝纶对于传承中华传统文化的超前意识与深思熟虑。②

吴汝纶在《学堂书目》中为"中国专门学"阶段所开列的国学书目与大学堂阶段所开列的国学书目相比有两个不同之处：一是书目数量多寡不同。大学堂阶段的国学书目共列二十部传统经典，而在"中国专门学"阶段，所列书目中含七十余部传统经典，几乎囊括了中国历代国学典籍精华。二是在书目分类上有所不同。大学堂阶段的国学书目分为经、史、文、诗四部，其特别之处就在不收子部，同时突出了文部与诗部。而在"中国专门学"阶段，吴汝纶则沿用了中国传统的经、史、子、集四部分类法，且子部将诸子各家的代表作基本收入。由此可以看出，为保证所选书目的覆盖面与系统性，吴汝纶在为"中国专门学"阶段的学生开设国学书目时，尽量避免了个人的倾向性。但这种个人倾向性仍有所体现，如在集部书目中，他不只列入姚鼐所编的《古文辞类纂》，还列入了晚清桐城派领袖曾国藩所编的《经史百家杂钞》《十八家诗钞》。

从整体上考察吴汝纶《学堂书目》各个阶段所开书目，不难看出其在书目选择上有着很强的倾向性，这种倾向性主要体现在以下两个方面：

（1）《学堂书目》在整体上具有明显的学派倾向，这种倾向性主要体现为对姚选《古文辞类纂》的重视与强调，还体现在对诸子之学的排斥上。

姚鼐所编《古文辞类纂》为桐城文派的标志性文选。全书计有七十五

---

① 吴汝纶：《学堂书目》，施培毅、徐寿凯校点：《吴汝纶全集（三）》，合肥：黄山书社2002年版，第377－379页。

② 所以要设置"中国专门学"阶段，吴汝纶的主要目的还是在中国传统文化的教育及传承上。他在日本拜访长尾槇太郎时，长尾槇太郎认为在当时中国的具体情形之下，各级学堂首要的是学习西学。在对话中，长尾还特别建议："今贵国设西学，欲汉、洋两学兼修，患课程之繁，小、中学、高等学校（大学预备校）课程，半汉文，半西学，而晋入大学，则专修其专门学，则庶乎免偏弃之忧。"见吴汝纶：《长尾槇太郎笔谈》，施培毅、徐寿凯校点：《吴汝纶全集（三）》，合肥：黄山书社2002年版，第765页。仔细推敲，长尾槇太郎所言的"专门学"应是指现代大学分科中的各专业的学习。这种分科的专业学习自然也包含"汉学"的专业学习在内。吴汝纶之所以不在大学堂阶段安排"中国专门学"的学习，而是在大学堂阶段后再设一阶段专修中国学，估计与当时中国的大学还未实行分科分专业教育有关。

卷，分为"论辩类、序跋类、奏议类、书说类、赠序类、诏令类、传状类、碑志类、杂记类、箴铭类、颂赞类、辞赋类、哀祭类"共十三类。①吴汝纶十分强调对《古文辞类纂》的学习。在《学堂书目》中，他通过精心设计，使学生对整部《古文辞类纂》的系统学习在各个阶段得以分阶段完成。在中学堂阶段的文部书目中他只列《古文辞类纂》，学习内容为"论辩类中欧、曾、苏、王诸论及奏议下编两苏诸策，后读贾、马、韩、柳诸论及汉人奏疏对策"。② 大学堂阶段的文部也只列《古文辞类纂》一书，要求学生阅读《古文辞类纂》中的序、跋、书、说、赠、序、杂记诸门。吴汝纶在中学堂、大学堂的文部书目中都只列《古文辞类纂》，可见他对桐城派古文文选的重视与强调。在"中国专门学"阶段的集部书目中，吴汝纶要求学生阅读《古文辞类纂》中的碑志、词赋、哀祭。至此，通过中学堂、大学堂、"中国专门学"三个阶段大致十五年的时间，除诏令类、传状类、箴铭类、颂赞类四类未学外，学生基本上完成了对《古文辞类纂》的系统学习。《学堂书目》的学派倾向不只体现在对姚选《古文辞类纂》的重视上，还有其他种种体现。如中学堂阶段的诗部书目，吴汝纶不仅推荐姚鼐所编《今体诗选》，还特别强调"教者应并阅方植之所著《昭昧詹言》为之讲授"。③ 方植之即方东树，为"姚门四子"之一。在书目中突出桐城派学人所编的文集、诗选及著述，可以明显看出作为"曾门四子"之一的吴汝纶对传承桐城派文脉的冀望与努力。综观吴汝纶《学堂书目》为各阶段学生所开列的国学书目，还可看出他对子学的轻视与排斥。在小学堂阶段，他将子、史并立，子部也仅列出《韩非子》的《难一》《难二》《难三》《难四》。在中学堂及大学堂阶段，他则将国学书目划分为经、史、文、诗四部，这种分类法虽是取法于中国传统图书经、史、子、集四部分类法，但又与之有所不同。其不同之处：一是吴汝纶于此剔除了四部分类法中的子部；二是将集部中的文、诗分别单列出来。这种划分法，实是以"文""诗"代"子"。桐城派既是清代影响最大的古

① 姚鼐：《古文辞类纂序目》，胡士明、李祚唐标校：《古文辞类纂》，上海：上海古籍出版社1998年版，第1页。
② 吴汝纶：《学堂书目》，施培毅、徐寿凯点：《吴汝纶全集（三）》，合肥：黄山书社2002年版，第377页。
③ 吴汝纶：《学堂书目》，施培毅、徐寿凯点：《吴汝纶全集（三）》，合肥：黄山书社2002年版，第377页。

文派别，也是清代理学的中坚，以维护程朱理学为己任。吴汝纶作为桐城派末代领袖，对"文"的重视，对儒家之学的强调及对诸子之学的排斥都在情理之中。

（2）《学堂书目》还具有浓厚的政治倾向。

吴汝纶曾在曾国藩幕府、李鸿章幕府中任职，深得曾、李二人的赏识，是晚清湘军集团与淮系集团的重要成员。这一经历决定了吴汝纶本人具有浓厚的政治倾向，这种政治倾向在《学堂书目》所列各个阶段的书目中均有表现。如在中学堂阶段的书目中，其经部书目列有《左传》，对于《左传》，他就建议选用曾国藩"《经史百家杂钞》叙记门所选诸篇，左氏高文大篇，粗具于此"①。又如在大学堂阶段的书目中，其史部书目所选典籍为十五部，其中五部为湘系、淮系代表人物编著，其内容也多与湘军、淮军历史有关。这五部书籍分别为胡林翼所辑《读史兵略》；王闿运所著《湘军志》，该书为王闿运应曾国荃之请而作；周世澄所撰《淮军平捻记》，该书序言为赵烈文所撰；朱仲武所撰《中兴将帅传》，朱仲武曾为曾国藩幕僚；李元度所编《先正事略》，该书序言为曾国藩所撰。吴汝纶在为大学堂学生开列的书目中列入与湘系、淮系有关的书目如此之多，使其所撰的《学堂书目》打上了明显的政治派系的烙印。

第二节　吴汝纶、胡适与梁启超三人所开国学书目比较

吴汝纶在《学堂学目》中专为大学堂阶段学子开列国学学习书目，在近代中国高等教育发展史中具有开创性的意义。在吴汝纶开列《学堂书目》之后，相继有不少学者专为大学阶段的学子开列"国学"学习书目，其中最有代表性的是梁启超与胡适所开的国学书目。② 他们两人关于国学

① 吴汝纶：《学堂书目》，施培毅、徐寿凯校点：《吴汝纶全集（三）》，合肥：黄山书社2002年版，第376页。
② 关于胡适、梁启超开列国学书目的起因，近人于椿有述：1922年"春天，清华大学有一批毕业生，在留美尚未启程之前，因为感到国学常识不足，想要在最短时间里得到一些治国学的门径，并想预备一些最必要而且本头最经济的古书，好带到美国去读。于是他们用团体名义写信给胡适之、梁任公两先生，请教他，要他给两个书目：一个是《国学入门书要目》，是预备在出洋前用最短时间涉览的；一个是《最低限度的必读书目》，是预备携带到美国去的。"见于椿：《关于胡梁两先生所开国学书目》，《华声》第1卷第2期，1946年11月15日，第5页。

书目问题所展开的相关论争也成为近代中国学术史上的一段公案，引起了后世学人的广泛关注与研究。

　　胡适《一个最低限度的国学书目》最初发表在《读书杂志》1922 年第 7 期，此文是胡适应清华学校即将赴美留学的学生胡敦元等四人的邀请而作。① 在这份国学书目中，胡适共列出 184 种国学典籍，其中工具书 14 种，思想史 92 种，文学史 78 种。②

　　这份书目刊出后，《清华周刊》的一位记者来信质疑胡适所开书目范围过窄过深，数量过多。《清华周刊》还邀请梁启超另开书目。③ 1923 年 4 月 26 日，《清华周刊》刊出梁启超所撰《国学入门书要目及其读法》。梁启超这篇文章显然是针对胡适《一个最低限度的国学书目》而作。学界所称胡适与梁启超关于国学书目的论争其实主要就体现在 1922—1923 年两人所拟的这两份国学书目中。

　　其时，胡、梁二人均在大学任教。胡适时在北京大学任教，梁启超则在清华学校任教。加之二人所写文章都是接受时为留美预备学校的清华学校学生之邀而作，他们开列的国学书目的对象主要是大学生群体，特别是即将赴美留学的大学生。当时在清华学校任教的陆懋德在评论梁启超所开列的国学书目时就特别强调要考虑针对对象的具体情况："为他人开一书目，非先就其地位代为设想不可。如有人以此问余，余必先问所需之书目是为学生赴美以前之用？抑为赴美以后之用？为习文科之用？抑为习实科者之用？平心论之，习实科者除读中等国文、中等历史外，并无研究国学之必要。"他认为梁启超所开列的国学书目是"专为出洋以前之有志文科者而设，其虽习实科而兼嗜文艺者自然亦在此列"。④

---

　　① 　清华学校原为留美预备学校，为清华大学的前身，分为中等科与高等科。1921 年，清华学校高等科四年级改为大学一年级。1925 年，清华学校设立大学部，正式向完全大学过渡。

　　② 　关于胡适所开的这个书目，时人多有批评之词。于椿就认为：胡适"所开书目，可谓洋洋大观，大可开一座小规模的图书馆。不用说要那些学生去读，就是买也买不起。其中最奇怪的是史部书一概不要，反把《三侠五义》和《九命奇冤》等二三流小说列入，更可笑的是书目中没有《史记》，而有《史记探源》，没有《尚书》《礼记》《国语》，而有《考信录》及《新学伪经考》。甚至把《正谊堂全书》和六朝古文（《唐文粹》至《明文在》）等大部头书都开了进去，叫那些学生在最短时间里如何消化得了。"见于椿：《关于胡梁两先生所开国学书目》，《华声》第 1 卷第 2 期，1946 年 11 月 15 日，第 5 页。

　　③ 　《清华周刊》为清华学校学生创办的学生刊物。该周刊创刊于 1914 年 3 月，抗日战争爆发后，于 1937 年 5 月停刊，1947 年 2 月复刊，出版十七期后随即停刊。

　　④ 　陆懋德：《评梁任公国学入门书目》，《清华周刊》第 9 次增刊，1923 年 6 月，第 144 页。

吴汝纶写就《学堂书目》是在 1902 年，其去世在 1903 年。他与胡、梁二人并无交集，但作为近代中国高等教育的先行者，他在《学堂书目》中专门开列大学堂阶段国学书目时所面对的时代背景及思路与同样作为近代大学教育实践者的胡、梁二人相较并无多少差别。正因为如此，吴汝纶、胡适、梁启超三人开列的国学书目有不少相通、类似之处。

（一）吴汝纶、胡适、梁启超三人为大学生开列国学书目均以传承国学及中华传统文化为宗旨

在日本考察教育期间，吴汝纶思考的一个核心问题是："吾国国学，岂可废去？"[①] 他在《学堂书目》中为中国各级学堂学生系统开设国学书目就体现出一个中国传统知识分子在西学大行其道的时代对不废国学及传承传统文化的冀望与努力。胡适编纂《一个最低限度的国学书目》的目的也是指点青年学子学习"一点系统的国学知识"[②]。梁启超则直接将学习国学与"对于中国文化有无贡献"联系起来。[③] 在《最低限度之必读书目》中，梁启超还提醒青年学子，如果连这些最低限度的国学必读书目都不研习，那"真不能认为"是"中国学人矣"[④]，这就将国学的学习与把握提升到了有无资格做"中国学人"的高度。[⑤]

（二）他们在其所开的国学书目中都强调学习国学典籍的必要性与重要性

京师大学堂成立时只设有速成与预备两科，还算不上真正意义上的分科大学。在不对专业进行分科划分的情形之下，京师大学堂培养的是兼通

---

① 吴汝纶：《长尾槙太郎笔谈》，施培毅、徐寿凯校点：《吴汝纶全集（三）》，合肥：黄山书社 2002 年版，第 764 页。

② 胡适：《一个最低限度的国学书目》，季羡林主编：《胡适全集》第 2 卷，合肥：安徽教育出版社 2003 年版，第 112 页。

③ 梁启超：《治国学杂话》，《饮冰室合集》专集之七十一，北京：中华书局 1989 年影印本，第 27 页。

④ 梁启超：《最低限度之必读书目》，《饮冰室合集》专集之七十一，北京：中华书局 1989 年影印本，第 21 页。

⑤ 近代中国一些国学倡导者甚至将对国学或对中国古书的学习与是不是"中国人"联系起来。如节盦在《国学讲座》中认为："在动而变的时代里，也不允许我们抛弃现实专读古书。但是做了中国人，不能不读中国古书。"见节盦：《国学讲座》，《卫星》第 1 卷第 7 号，1937 年 7 月 31 日，第 3 页。

中西的通才，故吴汝纶于 1902 年在《学堂书目》中为大学堂学生所开列
的中、西学书目是针对大学堂的所有学生的，它基本等同于中、西学的课
程书目，具有"必读"与强制学习的性质。1910 年之后，京师大学堂开始
分科，共设有经科、文科、商科、工科、农科、法政科、格致科等七科。
专业分科就意味着大学培养的是各类专业型人才而非中西会通的通才了。
专业分科的实施使国学在近代中国大学的教育与传承中面临空前的危机与
挑战。加之专业课程本来就繁多艰深，若非"文科"或其他与国学有关的
专业，国学的学习与教育就处于可有可无的尴尬位置，正如梁启超所言
"惟青年学生校课既繁，所治专门别有在"①。客观而言，胡、梁二人开列
的国学书目仅是供对国学有兴趣的大学生参考而已，并非"必读"书目，
而是属于"课外学问"②。虽然仅有建议、参考的意义，但是胡、梁二人均
强调自己所开国学书目的必要性与重要性。他们以"最低限度"乃至"真
正之最低限度"③ 与"实在的最低限度"④ 来命名自己所开国学书目，其
实就是强调这些国学典籍对一个大学生已实在是"最低限度"的要求了，
是"应该"且"必须"学习的。按梁启超的话来讲，就是这些书目"无
论学机械工程的，学应用化学的，学哲学文学，学政治经济学的，都应该
念，都应该知道"。⑤

　　胡、梁二人在"最低限度"书目的基础上再开列"真正之最低限度"
"实在的最低限度"的国学书目，事实上反映出国学教育在近代中国高等
学校中面临的困境。在西学的冲击中，与西学相关的课程在近代中国高等
学校乃至各级学校的课程体系所占比例不断扩大，与之相应，则是中学相
关的课程逐渐收缩。胡、梁二人有关国学书目的文化论争看似热闹，折射
的却是近代中国国学教育与传承所面临的危机。

---

　　① 梁启超：《最低限度之必读书目》，《饮冰室合集》专集之七十一，北京：中华书局 1989
年影印本，第 21 页。
　　② 梁启超：《治国学杂话》，《饮冰室合集》专集之七十一，北京：中华书局 1989 年影印本，
第 23 页。
　　③ 梁启超：《最低限度之必读书目》，《饮冰室合集》专集之七十一，北京：中华书局 1989
年影印本，第 21 页。
　　④ 胡适：《答书》，季羡林主编：《胡适全集》第 2 卷，合肥：安徽教育出版社 2003 年版，
第 127 页。
　　⑤ 胡适：《〈清华周刊〉记者来书》，季羡林主编：《胡适全集》第 2 卷，合肥：安徽教育出
版社 2003 年版，第 125 页。

（三）他们在开列国学书目时，均对国学书目的程度深浅、数量多寡等方面进行了层次划分

考虑到学生在"资性"即智力程度、年龄、学习时间等具体情况的差异，他们三人开列的国学书目均有学习程度上的层次划分。在《学堂书目》中，吴汝纶先按年龄将学堂分为小学堂、中学堂、大学堂、"中国专门学"阶段四个教育层级。在为这四个不同层级的学生设计书目时，再按智力水平即他所言的"资性"予以分层，不同"资性"水平的学生的阅读要求自然有所不同。如在经部书目中，他以"资性"水平将大学堂阶段的学生分为四个层次。与之相应，这四个层次的学生各自应读的经部书目也有不同："资性不钝者"，《诗》《书》《易》《周礼》《仪礼》可全读；而"资性钝者"，不读《仪礼》；"更钝"，不读《周易》；"更钝"，不读《周礼》。

与吴汝纶以年龄、"资性"为划分标准不同，胡适主要以学生学习时间的多寡作为国学学习不同要求的划分标准。胡适《一个最低限度的国学书目》刊出后，《清华周刊》记者致信质疑该书目"太深"，书目数量过多，与"最低限度"不相吻合。① 胡适随即又拟出"实在的最低限度的书目"。如此，胡适实是以"时间"为标准，分别拟出了"最低限度"与"实在的最低限度的书目"两个不同层次及要求的国学书目。"最低限度"的 184 种国学书目是为"有时间的"学生准备，而"实在的最低限度"的共 40 种国学书目自然是为学习国学时间有限的学生准备的。②

梁启超开列的国学书目本来就是对胡适《一个最低限度的国学书目》一文的回应。在《国学入门书要目及其读法》中，梁启超列出了 141 种国学书目，随后他又开列了一个"最低限度之必读书目"共 27 种。两份书目，数量不同，层次不同。在拟定"最低限度之必读书目"时，梁启超曾说，青年学生课程繁多，所治专门也有所不同，"恐仍不能人人按表而读"③，看来学习时间也是梁启超拟定国学书目时主要考虑的因素与标准。

---

① 胡适：《〈清华周刊〉记者来书》，季羡林主编：《胡适全集》第 2 卷，合肥：安徽教育出版社 2003 年版，第 125 页。

② 胡适：《答书》，季羡林主编：《胡适全集》第 2 卷，合肥：安徽教育出版社 2003 年版，第 126－127 页。

③ 梁启超：《最低限度之必读书目》，《饮冰室合集》专集之七十一，北京：中华书局 1989 年影印本，第 21 页。

　　梁启超所拟"最低限度之必读书目"强调阅读国学典籍的最低数量，主要对象为希望对国学有所了解的青年学子，而其所拟"国学入门书目"更多是从入门"路径"的角度考虑国学书目的开列问题，主要对象为希望在国学领域有所造诣的青年学子。梁启超在《国学入门书要目及其读法》中分列"国学入门书要目""最低限度之必读书目"，意在突出两者之间的差异。如果单从词义上辨析，"入门"与"最低限度"之间似并无多少差异，但梁启超的划分法与具体安排就有程度的层次之分了。27 种"最低限度之必读书目"仅为了解国学的最低层次，若要"入门"，则还要在此基础上阅读 141 种"国学入门书要目"。① 看来，梁启超对"国学入门"要求甚高。以今人眼光视之，若按其要求读完 141 种"国学入门书要目"，已不是"入门"问题了，而是于国学有造诣的"大家"了。

　　（四）他们在开列国学书目时都按不同标准对所开书目进行了分类划分

　　在《学堂书目》中，吴汝纶对各阶段国学书目主要以中国传统图书的四部分类法为标准进行分类。其小学堂阶段的国学书目分为经、子史、诗三类，中学堂及大学堂两个阶段的国学书目分为经、史、文、诗四类，这些分类其实都是从中国传统图书的四部分类法中脱胎变化而来。在"中国专门学"阶段，为保证所开书目的体系完整，吴汝纶则严格按经、史、子、集四部分类列出所选国学书目。

　　胡适《一个最低限度的国学书目》收入的 184 种国学典籍按内容具体

---

　　① 梁启超认为这二十七种"最低限度之必读书目"十分重要："以上各书，无论学矿、学工程……皆须一读，若并此未读，真不能认为中国学人矣。"见梁启超：《最低限度之必读书目》，《饮冰室合集》专集之七十一，北京：中华书局 1989 年影印本，第 21 页。当时在清华学校任教的陆懋德对此并不认同："所谓学人即西文之 Learned man，此名称甚不易当。如谓凡人能读此二十七种书即谓之为学人，余实未敢信。又有人于此或医理高深，或法学精通，而因未读此二十七种书即不谓之为学人，余亦未敢言。程伊川自谓生平不读老子、庄子，是于二十七种中已少读两种。（《通鉴》及《纪事本末》，均出在程氏之后更不待言）然则谓程氏为一非学人可乎不可，质之任公以为何如。"见陆懋德：《评梁任公国学入门书目》，《清华周刊》第 9 次增刊，1923 年 6 月，第 150 页。

划分为工具之部、思想史之部、文学史之部三大类。① 胡适随后又在这184种书目中圈出40种"实在的最低限度"的国学书目。虽说胡适对"实在的最低限度"的国学书目未作分类，但这40种书目基本是从184种"最低限度"的国学书目中圈出，故可比照"最低限度"的国学书目中胡适对国学书目的分类从而将"实在的最低限度"的国学书目分类列出。

（1）工具之部的书目：张之洞著《书目答问》，商务印书馆出版的《中国人名大辞典》。

（2）思想史之部的书目：胡适著《中国哲学史大纲》，《老子》《四书》，孙怡让《墨子间诂》，《荀子集注》《韩非子》《淮南鸿烈集解》《周礼》《论衡》，金陵刻经处本《佛遗教经》，《法华经》，鸠摩罗什译《阿弥陀经》，法海录《坛经》，《宋元学案》《明儒学案》《王临川集》，王懋竑编《朱子年谱》，《王文成公全书》《清代学术概论》，胡适编《章实斋年谱》，《崔东壁遗书》《新学伪经考》。

（3）文学史之部的书目：朱熹编《诗（经）集传》，《左传》《文选》《乐府诗集》《全唐诗》《宋诗钞》《宋六十家词》《元曲选一百种》，王国维著《宋元戏曲史》，传奇选本《缀白裘》，《水浒传》《西游记》《儒林外史》《红楼梦》。②

除以上所举三部图书书目外，胡适还特别提及"此外还应加上一部《九种纪事本末》（铅印本）"③，《九种纪事本末》为"实在的最低限度"的国学书目中所新增，似不能纳入上述三部书目之中。胡适在"实在的最低限度"的国学书目中新增此书，似有回应《清华周刊》记者批评以弥补"最低限度"的国学书目范围过窄的意味。

梁启超《国学入门书要目及读法》将所选141种国学书目划分为（甲）修养应用及思想史关系书类、（乙）政治史及其他文献学书类、

---

① 在《清华周刊》记者对其《一个最低限度的国学书目》质疑后，胡适在回复《答书》中，不再提工具、思想史、文学史三部分类，而是修正为"我暂认思想与文学两部为国学最低限度"。见胡适：《答书》，季羡林主编：《胡适全集》第2卷，合肥：安徽教育出版社2003年版，第126页。

② 胡适：《答书》，季羡林主编：《胡适全集》第2卷，合肥：安徽教育出版社2003年版，第127页。

③ 胡适：《答书》，季羡林主编：《胡适全集》第2卷，合肥：安徽教育出版社2003年版，第127页。

（丙）韵文书类、（丁）小学书及文法书类、（戊）随意涉览书类共五大类。① 梁启超在随后附录中列出的 27 种"最低限度之必读书目"并未进行分类划分，但这些书目均是从他前列的 141 种"国学入门书要目"中择出，故也可根据他在《国学入门书要目及读法》中的分类法将其"最低限度之必读书目"分类列出。

（1）修养应用及思想史关系书类有：《四书》《易经》《书经》《诗经》《礼记》《左传》《老子》《墨子》《庄子》《荀子》《韩非子》。

（2）政治史及其他文献学书类有：《战国策》《史记》《汉书》《后汉书》《三国志》、《资治通鉴》（或《通鉴纪事本末》）、《宋元明史纪事本末》。

（3）韵文书类有：《楚辞》《文选》《李太白集》《杜工部集》《韩昌黎集》《柳河东集》《白香山集》。

（4）随意涉览书类："其他词曲集，随所好选读数种。"②

梁启超《最低限度之必读书目》只有以上四类。与《国学入门书要目及读法》中的五大分类对比，梁启超于此删了"（丁）小学书及文法书类"，删去的原因当与这类典籍的阅读难度较大有关。

从胡、梁二人对国学书目的分类看，他们都试图超越中国传统的四部分类法。但从他们二人有关国学书目的具体分类来看，总体上还是从传统图书四部分类法脱胎而来，只是在分类的称谓及类型多寡上稍作变化而已。如胡适书目分类中所谓的"思想史之部"大致对应经部、子部；其"文学史之部"大致对应集部。又如梁启超书目分类中的"修养应用及思想史关系书类"大致对应经部、子部；"政治史及其他文献学书类"大致

---

① 梁启超所开的这个书目在数量上也达 141 种，但较之胡适所开书目更具可行性。于椿认为：梁启超所开国学入门书要目"除掉了廿四史、文献通考、资治通鉴以外，本头都不大，学子还能勉强买得起，读得起，因之当时这个书目，颇受一般人的赞许"。见于椿：《关于胡梁两先生所开国学书目》，《华声》第 1 卷第 2 期，1946 年 11 月 15 日，第 5 页。陆懋德也表示："任公书目大体余亦满意。"但他又认为其中的一些书目体量太大，作为学生国学入门书目不大适合。如他认为："任公书目中两通鉴（约六百卷）三通考（约八百卷）二十四史（约三千卷），此适足使学生望而却步。"又如"任公列入宋元明学案，此书一百六十卷，教学生如何读起"。又如"任公又列魏晋六朝集凡六家，唐宋时文集凡十四家。余均明其繁重不适用。如学生欲专读一家以便仿效亦无不可。然如白香山、王临川、苏东坡、陆放翁等集，皆至数十册，即一家亦不能全读"。见陆懋德：《评梁任公国学入门书目》，《清华周刊》第 9 册增刊，1923 年 6 月，第 144 – 148 页。

② 梁启超：《最低限度之必读书目》，《饮冰室合集》专集之七十一，北京：中华书局 1989 年影印本，第 21 页。

对应史部;"韵文书类"大致对应集部。客观而论,中国传统学术文化典籍用传统图书分类法进行分类显得更为合理,杂以现代学科分类法进行分类是否恰当,还值得进一步斟酌推敲。

(五)他们为大学生开列的国学书目均带有明显的个人或学派的倾向性

中国传统文化典籍汗牛充栋、卷轶浩繁,从中只选取百来种或数十种作为必读或最低限度的学习书目,这种选择本身就必然包含着选择者的个人倾向性。吴汝纶在《学堂书目》中为包含大学堂在内的各阶段学堂学生开列的种种书目就处处体现出他本人及他所在学派的学术倾向及政治倾向。

胡适的国学书目也体现出明显的个人学术倾向性。他编写的《一个最低限度的国学书目》主要分为中国思想史及文学史两大类,就表现出他对这两类典籍的偏爱。在具体选择书目时,他又特别偏向于哲学与文学,"似乎是为有志专攻哲学或文学的人作参考之用的"[1]。联系胡适本人的求学经历及知识构成,不难理解胡适所开书目的倾向性,故梁启超批评胡适:"如何能因为自己爱做文学史便强一般青年跟着你走?"[2]

梁启超在批评胡适书目倾向性的同时,他自己所开的书目也不可避免地带有个人倾向性。其所开"国学入门书要目"之"(甲)修养应用及思想史关系书类"中含38种书目,清代及民国部分书目占16种,其中有黄宗羲著《明儒学案》《宋元学案》《明夷待访录》,顾炎武著《日知录》《亭林文集》,王夫之著《思问录》,戴望编《颜氏学记》,戴震著《东原集》,焦循著《雕菰楼集》,章学诚著《文史通义》,康有为著《大同书》,章炳麟著《国故论衡》,梁漱溟著《东西文化及其哲学》,其他还有他本人所著《先秦政治思想史》《清代学术概论》等。有意思的是,他还收入了胡适所著《中国哲学史大纲》(上卷)。仔细推敲就会发现,梁启超于此所选的清代的书目多与其本人所著《清代学术概论》中重点介绍的人物及书籍相关,这就从书目的选择上表达了梁启超在《清代学术概论》中对清代学术流变由复古而走向解放的个人理解。他对康有为《大同书》的选择也

---

① 胡适:《〈清华周刊〉记者来书》,季羡林主编:《胡适全集》第2卷,合肥:安徽教育出版社2003年版,第125页。

② 梁启超:《评胡适之的〈一个最低限度的国学书目〉》,《饮冰室合集》专集之七十一,北京:中华书局1989年影印本,第30页。

表现出维新一派的政治倾向，对章炳麟著《国故论衡》及梁漱溟著《东西文化及其哲学》的选择则表现出他当时对于国学的支持与倡导。

值得注意的是，梁、胡二人在开列国学书目时都将自己的著述收入书目中。如梁启超在开列"国学入门书要目"时，在"修养应用及思想史关系书类"中收入个人著作《清代学术概论》《先秦政治思想史》，还将其所著《中国历史研究法》收入"政治史及其他文献学书类"。胡适也一样，他所开列的《一个最低限度的国学书目》不仅在"思想史之部""文学史之部"中分别收入个人所著《中国哲学史大纲》《五十年来中国之文学》。在安排所列书目顺序时，他还将《中国哲学史大纲》置于"思想史之部"之首，将《五十年来中国之文学》置于"文学史之部"之尾。把个人著述置于书目如此显眼的位置，胡适的自信可见一斑。梁、胡二人在开列国学书目所表现出的自信一定程度上也是其个人学术倾向乃至政治倾向的体现。

胡适、梁启超所开设的国学书目及不同观点在当时影响颇大，在当时可谓"无人不知道的"[1]。他们关于国学书目的规划与设想对当今中国的国学教育仍有一定的借鉴价值。如关于国学书目的分级问题，梁启超认为大学可为不同需求的学生开设层次及要求不同的书目。"国学入门书要目"主要针对那些希望在国学上有所造诣的学生，而"最低限度之必读书目"则是所有的学生都必须阅读的国学"课外书"。梁启超的这种设想在教育实践中很有现实意义及可操作性。又如关于国学书目的分类划定问题，胡、梁二人虽然尝试在国学书目的分类上有所创新、突破，但从总体上看，他们还是主要从传统图书经、史、子、集四部的分类角度去确立国学书目的选择与分类。这既可保证国学书目选择上的系统性，也可在一定程度上减轻国学在当时中国各级学校教育中的割裂与零碎的状态。国学是自成一体的知识体系，但在近代中国各级学校的课程及教学安排中，作为国学组成部分的经、史、子、集事实上是被分割到了文学、历史、地理、哲学等学科中去了。

客观而言，中国传统文化的传承与教育不能只限于学习"国学入门书"或"最低限度"的国学书。如果学生的阅读范围局限于"最低限度"乃至"实在的最低限度"的国学书籍，也就只能在国学"入门"的门口徘徊，并不能使国学真正获得与西学的"平等待遇"，也会使中国传统文化在各级教育系统中不能得到全面、系统的传承。在近代中国的各级教育机

---

① 汪震：《最低的国学书目是什么?》，《教育周报》第 2 号，1924 年 3 月 27 日，第 6 页。

构中，日益缩减的中学课程面临西学的不断蚕食，面对这种文化危机，何论中国传统文化的全面、系统的教育与传承？梁启超在论及当时中国传统文化的传承与教育危机时曾呼吁：中国书也"最少也该和外国书作平等待遇"①。一句"最少也该"，既道出了当时国学在教育中受轻视的状况，也道出了梁启超面对这种状况的无奈。胡、梁二人在当时之所以要开列"最低限度"乃至"实在的最低限度"的国学书目，实应是"中弱西强"文化态势下的无奈之举。

第三节 关于"最低限度"国学书目的不同看法与论争

胡适、梁启超开列的国学"最低限度"书目在近代中国影响颇大，但也有学者对此有不同看法。

（一）关于"最低限度"国学书目学习阶段的不同看法

胡适、梁启超所言的"最低限度"主要指大学生应该学习的"最低限度"的国学书籍。有近代学者对此提法有异议，认为"最低的国学是在中学学的"而非是到大学阶段才学的。汪震提出，学生在小学阶段及初级中学阶段因为"身心发展的程度"，并不适宜学习国学，到了十六岁以后，"推理才发达得很速。这个时期已经到高级中学了。国学并不是一种想象的或记诵的知识，乃是一种需要理解的知识。所以独立的国学，无论怎样低，也必须在高级中学教授"。汪震将国学的学习具体分为三步：第一步是学习"普通的国学通论"，这一步是在高级中学进行；第二步是学习"个别的国学通论"，这一步在"高级中学的末年与大学的第一年"进行；第三步是"学生对于某种个别的国学有特别兴趣的时候，这才可以看原本的书籍"，这一步是"大学的专修"阶段。为何学习国学要分这三步走，他从教育学的原理予以说明："如果根据教育原理来说，我们应当采取渐进的方法，即是先得一种粗略的知识，以这一种粗略的知识作根柢，再得一种较精密的知识。将来即以这种较精密的知识作根柢，再得一种更精密的知识。"②

---

① 梁启超：《治国学杂话》，《饮冰室合集》专集之七十一，北京：中华书局1989年影印本，第23页。

② 汪震：《最低的国学书目是什么?》，《教育周报》第2号，1924年3月27日，第6－8页。

（二）关于"最低限度"国学书目所涉书籍是否为"原本"的不同看法

从胡适、梁启超开列的具体书目来看，他们所列的国学"最低限度"书目均为"原本"典籍。汪震的看法则有所不同，他所主张的"真正的最低"的国学书目并非"原本"的国学典籍，而是今人所编纂的"国学通论"。根据上论，汪震在《最低的国学书目是什么?》中提出学生在高级中学阶段是学习"普通的国学通论"，在高级中学末年及大学第一年学习"个别的国学通论"，只有到了大学的专修阶段，才学习"原本的书籍"。他所言的"普通的国学通论"当是对整体上的国学进行系统阐释的通俗读本，而"个别的国学通论"则应是对国学的个别或专门领域进行系统阐释的通俗读本。由此看来，适于高级中学学生学习阅读的"普通的国学通论"才是汪震心目中"最低的国学书目"。但当时合乎其要求的国学通论书籍"可惜无有，如果在已有的书里抽出一本来，只有一本卖三角钱的章炳麟演讲的《国学概论》。这才是真正的最低的独立的国学书籍"。[①] 从通论、选本入手，确是一条学习国学的捷径。国学通论、选本在近代中国的大量出现，就与当时学子的具体需求有关。正如当时学者所论："我们当然不能把所有中国古书统统拿来阅读，如果先读人家已经整理过的东西那就便利得多了。"[②] 面对时代变迁，学者们对国学书目门径的指点并不能满足学子的实际需求，他们需要更简捷的方式去了解国学，正如时人评点胡适、梁启超、李笠三家书目时所言："国学书籍，如胡适之、梁任公、李雁晴（笠）诸家所拟，皆极繁多，凡此诸书，往古师儒所难尽读，责之学科广多之学生，几何不兴望洋之叹。于是通论门径之书，遂为学者所急要。"[③] 汪辟疆在评点当时流行的国学通论及选本时也说："夫选本与通论，皆为近时学子所急待浏览者。"但汪辟疆本人对使用国学通论、选本持反

---

① 汪震:《最低的国学书目是什么?》,《教育周报》第 2 号,1924 年 3 月 27 日,第 8 页。

② 若水:《值得推荐的一套国学常识读物（上）》,《出版周刊》第 170 号,1936 年 2 月 29 日,第 11 页。

③ 该文作者对章太炎与钱穆所著《国学概论》有如下对比:"章太炎先生之《国学概论》,原讲本非精心结构,记者又多漏误,以部而分,亦有未允。欲求有统系之叙述,征古而不拘,衡今而不浮,简而能赅,足为一般问学者门径之书,则近出钱穆氏之《国学概论》一书,颇足取焉。……此书亦视为一部简明之中国学术史。作者久任学校教课,随讲随录,阅五年而成此书,其论定去取,自费经营。全书断自孔子,孔子以前付诸丘盖,颇具识断。编制用纲目体,凡正文外之辨证论难,悉散入子注,取便阅者,意亦甚善。"见鄞:《〈国学概论〉提要》,《浙江省立图书馆月刊》第 1 卷第 3 期,1932 年 5 月 31 日,第 2-3 页。

对意见。关于通论之书，他认为："通论之书，厥旨浅薄古今。人为之者，不旋踵而渐灭。求其如彦和之论文，心子玄之诠史，旨辞意并茂能有几人？今人浅尝薄殖，但凭口耳稗贩相仍，非惟精诣莫窥，实多郢书燕说，等诸自郐以下矣。"至于选本，他认为："选本皆出专书全书，具在见浅见深，自为别择，奚待循人揭扬。"他还从方法论的角度特别论述了反对使用通论、选本的原因："治学之法，首贵识途。而识途之方，尤贵探本。得其本者，则足以俯视一切，高据上流。失其本者，则虽目疲坟籍而奥旨莫窥，群言靡断，此治学之大患也。"相较而言，他认为还是直接读国学原本更为妥当："所谓国学者，自有经史本书在。能读本书，于一经能诵经文，通大义，明家法，达训诂；于一史能诵史文，明体制，知得失，具鉴裁，斯亦已矣，安用概论。"① 正是基于如上思考，他编订的《中学国学用书叙目》所选就全为国学原本书籍。

（三）关于国学"实在的最低限度"或"最低限度之必读书目"是否还有简化可能的不同看法与探讨

胡适开列的"实在的最低限度"的国学书目为 40 种，梁启超开列的"最低限度之必读书目"只有 27 种。单从数量上看，胡、梁二人所开国学书单已经够简单了，但有学者认为，梁启超的"最低限度之必读书目"仍有再简化的余地。如于椿认为：

> 我认为这个简而又简的国学最低限度必读书目，仍有再加删或改的可能。如易经、书经、老子、楚辞四书，因为辞和义都比较高深，而且不切实用，初学有些喫勿消，即使费很大的力气把它喫消了，所得究难偿所失，不如把它删掉了。再如《李太白集》，应当改换为《苏东坡集》，因为李诗虽有名，而不如苏文能切实用。《资治通鉴》好是好，未免太枯燥艰涩，引不起读者的兴趣来，无已，只好改用《通鉴纪事本末》，因为没有现成好的中国通史。文选可以改换为《古文辞类纂》，因为文选里除掉一部古诗可取以外，骈文到现在实没用了，《古文辞类纂》选的虽不合乎我们现在的理想，但是其他选本如《古文观止》等，还比不上它谨严有法。再如《礼记》《墨子》《庄子》《荀子》《四书》并无须全部均读，大可择其精华，舍其糟

---

① 汪辟疆：《中学国学用书叙目》，《国衡》半月刊创刊号，1935 年 5 月 10 日，第 75 页。

粕。……又如前四史及杜、韩、柳、白、苏的诗文，也可以择其名篇及自己心爱的读一部分，其余一概从略。这样一来，把这廿五种最低限度的国学必读书目，又减去了大半。①

于椿于此主要以是否"实用"作为删减的标准。与此类似，陆懋德也认为梁启超最低限度之必读书目可以大幅删减："既名最低限度，除《四书》《易》《诗》外，《尚书》只可读二十八篇。《礼记》《左传》《国策》及诸子均不必全读。且《墨子》除《兼爱》一篇外无甚可读，《荀子》为儒家支派不读亦可，史、汉不必全看；后汉、三国、通鉴及宋元明纪事本末可完全删去而代以李泰汾《中国史纲》（尚未出全）。楚词文选及李、杜、韩、柳、白集亦可完全删去，而代之以吴汝纶古文读本及通行本、《古诗源》、《唐诗三百首》。"②

第四节　李笠与《国学用书撰要》

近人陈训慈在论及中国近代国学书目时曾有如下评论："梁任公、胡适之、李雁晴诸家，各有国学书目之厘定，学者亦多资为准则。"③ 这里所提到的三家书目，一是胡适于 1922 年所撰《一个最低限度的国学书目》，二是梁启超于 1923 年所撰《国学入门书要目及其读法》，三是李笠所编《国学用书撰要》④。由于胡、梁二人在当时学界的名气，故他们开列的国学书目成为当时及后世研究者关注的重点，李笠所编《国学用书撰要》受到的关注则不多。

---

① 于椿：《关于胡梁两先生所开国学书目》，《华声》第 1 卷第 2 期，1946 年 11 月 15 日，第 6 页。

② 陆懋德：《评梁任公国学入门书目》，《清华周刊》第 9 册增刊，1923 年 6 月，第 149 - 150 页。

③ 陈训慈：《国学用书举要后记》，《浙江省立图书馆月刊》第 1 卷第 10 期，1932 年 12 月 31 日，第 42 页。

④ 李笠（1894—1962 年），字雁晴，曾名作孚、雅臣，浙江瑞安人。1924 年春天，李笠受聘为温州永嘉省立师范国学教师，同年 8 月，受聘前往国立广东大学（1926 年定名为国立中山大学）中文系任教。后历任中州大学（今河南大学）、厦门大学、私立之江文理学院、武汉大学、浙江大学龙泉分校、（温州）国立英士大学、上海暨南大学、中央大学（今南京大学）、（无锡）私立江南大学、南开大学、复旦大学等校中文系教授，并曾兼任中州、厦门、中山、江南等大学中文系主任及厦门大学文学院院长、中山大学研究院语言文学部主任等职。

　　李笠所编《国学用书撰要》写成于 1923 年 10 月 1 日，最早连载于《东方杂志》第 21 卷 9 号（1924 年 5 月 10 日）、10 号（1924 年 5 月 25 日），与胡、梁二人开列国学书目的时间基本接近。① 加之他在《国学用书撰要》一文后附录《评胡适书目》《评梁启超书目》，故其所编《国学用书撰要》一定程度上是对胡、梁二人所编国学书目的回应与纠偏。不管是李笠本人发表《国学用书撰要》时的大学教师身份，还是《国学用书撰要》一文后的附录对胡适、梁启超书目的评论，均可清晰地看出其所编《国学用书撰要》主要针对的对象也当为大学生群体。李笠本人在《国学用书撰要》开篇也指出编纂该书的目的是为"青年"指点门径，以使他们免于"良否不知，取舍失当，徘徊歧路"。②

　　相较于胡适、梁启超二人所开列的国学书目，李笠的《国学用书撰要》有如下特点：

（一）《国学用书撰要》较之胡适、梁启超二人所开列的国学书目在数量上更多，但在筛选上更为细致严格

　　与胡适、梁启超一样，李笠在书目类型的分类上也试图打破中国传统图书经、史、子、集四部分类法。他大致采用西方学科的分类标准将国学书目分为哲学、史学、文学、小学四部。每部分再细分，其具体书目有 370 余种，远远高于胡适《一个最低限度的国学书目》中的 184 种及梁启超《国学入门书要目及其读法》中的 141 种。虽说开列的书目数量增加，但李笠在书目筛选上却有着严格的标准："本编于周秦汉魏古书，必首举注释之最善者，苟未有极惬意注本，则诸家考释，东鳞西爪，罗列散材，使读者一则有所遵循，无向隅之恨，一则整理诠次，引起著书之趣。"③ 故李笠《国学用书撰要》较之胡、梁二人所开书目显得更为周全、严谨。胡适《一个最低限度的国学书目》所列书目相对随意，这从他将史部书籍"一概屏绝"即可看出。梁启超虽批评胡适书目随意、偏颇，但他本人所著《国学入门书要目及其读法》也为急就章，他在《国学入门书要目及其读法》序言中就特别说明："两月前，《清华周刊》记者以此题相属，蹉跎

---

　　① 《国学用书撰要》编成后，李笠随后又有所修订。1931 年 4 月，李笠编《三订国学用书撰要》由朴社出版。
　　② 李笠：《国学用书撰要》，《东方杂志》第 21 卷第 9 号，1924 年 5 月 10 日，第 85 页。
　　③ 李笠：《国学用书撰要》，《东方杂志》第 21 卷第 9 号，1924 年 5 月 10 日，第 85 页。

久未报命。顷独居翠微山中，行箧无一书，而记者督责甚急，乃竭三日之力，专凭忆想所及草斯篇。漏略自所不免，且容有并书名、篇名亦忆错误者，他日更当补正也。"①

（二）《国学用书撰要》在举出书目的同时，每目之下还列出"有价值之关系书"②，以收"触类旁通"之效

在书目触类旁通这一点上，可谓李笠书目较之于胡、梁二人书目的一大特色，近代曾有学人对三家书目有如下评论："数年以前，国内整理国故之说甚盛，于是胡适之、梁任公二先生均有国学书目之纂定，以诏告学子。惟二目所举，颇多失当，且未兼示以何者与某书有关系或可供参读者，殊使学者难收触类旁通之益，则尤为一大缺憾。本书③继梁、胡二氏而作，冀补二目之缺陷者。……全书部居尚得体要，而每目之下，多列有价值的关系各书，均详其版本，间有提要，自甚了然。且取古义，多裁篇别出，尤俾人得贯通之途径焉。"④ 如他在哲学部介绍庄子书目时，一是举出《郭庆藩庄子集释》《王先谦庄子集解》两种权威注本，并分别列出现存刊本及其优劣。又如《郭庆藩庄子集释》，他举出有思贤讲舍本与扫叶石印本，并特别标示扫叶石印本多误字；二是厘清所推举书目之间的关系，对不同注本之间的短长互补进行简述以利读者把握。关于《郭庆藩庄子集释》《王先谦庄子集解》两书，李笠有这样的点评："庄子集释失之繁，集解又失之约。合观之得一调谐。又，庄生文如生龙活虎，本极活泼，或因注释太繁，阅者多为间断，以致气机阻滞，失其神理者，往往而有。故读庄子者总宜熟诵，其诵读本，集解最便当。"⑤ 如此一来，读者对如何阅读、利用有关庄子的古籍就有了清晰的认识与把握。

为说明问题，可将胡适、梁启超所开国学书目"庄子"条作一对比：

胡适在《一个最低限度的国学书目》中"思想史之部"列有"二十二子"，其中包含《庄子》，在"二十二子"下有刊本的介绍："浙江公立

---

① 梁启超：《〈国学入门书要目及其读法〉序》，《饮冰室合集》专集之七十一，北京：中华书局1989年影印本，第1页。

② 李笠：《国学用书撰要》，《东方杂志》第21卷第9号，1924年5月10日，第86页。

③ "本书"指《三订国学用书撰要》。

④ 域：《〈三订国学用书撰要〉提要》，《浙江省立图书馆馆刊》第2卷第6期，1933年12月31日，第8页。

⑤ 李笠：《国学用书撰要》，《东方杂志》第21卷第9号，1924年5月10日，第89页。

图书馆（即浙江书局）刻本。上海有铅印本亦尚可用。汇刻子书，以此部为最佳。"①

梁启超在《国学入门书要目及其读法》也列有《庄子》，并附有如下说明："《内篇》七篇及《杂篇》中之《天下篇》最当精读。注释书有郭庆藩之《庄子集释》差可。"②

胡适的介绍相对简略，梁启超的介绍涉及篇目选择与注本的简介，相比之下，李笠的介绍更加专业、详实且更能体现其书目的"门径"之用。

（三）《国学用书撰要》在采用西方学科分科方法对国学书目进行分类的同时又力求突出经学的地位

在《国学用书撰要》中，李笠将国学书目分为（甲）哲学、（乙）史学、（丙）文学、（丁）小学四部。这大致是采用了西方学科的分类标准。按李笠所分：甲部即哲学部分为群经哲学、诸子哲学、释氏哲学、哲学史；乙部即史学部分为别史、通史、史志、史论；丙部即文学部分为总集、专集、小说、文评；丁部即小学部分为形义、声韵。为何要如此划分排序，尤其是要将"群经"置于书目之首，李笠特别予以说明："章氏学诚谓六经皆史，初破经学之界，近儒赞说，经书之名，益觉迂腐。本编以经书、子书散入诸部，而特标举群经之目于哲学门者，一则此部所列易、礼记、论、孟诸书，儒家之伦理观所在，为经学中坚部分；一则存经名以便稽讨。列诸子哲学者，仿此。"③ 既要仿西方学科分类法，又要设法将"群经哲学"置于国学书目的首位，以突出中国传统经学的学术地位。这种做法也是一种近代中国知识分子在西学席卷中国的文化大背景下应对西方文化冲击、创新中国传统学术文化的积极举措。

李笠在《国学用书撰要》后附《评胡适书目》《评梁启超书目》，其重点是从中国传统学术的专业角度来"攻二君之短"④。综合其观点，他对胡适书目的批评主要有五个方面：一是批评其书目分类混乱。如他认为胡

① 胡适：《一个最低限度的国学书目》，季羡林主编：《胡适全集》第 2 卷，合肥：安徽教育出版社 2003 年版，第 114 页。

② 梁启超：《国学入门书要目及其读法》，《饮冰室合集》专集之七十一，北京：中华书局 1989 年影印本，第 3 页。

③ 李笠：《国学用书撰要》，《东方杂志》第 21 卷第 9 号，1924 年 5 月 10 日，第 85 页。

④ 李笠：《评梁启超书目》，《东方杂志》第 21 卷第 10 号，1924 年 5 月 25 日，第 88 页。

适书目中思想史部中所列的"章氏丛书，内如《小学答问》《新方言》《文始》等，皆与工具部之《经传释词》性质相同，不知胡君何见？出入如此"。① 二是批评胡适在选择书目时不知轻重。李笠论及此问题时特别举例说明："胡君于《墨子》《庄子》《荀子》《春秋繁露》，知取孙、郭、王、苏之注，于《周礼》独不取孙氏正义，不其陋乎？若谓《周礼正义》卷帙太繁，则胡君于陈奂之《毛诗传疏》不畏繁；《正谊堂全书》六百七十余卷不畏繁，一切卑琐的小说如《九命奇冤》《恨海》等不畏繁，而独畏此乎？是谓不知轻重。"三是批评其书目选择偏颇。他在论及此问题时以胡适书目中思想史之部所选章学诚《文史通义》为例："章氏《文史通义》，既非寻常文集，又非如《文心雕龙》之专论文学者，胡君列章氏遗书于思想史，盖已知章氏非文人矣，而独出《文史通义》于文学史，何居乎？又清代诸儒，李颜大师，不取年谱，而独以己著之《实斋年谱》配章氏遗书，亦太偏颇矣。"四是批评胡适本人于"经籍源流，全未探究，而欲使青年得系统的国学智识，难矣"。五是认为胡适书目遗漏太多，尤以工具之部为突出。他对此有如下分析："古书待考订而明，如卢文弨之《群书拾补》，王念孙父子之《读书杂志》《经义述闻》，俞樾之《群经诸子平议》，孙诒让之《札迻》，皆治书最好的工具也，胡氏何为不取？又孙氏之《闲诂》，《墨子》之工具也；王氏之集解，《荀子》之工具也，胡氏亦何不并入工具部乎？是知工具之目，实欠通也。"②

相较而言，李笠对梁启超所开国学书目的评价要高一些，他甚至对梁启超《国学入门书要目及其读法》中的一些观点表示"极端赞成"。但他对梁启超书目也有如下批评：一是认为梁启超的总体构想与具体选择之间存在"自相矛盾"之处。如梁启超在国学书目附录的《治国学杂话》中一方面提出要将中国古代"浩瀚"的典籍视为工厂的原料，其中的"金"有用，"沙"也有用，有时"寻常人认为极无用的书籍和语句，也许大有功用"。但在其所列书目中，梁启超又"常云：某几篇宜熟读成诵，某几篇宜精读，某几篇宜浏览"。如此一来，实际上是"为学者预定有用无用矣，何其自相矛盾若是乎？"③ 二是认为梁启超的书目过于偏重文学，"其书目盖以文学为主体"，这与胡适对中国哲学及文学的偏重并无二致。李笠论

① 李笠：《评胡适书目》，《东方杂志》第 21 卷第 10 号，1924 年 5 月 25 日，第 84 页。
② 李笠：《评胡适书目》，《东方杂志》第 21 卷第 10 号，1924 年 5 月 25 日，第 85 页。
③ 李笠：《评梁启超书目》，《东方杂志》第 21 卷第 10 号，1924 年 5 月 25 日，第 86 页。

及此点时说："梁氏评胡氏云：'胡君致误之由，第一在不顾客观的事实，专凭自己主观为立脚点。胡君正在做中国哲学史、中国文学史，这个书目正是表示他自己思想的路径和所凭藉的资料。'梁先生此言，却亦正中他自己之病，岂不可叹！"三是认为梁启超书目中有关"精读"类书目与"涉览"类书目的区分不清晰。梁启超在《国学入门书要目及其读法》中将国学书目分为（甲）修养应用及思想史关系书类、（乙）政治史及其他文献学书类、（丙）韵文书类、（丁）小学书及文法书类、（戊）随意涉览书类，甲乙丙丁四类中又有精读、涉览的区分。李笠认为这种区分"至不清晰"："目录甲乙丙丁，每书既有部分的精读，有部分的涉览，目录戊复全部大书特书随时涉览。不知后之涉览与前有何分别？如谓性质相同，则涉览书已有多种，何必复立专目；如谓补前不足，何不散入四部目中；如谓后之涉览与前不同，则梁君所谓涉览之义，信玄秘不可知矣。"①

　　李笠认为胡适书目及梁启超书目所出现的种种疏漏，是他们"一时不经意作成的，所以多有芜漏"②。李笠如此结论，想必也是为了给被批评者留一点情面。但仔细推敲，胡适、梁启超"不经意"的疏漏在相当程度上是"经意"为之，他们书目的"疏漏"正是他们书目的特色所在。

　　关于胡适书目、梁启超书目的倾向性，上文已有详述，不管是两人将自己的著述列入国学书目，还是梁启超将个人著作《清代学术概论》所涉书籍大量列入书目，都是试图以开列国学书目的方式向青年学子传达自己的学术思想乃至政治观点。较之于全面性与严谨性，具有倾向性，甚至有些"偏颇"的国学书目，对于青年学子往往更具吸引力，更能受到青年学子的青睐，胡、梁所列国学书目在当时的广泛影响就是明证。

第五节　近代学人编纂的中小学国学书目举要

　　除胡适、梁启超、李笠等近代中国学人针对大学生群体开列的国学书目外，还有不少学人为初学者、"一般学者"及中小学生开列普及性的国学书目。如浙江图书馆编纂员曹功济就编有《国学用书举要》，该书目举

---

① 李笠：《评梁启超书目》，《东方杂志》第 21 卷第 10 号，1924 年 5 月 25 日，第 87－88 页。
② 李笠：《评梁启超书目》，《东方杂志》第 21 卷第 10 号，1924 年 5 月 25 日，第 88 页。

要的编纂"旨在供一般学者研索中国经学、史学、哲学、文学者之取求,非为专门研究者说法。故所举书四百余种,未尝穷搜博采,而坊间通行本以逮节本,则并有著录。纵不无体例不纯之嫌,要亦有便于初学者之采择,盖仿梁、胡之意,而异其趣者也"。该书在书目选择上既收有中国传统的"基本名著",也收有"近人门径之作",如此,"俾学者或量力以求,或循序进修,详而不繁,疏而少漏,要足供一般治国学者参稽之助也"。① 至于专门针对中小学生所开列的,则有汤济沧所编《中小学国学书目》、汪辟疆所编《中学国学用书叙目》等。

汤济沧所编《中小学国学书目》收录在他本人所编的《治国学门径》一书中。《治国学门径》印行于1925年9月,其中除收有他本人所编的中小学国学书目外,还收录了《章太炎中学国文书目》《任公国学入门书要目及其读法》《胡适之一个最低限度的国学书目》《沈信卿国文自修书辑要摘录》《各家书目比较略表》等,可谓他所生活的那个时代的国学书目大汇总。与胡适、梁启超、李笠所编针对大学青年学子的国学书目不同,汤济沧所编的国学书目的最大特点是针对中小学生。根据汤济沧所编书目②,笔者将其梳理如下:

第一部分,小学时代的国学书目。小学时代的国学书目为诵读之书,这些书目又细分为以下三类:

经类:《四书》,可全读。《孝经》,可全读。

诗歌小学类:《毛诗》,全读;《古诗源》,选读;《唐诗别裁》(管世铭所选《读雪山房唐诗钞》,亦佳);《小学弦歌》《朱子小学》。

古文辞类:《国语》《战国策》《韩诗外传》《说苑》《古文析义》。③

第二部分,中学时代的第一类书目,这些书目又细分为选读之书、选讲之书、参考书、说部书、检查书五类:

选读之书有:《礼记》《左传》(参看《春秋大事表》)、《史记》《老子》(可全读)、《庄子》《荀子》《墨子》《管子》《韩非子》《孙子》《楚

---

① 见陈训慈:《国学用书举要后记》,《浙江图书馆月刊》第1卷第10期,1932年12月31日,第42页。

② 见汤济沧:《中小学国学书目》,汤济沧编:《治国学门径》,上海:上海寻源中学1925年印行,第107–108页。

③ 对于小学阶段的国学学习,汤济沧的要求并不严格,所以他在列出以上书目的同时又特别说明:"未完者,得于升中学后,继续诵习。"

辞》，上列各书，注释较佳者，可覆检梁、徐两书目，此不赘述。《史记》中孔、孟、荀、老、庄、韩、管、商、孙、屈等传，宜先讲习。《文选》《经史百家杂钞》或《正续古文辞类纂》《三通序》《读史方舆纪要叙论》《十八家诗钞》《词选》《续词选》。

选讲之书有：《周礼》《说文解字》，可参看段氏《说文解字注》、王氏《说文句读》。济决编《文字分类学》《文字孳乳表》两书，以为研究小学者入门之助。《资治通鉴正续》，编国学书目对于此书最难处置。因他书可任意选读选讲，甚或暂时搁置，都无不可，则篇页尽有增减之余地。惟国史为极重要之一部分，而又无佳良之本，此书似较繁重，碍难讲授，而又不能不讲，实为近今一亟宜解决之问题也。《曾文正公家训》。①

参考书有：《尔雅》、《经传释词》、《古书疑义举例》（丛刊本）、《文字学音篇》、《马氏文通》（杨树达有刊误，惜未成书）、《廿二史札记》、《中国历史研究法》、《水经注》、《水道提纲》、《广艺舟双辑》。

说部书有：《三国演义》《水浒传》《西游记》《红楼梦》《聊斋志异》《唐代丛书》，济近印行小说《文选》一书，自古迄今，短篇小说之佳者，已网罗十之七八，不独唐代小说已也。

检查书有：《字典》、《经籍纂诂》、《辞典》、《历代地理韵编今释》、《地名人名辞典》、《事类统编》、《诗韵全璧》、《万氏词律》（初学填词必宜备此）、《字典举隅》、《书目答问》。

第三部分，中学时代的第二类，这类书目主要为倾向国学者说法，可细分为选读或选讲之书、参考书、曲本书三类，以下详列：

选读或选讲之书有：《周易》、《尚书》、《仪礼》、《公羊传》、《穀梁传》、《汉书》、《后汉书》、《三国志》、《吕氏春秋》、《淮南子》、《盐铁论》、《论衡》、《潜夫论》、《昌言》、《中鉴》、《中论》、《颜氏家训》、《宋元学案》、《明儒学案》、《李太白集》、《杜工部集》、《王右丞诗集》、《韩昌黎集》、《柳河东集》、《白香山诗集》、《五朝诗别裁》（内《唐诗别裁》已见前）、《骈体文钞》、《文心雕龙》、《绝妙好词》、《三朝词综》。

参考书有：《翁注困学纪闻》《日知录集释》《十驾斋养新录》。

曲本书有：《西厢记》《琵琶记》《牡丹亭》《长生殿》《桃花扇》。

---

① 此段中所言"梁、徐两书目"，"梁"指梁启超，"徐"指徐敬修。汤济沧所编《治国学门径》收有徐敬修所辑《国学常识摘录》，见汤济沧编：《治国学门径》，上海：上海寻源中学1925年印行，第91－105页。

胡适、梁启超、李笠等人所开列的国学书目或是采取中国传统图书四部分类法或是采用西方学科分类法。采用这两种分类法虽书目分类清晰，但在具体的学习或教学中却难以分清主次，故胡适又特别在《一个最低限度的国学书目》之后再开出一个"实在的最低限度的书目"来；梁启超也在《国学入门书要目及其读法》之后也开出一个"最低限度之必读书目"。相较于胡适、梁启超、李笠等人所开列的书目，汤济沧所编的中小学国学书目并不采用传统图书四部分类法或是采用西方学科分类法。汤济沧所列书目，一是采用学习阶段分类，即将国学书目分为小学阶段与中学阶段；二是按书籍内容及利用方式将国学用书具体划分为诵读之书、讲解之书、参考书、检查书等。这种分类法虽值得推敲，但可取之处是：不同学习阶段的学生该读什么书，哪些书须必读诵读、全读？哪些书可选读、选讲？一目了然，很是清晰。

关于国学书目的种类划分及其相互之间的关系、具体学习方式等问题，汤济沧在其所列书目后还附专文《读书辨惑》予以详述：

> 书之大别何如乎？曰，有宜讲解而无庸诵读者；有宜先诵读后讲解者；有宜讲解与诵读同时进行者；有只宜阅览者；有宜作参考用者；有宜备翻检用者；有宜作消遣用者，其或与身心有害及无甚意味之书，非存而不论，即当禁绝之矣。试析言之：作消遣用者，大都为小说笔记之类，在文学及考据上亦不无多少关系。备翻检用者，大都为字书辞书类书等；作参考用者，视其人所研究之学科而定，种类甚多，不具述。宜阅览者，其书必甚有价值，惟卷页较繁，不便讲解，程度稍高之学者，可自行按日阅看，分先后缓急，完一书更阅一书，务以能终卷为度。[①]

有意思的是，作者在此虽然对"小说笔记之类"的"消遣用"书籍的评价不高，但是在具体的书目设计中又在中学时代（第一类）中专列了"说部书"书目，在中学时代（第二类）中专列了"曲本书"书目。

除此之外，汤济沧的国学书目还有如下特点：一是对小学阶段及中学阶段的国学学习要求不同：于小学阶段，其开设的国学书目除《古诗源》要求选读外，其他书目均列为诵读、全读之书。于中学阶段，其开设的书

---

① 汤济沧：《附说：读书辨惑》，见汤济沧编：《治国学门径》，上海：上海寻源中学 1925 年印行，第 109 页。

目则主要分为"选读之书"与"选讲之书"，既然标明是"选读""选讲"，就给学生留下了可根据个人爱好选择学习的空间。二是汤济沧将中学阶段的国学书目又分为"第一类""第二类"，并特别指明"第二类"国学书目是"为倾向国学者说法"。[①] 如此分法，实是将国学的普及性学习与专业性学习分开。对一般的中学生，进行普及性的国学学习即可，而对有爱好与专长的中学生即"倾向国学者"开设的书目则注重全面、系统的考量，以期为学习者继续深造国学打下坚实的基础。

汤济沧《中小学国学书目》在中学阶段专列一类国学书目为"倾向国学者说法"的做法实与吴汝纶在《学堂书目》中的设计有近似之处。吴汝纶在《学堂书目》中，于"大学堂"阶段的书目后特设一"中国专门学"阶段的国学书目。[②] 笔者在前文已经提及，吴汝纶所谓"中国专门学"阶段类似今天中国大学的硕士研究生学习阶段。汤济沧、吴汝纶两人在培养国学专门人才的思路上基本相同，但不同之处在于，汤济沧的重点是放在中学阶段，重在培养"倾向国学者"，吴汝纶的重点放在大学堂之后，重在培养国学的专门研究人才。

今日视之，两者观点各有利弊。汤济沧的设想虽具前瞻性，但当时的升学制度并未给中学阶段即"倾向国学者"留有专门上升的路径。吴汝纶关于学生在二十岁后才开始"中国专门学"研究的设想则多少显得有些滞后。若能将二人的观点杂糅，也许是一条更为合理的培养国学专门人才的路径：即先经过小学阶段的学习铺垫，到中学阶段逐渐引导"倾向国学"的可塑之才进行相对全面、专业的国学学习、训练。在此基础上，中学阶段即"倾向国学"的成绩优异者经过考试选拔后进入大学，再经过大学阶段、研究生阶段"中国专门学"的研究学习，逐渐成长为精于国学并能承担起传承中华学术文化重任的专门人才。

汤济沧在设计国学书目时注意对学生学习层次及喜好程度的区分。这种书目设计既注意国学教育的普及，又注意到对国学潜在人才的培养与选拔。此种国学书目确有其合理、周密之处，但有一些具体问题尚待推敲解决，如将书目设置为"选读""选讲"，学生选择书目不同，考核标准如何

---

① 汤济沧：《中小学国学书目》，见汤济沧编：《治国学门径》，上海：上海寻源中学 1925 年印行，第 108 页。

② 吴汝纶：《学堂书目》，施培毅、徐寿凯校点：《吴汝纶全集（三）》，合肥：黄山书社 2002 年版，第 377－378 页。

确定？又如将中学国学书目分为"第一类""第二类"，相应的两类学生按照什么标准进行划分？是否进行分类分班教学？分类分班教学对学生的培养及毕业去向是否会产生不利影响？

与汤济沧这种有选择、分层式的中小学国学书目的设计不同，有的学者所编纂的国学书目则不具有可选择性，其编订的国学书目对所有学生一视同仁。这种方法的可取之处是不涉及对教材及学生的分类，在教学实践中易于执行，其中以汪辟疆所编《中学国学用书叙目》为代表。

汪辟疆所编《中学国学用书叙目》于 1935 年 5 月 10 日发表于《国衡》创刊号上。在论及编纂此份书目的原则时，汪辟疆特别强调"取其最要者写目""约之又约，无可再减"。其书目分为以下三类：

（1）基本书，这类书"宜细读细讲"。基本书共有 15 种：《论语》《孟子》《礼记》《荀子》《庄子》《春秋左氏传》《国语》《战国策》《史记》《汉书》《诗经》《楚辞》《文选》《尔雅》《说文解字》。所以要将以上书籍列为基本书，就在于："孟、论、礼记、荀子，义理之渊薮也。语、策、左、史、班、书，记事之楷模也。诗经、庄子、骚、选，文章之源泉也。尔雅，说文识字之基础也。"

（2）阅览书，这类书"宜排日课之"。这类书只列《资治通鉴》《通典》两种。作者对《资治通鉴》《通典》两书评价甚高："二通者，史学之大辂也。古今史籍，奚止汗牛，必一一而浏览之，非惟时日不给，抑亦非今时学子所能兼及者也。惟此二书，万不可不阅，且宜排日课之，日尽四五页，不过三年可毕。《通鉴》详于历代之兴亡得失，此代不因袭者也。《通典》详于历代之典章制度，此代有因袭者也。二者虽为用不同，然则读史非从此两大途径入手不可。"

（3）稽考书，这类书为工具书，主要是"取备检查聊佐咨询而已"。稽考书计以下 25 种：《群经检目》《十三经索引》《说文通检》《史姓韵编》《丛书书目索引》《纪元通谱》《中国大事年表》《历代名人年谱》《历代名人生卒年表》《历史地理沿革表》《历代职官表》《中国文学年表》《历代舆地全图》《中国历代疆域战争合图》《中国析类分省图》《中国分省新图》《经籍纂诂》《辞通》《中国人名大辞典》《中国古今地名大辞典》《佩文韵府》《渊鉴类函》《书目答问》《四库全书总目提要》《大清一统志》。①

汪辟疆将中学国学用书分为三类，这三类书籍只有用途之分，而无程度层次之分，也无选读选讲之分。王叔蘋在《如何研究国学》一文中对汪辟疆的这份书目评价甚高："设有询捷径先登之道，吾不敢言矣，至于云学恶乎始，然后得以自立？今举出部书十五：《论语》《孟子》《礼记》《荀子》《庄子》《左传》《国语》《国策》《史记》《汉书》《诗经》《楚辞》《文选》《尔雅》《说文解字》。上举书目为彭泽汪师辟疆之所订，精而不乱，博赅四部，论孟礼诗左传尔雅甲部也，语策史汉乙部也，荀庄丙部也，骚选丁部也。论孟礼荀义理之渊薮也，语策左氏汉记事之规模也，诗庄骚选文章之源泉也，尔雅说文识字之基础也。能熟于上列诸书，则基本坚立，旁阅《资治通鉴》《通典》等史，参以工具之书，虽不即成大家，则循此可入国学之堂奥矣。"②

在王叔蘋看来，汪辟疆所举书目数量虽少，但所收书目涉甲乙丙丁四部，于"义理""记事""文章""识字"四事皆有所及，其书目简明、全面、系统，循此书目，再配合《资治通鉴》《通典》等史，并参以工具之书，不仅能把握国学概貌，还能渐"入国学之堂奥"。

中国传统文化典籍"浩如烟海"，面对"一屋子的陈编故册，我们从何处读起呢？"③ 这对于青年学子来说确实是一个现实的难题。故究其本质而言，近代学人开设国学书目的主要用意是要为面对"浩如烟海"的学子指点一条"治国学的门径"。其实，对于国学的学习，世上并无什么讨巧的方法或门径。范睐海在《治国学的门径》中曾说："有志的青年，果然对于国学，要寻求入门的方法，而且不但想进了头门二门便罢，更想升堂入室，做这所'渠渠大夏'的主人翁。那末，请牢记宋朝朱夫子的两句话，第一句说'循序渐进'，第二句说'熟读深思'。"所谓"循序渐进"，就是要将应读的书"挨定次序"地学习。如何"挨定次序"，就是编订国学书目的功夫了，"挨定次序"后，就需要用"读书千遍，其义自现"的功夫去一本一本地"熟读深思"。④ 关于国学入门阶段的国学书目的选择与读法，范睐海的说法颇有参考价值："我以为无待今日的介绍，已经绍介

---

① 汪辟疆：《中学国学用书叙目》，《国衡》创刊号，1935 年 5 月 10 日，第 71 – 74 页。
② 王叔蘋：《如何研究国学》，《青年月刊》第 2 卷第 2 期，1936 年 5 月 15 日，第 46 页。
③ 范睐海：《我们怎样读中国书》，《青年进步》第 98 册，1926 年 10 月，第 35 页。
④ 范睐海：《治国学的门径》，《青年进步》第 111 册，1928 年 3 月，第 26 页。

一千多年了，就是四书五经，这是人人所知的。为什么不满意，再求别的呢？怎样的读法？训诂文字，考据名物，请走汉学家的路，参用汉学家的书。涵泳义理，策励躬行，请走宋学家的路，参用宋学家的书。"① 即便简化到四书五经，范睡睡都觉得有些繁杂了，在具体拟定国学门径书目时，他用《曾子》《子思子》《孔子三朝记》三部书来代替《礼记》，其原因就在于他认为："《周礼》《仪礼》及《礼记》中的一部分，古奥繁重，要是专门名家，尚且不容易研究，何苦把来烦苦青年，使之头痛呢？"②

值得注意的一个问题是，不管近代中国学人为学子开列的国学书目涵括范围是宽是窄，这些选择性的书目较之于"浩如烟海"的中华传统文化典籍，毕竟是沧海一粟。即便青年学子将书目中这些书籍一本本全部"熟读深思"，仍难以把握中华传统文化的全貌。

自近代以来，中国的大中小学的国学教育相当程度上采用的就是编订国学书目的思路，即在大中小学的相关教材中列入一定数量的国学读物，此既与教学学时有限有关，也与西学相关课程所占比例过多有关。这种做法虽在一定程度上有助于各级学生学习传承中华传统文化，但也局限了学生学习的范围。学子对传统文化的学习"不过限于这薄薄数十页小册之中"。除此之外，则将"祖宗数千年所留遗我们的宝产，藏满四大库的，一概抛弃于灰堆里面"。③ 如何通过有限的国学书目让学生把握中华传统文化的精髓与全貌，这对今天的大中小学的国学或中国传统文化的教育而言，仍然是一个值得深思的问题。

① 范睡睡：《国学门径》，《青年进步》第 69 册，1924 年 1 月，第 91 页。范睡睡《治国学的门径》一文中也列有国学书目，其开列的书目具体分为三类：第一类是哲学与伦理，第二类是历史与政事，第三类是文字与词章。关于其分类及相关书目详见范睡睡：《治国学的门径》，《青年进步》第 111 册，1928 年 3 月，第 28－32 页。
② 范睡睡：《我所拟的研究国学门径书目》，《青年进步》第 69 册，1924 年 1 月，第 92 页。
③ 范睡睡：《治国学的门径》，《青年进步》第 111 册，1928 年 3 月，第 27 页。

结　语

　　继承与创新是文化发展的两大主题。没有对历史文化的继承，文化发展就成了无源之水、无根之木。但在强调文化继承的同时，还须强调文化的创新，没有文化创新，文化发展也就停滞了。

　　中国文化历经"四千余年的历史，在文化上贡献当然很多"①。中国文化在其发展流变中的种种成就与贡献，值得每个中国人为之自豪，但过去的文化不管有多么灿烂，只代表着一个国家、民族曾有的文化辉煌。正是基于这样的认识，近代国学倡导者在弘扬中国传统学术文化的同时，也力倡中国传统学术文化的发展与创新。

　　近代中国的国学倡导者强调传统文化的发展与创新，反映出他们的世界观与旧式知识分子已有了根本的不同。他们用发展的而非静止的眼光去观察、分析中国传统文化，认为中国传统文化与宇宙中的任何事物一样，都不会"从古到今，一向没有变动"，而是处于不断的变动创新过程中。②既然学术文化随着时代而变化，今天的人们就不应为古学古经所囿。正如范砺诲所言："学问是一代代积起来的，吾们是后代的人，当然吾们的学问，不许为古经所限止。"③

　　在不同的历史阶段，文化的发展与创新具有不同的内容与特征。近代中国面临"三千年未有之变局"，"变局"二字可谓概括了近代中国的时代特征。这一时代变局不仅是催生近代中国国学思潮兴起的主因，也使"变"与"创新"成为近代中国国学思潮一个主旋律。综合起来，近代中国国学思潮对中国传统文化的创新主要体现在三个方面：

---

　　① 若水：《值得推荐的一套国学常识读物（上）》，《出版周刊》第 170 号，1936 年 2 月 29 日，第 11 页。

　　② 节盦：《国学讲座》，《卫星》第 1 卷第 7 号，1937 年 7 月 31 日，第 2 页。

　　③ 范砺诲：《二千五百年来之国学》，《青年进步》第 106 册，1927 年 7 月，第 50 页。

（1）国学倡导者以提倡国学与中华文化来对抗西学入侵，以倡导国学来养成"国家特别之精神"①，维系"一国之人心"②，以图挽救"神州危弱之局"③。将国学复兴与救亡图存、振兴中华联系起来，这种鲜明的学术及政治追求正是中国传统学术文化流变在近代变局中所呈现出的最鲜明的新特征。

（2）中西文化的冲突及交融是近代中国文化发展的一大主题，近代国学倡导者在这一问题上所展开的种种思考与探索是近代国学思潮在文化创新上的重要体现。范睬海在《青年国学的需要》中曾提出："发展东方旧文化，预备与西方文化梳剔融洽，以创造将来的新文化，不是我们的责任吗？"④ 这段文字将融合中西文化的宗旨直接指向"将来的新文化"的创造，准确诠释了近代中国国学倡导者关于融合中西文化以创新中国文化的构想与希冀。

（3）从近代中国知识分子倡导国学的具体情形看，他们对国学与中国传统学术文化创新的探索并未局限于学术文化层面，在实践层面于国学与传统学术文化的创新也多有探索。为推动国学与中华传统学术文化的传播与教育，他们不仅为青年学子开列国学书目，还创办国学报刊，兴办各类国学研究组织，积极推动国学普及运动。这些文化实践活动不仅有力推动了国学与中华传统学术文化的教育与普及，也为国学及中华文化在新时代的创新发展提供了实践层面上的新经验。

在谈论近代中国国学思潮这个问题时，我们必须明确的是，近代中国学人提倡国学并在当时产生了广泛的社会影响，蔚然形成一种时代思潮，并非意味着国学在近代中国文化的演进中占有强势地位。就整体而言，对西学的学习还是近代中国文化发展的一条主线，对西学的学习与提倡相对于国学思潮而言还是占有压倒性的优势。即便近代中国屡有学人倡导中西文化的交融兼采，但在欧风美雨日盛的近代中国，要实现这样一种学术兼采并不容易。细究近代中国学人所倡导的中西文化兼采，对"西"的倡导

---

① 黄节：《国粹保存主义》，《政艺通报》壬寅第 2 期，1902 年 12 月 30 日。引自邓实辑：《光绪壬寅（廿八年）政艺丛书·上篇（一）》，沈云龙主编：《近代中国史料丛刊（续编第二十七辑）》，台北：文海出版社 1976 年版，第 180、181 页。

② 钱基博：《〈国学文选类纂〉总序》，钱基博：《国学文选类纂》，上海：上海古籍出版社 2012 年版，第 3 页。

③ 张树璜：《国学今后之趋势》，《国光杂志》第 12 期，1935 年 12 月 16 日，第 1 页。

④ 范睬海：《青年国学的需要》，《青年进步》第 63 册，1923 年 5 月，第 20 页。

往往占到了主导的地位，而"中"在事实上成了陪衬或点缀。学界如此，一般民众更是唯"西"是从，连学生入学都以入洋学堂为荣，国文课程在近代中国的学堂中也常常得不到应有的重视。关于这种情形，时人有载："子弟成童之时，明明入学也，而曰到洋学堂。明明中西并重也，而独置国文于不顾。盖其心理，洋毒太深，祗望其子弟早解西语，俾可糊口。"①

　　近代国学论者之所以力倡国学，一个重要原因正是基于中国传统学术文化在西学冲击下不断趋弱的现状。关于这一点，范眲诲曾有论及："海通而后，西方式的学校来了，吾们眩惊于功利主义。回视本国，无论什么东西，都不如欧美了。中国文化，是贫弱的文化，不值一钱。当然，形成文化的国学，那有今后青年一顾之价值呢?"② 一些学子甚至把"'读中国书'四字，看作迂腐不堪、当受嘲笑的一件事。"近代国学思潮的兴起，不过是对近代以来中国欧化倾向的反思与"逐渐的觉悟"，是对中华文化自有价值的重新发现与认识。③ 故范眲诲在《国学研究社缘起与简章》中大声疾呼："国学危机，千钧一发。祖宗累世积殖，贻我后人以厚产，而为子孙者不知宝贵，一旦弃掷而毁灭之，斯乃何等悲痛何等羞耻之事哉。愿我有志青年，共抱此痛，以共雪此耻。"④ 当然，随着时代的发展，中西文化之间的态势也在悄然发生变化。如果说中国近代学人对国学的倡导更多是对西方文化冲击的回应，今天的中国学人对国学的呼唤与思考则更多是源于对中国传统学术文化价值与地位的重新发现，更加强调对中国传统学术与文化的坚守，客观而言，这是一种更加积极主动的文化态度。

　　毋庸讳言，正是缘于对中国传统文化的大力提倡，国学思潮在近代中国常常被视为文化保守主义思潮并时常遭到质疑与批判。如郑振铎就认为："我们如果提倡'国学'，保存'国故'，其结果便会使我们的社会充满了复古的空气，而拒却一切外来的影响，这种的阻拒，在文化与国家的生长上是极有妨害的。且现代的中国还充满着中古世纪的迷信与习惯、生活和见解，即用全力去廓清他们还来不及，那里还该去提倡他们呢。一面去提倡'国故''国学'，一面要廓清旧思想、旧习惯，真是'添薪以止沸'，'南辕而北辙'，绝无可能性的。"⑤ 对于这种质疑，国学论者自然不

① 剑云:《国学罪人论》,《繁华杂志》第 1 期,1914 年,第 8-9 页。
② 范眲诲:《治国学的门径》,《青年进步》第 111 册,1928 年 3 月,第 26 页。
③ 范眲诲:《我们怎样读中国书》,《青年进步》第 98 册,1926 年 10 月,第 32 页。
④ 范眲诲:《国学研究社缘起与简章》,《青年进步》第 69 册,1924 年 1 月,第 85 页。
⑤ 郑振铎:《且慢谭所谓"国学"》,《小说月报》第 20 卷第 1 号,1929 年 1 月 10 日,第 12 页。

认同，钟应梅就反驳道："我要问：所谓国故、国学，是不是仅仅代表'天命玄鸟，降生于商。''天王神圣，臣罪当诛。'这一类的思想？所谓整理国故，是不是就是复古运动？梁启超的《先秦政治思想史》《清代学术概论》，胡适的《中国哲学大纲》《白话文学史》，是不是在国学的范围内？是不是整理国故的工作？如果都与复古思想有关，那就请政府明令毁版，并明正他们的罪状。"① 作者此处的一连串反问想表达的是：近代国学倡导者为推动国学发展所做的种种努力与复古思想并无关联，《清代学术概论》《中国哲学大纲》等在近代中国学术史上都是具有开创性的国学著作。

郭绍虞在《国学论文索引四编序》中论及经学变迁时曾说："汉人宗经，成其文字训诂之学；唐人宗经，成其文学；宋人宗经，成其性理之学；明人宗经，以六经为注脚，成其心学；清人宗经，一方面实事求是，成考据之学，一方面以六经为史，成为史学。"经学的这种演化正说明"一代有一代之学"。② 经学是国学中的一个重要内容，自近代国学思潮兴起以来，国学除了传承固有文化之外，也应体现出"一代"之学的新特征。张东荪在论及这个问题时就强调要使中国"固有的旧有文化"在新的时期能"再发生新芽"。③ 关键的问题在于，这个"新芽"是否已经真正绽放？如果从"一代有一代之学"的角度去考察，这个"新芽"是否已经具有了"一代之学"的气象，它与旧有文化相较究竟"新"在何处？答案还不是很清晰，但随着国学思潮在当代中国的再次升温，这个答案终会逐渐呈现出来。

---

① 钟应梅：《读了何炳松、郑振铎二先生讨论所谓"国学"的文章以后》，《厦大周刊》第206期，1929年5月25日，第5页。
② 郭绍虞：《国学论文索引四编序》，刘修业等编：《国学论文索引全编（3）》，北京：国家图书馆出版社2011年版，第7页。
③ 张东荪：《现代的中国怎样要孔子》，《正风》（半月刊）第1卷第2期，1935年1月，第21页。

参考文献

一、文献汇编

[1] 蔡元培著，高平叔编：《蔡元培全集》，北京：中华书局 1984 年版。

[2]《成仿吾文集》编辑委员会编：《成仿吾文集》，济南：山东大学出版社 1985 年版。

[3] 丁文江、赵丰田编：《梁启超年谱长编》，上海：上海人民出版社 2009 年版。

[4] 季羡林主编：《胡适全集》，合肥：安徽教育出版社 2003 年版。

[5] 黄毅民：《国学论丛》，北平：燕友学社 1935 年版。

[6] 黄遵宪撰，吴振清等编校整理：《黄遵宪集（上、下卷)》，天津：天津人民出版社 2003 年版。

[7] 刘修业等编：《国学论文索引全编》，北京：国家图书馆出版社 2011 年版。

[8] 梁启超：《饮冰室合集》，北京：中华书局 1989 年影印本。

[9] 罗荣渠主编：《从"西化"到现代化：五四以来有关中国的文化趋向和发展道路论争文选》，合肥：黄山书社 2008 年版。

[10] 钱基博：《国学文选类纂》，上海：上海古籍出版社 2012 年版。

[11] 吴汝纶撰，施培毅、徐寿凯校点：《吴汝纶全集》，合肥：黄山书社 2002 年版。

[12] 桑兵等编：《国学的历史》，北京：国家图书馆出版社 2010 年版。

[13] 宋恕著，胡珠生编：《宋恕集》，北京：中华书局 1993 年版。

[14] 孙尚扬、郭兰芳编：《国故新知论——学衡派文化论著辑要》，北京：中国广播电视出版社 1995 年版。

［15］汤志钧编：《章太炎年谱长编》，北京：中华书局 1979 年版。

［16］王易著，王四同编：《大家国学·王易卷》，天津：天津人民出版社 2008 年版。

［17］王新命、汪长济主编：《现代读书的方法》，现代编译社 1935 年版。

［18］王国维著，谢维扬、房鑫亮主编：《王国维全集》，杭州：浙江教育出版社 2010 年版。

［19］许啸天编辑：《国故学讨论集》，上海：上海科学技术文献出版社 2016 年版。

［20］叶恭绰：《遐庵汇稿》，上海：上海书店 1990 年影印版。

［21］姚鼐纂集，胡士明、李祚唐标校：《古文辞类纂》，上海：上海古籍出版社 1998 年版。

［22］章太炎著，张昭军编：《章太炎讲国学》，北京：东方出版社 2007 年版。

二、著作

［1］蔡尚思：《中国学术大纲》，上海：启智书局 1931 年版。

［2］曹朴：《国学常识》，上海：文光书店 1948 年第 2 版。

［3］丁伟志、陈崧：《中西体用之间》，北京：中国社会科学出版社 1995 年版。

［4］范丽海：《青年国学的需要》（尘笔双挥甲编），上海：青年协会书局 1933 年售发。

［5］干春松、陈壁生：《国学与民族国家》，桂林：广西师范大学出版社 2011 年版。

［6］黄钊：《国学与儒道释文化发微》，北京：中国社会科学出版社 2011 年版。

［7］黄高才：《国学概论》，北京：中国人民大学出版社 2014 年版。

［8］江起鹏：《国学讲义》，上海：上海新学会 1906 年第 2 版。

［9］林毓生：《中国传统的创造性转化》，北京：生活·读书·新知三联书店 1988 年版。

［10］刘伟：《儒学传统与文化综合创新》，北京：中国社会科学出版

社 2013 年版。

［11］刘毓庆：《国学概论》，北京：北京师范大学出版社 2015 年版。

［12］刘梦溪：《论国学》，上海：上海人民出版社 2008 年版。

［13］吕思勉：《国学小史》，北京：新世界出版社 2017 年版。

［14］马瀛：《国学概论》，北京：中央编译出版社 2009 年版。

［15］钱穆：《国学概论》，北京：商务印书馆 2023 年版。

［16］桑兵：《晚清民国的国学研究》，北京：北京师范大学出版社 2014 年版。

［17］魏义霞：《中国近代国学研究》，北京：生活·读书·新知三联书店 2013 年版。

［18］王淄尘：《国学讲话》，上海：世界书局 1935 年版。

［19］王存奎：《再造与复古的辩难——二十世纪二十年代"整理国故"论争的历史考察》，合肥：黄山书社 2010 年版。

［20］许地山：《国粹与国学》，上海：商务印书馆 1946 年版。

［21］夏海：《国学要义》，北京：中华书局 2018 年版。

［22］章太炎讲演，曹聚仁整理：《国学概论》，上海：上海古籍出版社 2008 年版。

［23］郑师渠：《晚清国粹派文化思想研究》，北京：北京师范大学出版社 1993 年版。

三、论文

［1］敖光旭：《1920—1930 年代国家主义派之内在文化理路》，《近代史研究》2006 年第 2 期。

［2］陈文殿：《国学及其论争思潮的民族生存论沉思》，《吉林大学社会科学学报》2011 年第 6 期。

［3］陈文新：《为晚清以降的国学思潮立此存照——写在〈国学档案〉前面》，《社会科学论坛》2008 年第 10 期。

［4］董德福：《简评二十年代的两份"国学书目"》，《复旦学报（社会科学版）》2001 年第 3 期。

［5］高力克：《中国现代国家主义思潮的德国谱系》，《华东师范大学学报（哲学社会科学版）》2010 年第 5 期。

［6］姜义华：《近代中国"国学"的形成与演进》，《学术月刊》2007年第7、8期。

［7］金春峰：《国学现代化与中国哲学史——几个方法论问题》，《孔子研究》2007年第2期。

［8］连燕堂：《梁启超对于国学研究的开创性贡献》，《文学遗产》2009年第6期。

［9］李学勤：《国学与经学的几个问题》，《湖南大学学报（社会科学版）》2006年第2期。

［10］李长林：《中国对欧洲文艺复兴的了解与研究（五四时期及二三十年代)》，《世界史研究动态》1993年第7期。

［11］李宗桂：《国学与中华民族精神家园》，《中山大学学报（社会科学版）》2009年第3期。

［12］罗志田：《机关枪与线装书：从"国学书目"论争看民初科学与国学之间的紧张》，《四川大学学报（哲学社会科学版）》2002年第5期、2002年第6期、2003年第2期。

［13］邱涛、王学斌：《"国学"研究及其建立学科的几个问题》，《高校理论战线》2012年第2期。

［14］史少博：《"国学"的本义探赜》，《兰州学刊》2016年第2期。

［15］田正平、李成军：《近代"国学"概念出处考》，《华南师范大学学报（社会科学版）》2009年第2期。

［16］谢桃坊：《为中国学术谋解放——胡适开启国学研究的新方向》，《天府新论》2008年第6期。

［17］朱俊瑞：《梁启超与近代"国学"概念的提出——兼论中国近代国学思想形成的几种分析路径》，《杭州师范大学学报（社会科学版）》2010年第2期。

［18］张越：《"最低限度的国学书目"之争与文化史观》，《史学史研究》2004年第3期。

［19］俞兆平：《国学思潮是现代性推进的合力之一》，《东南学术》2010年第2期。

［20］杨春时：《国学思潮批判》，《东南学术》2010年第2期。

［21］叶建：《晚清国学期刊出版传播研究（1905—1911)》，《出版科学》2016年第2期。

后　记

　　对于国学这一问题的关注，与我对桐城派的研究有关。在研究桐城派的过程中，我发现桐城派与国学思潮多有交集。清末桐城派领袖吴汝纶在日本考察学制期间就多次提及近代意义上的"国学"概念，其时间较梁启超倡导国学思潮还稍早。进入民国以后，作为中国传统学术文化重要组成部分的桐城古文却成为号召复兴中国传统学术文化的国学倡导者的批判对象。这些看似矛盾的文化现象引起了我对国学的关注。

　　稍加分析就不难看出，不管是作为清末桐城派领袖的吴汝纶对国学的关注，还是近代国学倡导者对桐城派的批判，都体现出近代中国知识分子对学术文化创新的追求。这一认识促使我将国学思潮与中国传统学术文化的创新联系起来展开思考与研究。在梳理相关史料的过程中，我发现近代国学倡导者有关学术文化创新的论述比比皆是、新见迭出，这也为我随后的研究提供了坚实的史料基础。

　　2018 年，我以"近代国学思潮与中国传统学术文化创新研究"为题成功申请了国家社会科学基金一般项目。2022 年 6 月，课题顺利结项。本书即为该课题的最终成果。需要说明的是，本书的部分章节已陆续在《安徽史学》《暨南学报（哲学社会科学版）》《山东师范大学学报（人文社会科学版）》《历史教学》等刊物上发表。

　　本书在写作与出版的过程中得到了诸多帮助。我的博士生刘倩参与了部分章节的整理工作。暨南大学出版社的编辑为本书的出版付出了诸多努力。以上种种支持，使本书得以顺利出版，在此一并致谢。

曾光光

2025 年 5 月 20 日